मनोहर श्याम जोशी

मनोहर श्याम जोशी का जन्म 9 अगस्त, 1933 को अजमेर, राजस्थान में हुआ। लखनऊ विश्वविद्यालय के विज्ञान स्नातक मनोहर श्याम जोशी 'कल के वैज्ञानिक' की उपाधि पाने के बावज़ूद रोज़ी-रोटी की ख़ातिर छात्र-जीवन से ही लेखक और पत्रकार बन गए। प्रेस, रेडियो, टी.वी. वृत्तचित्र, फ़िल्म, विज्ञापन-सम्प्रेषण का ऐसा कोई माध्यम नहीं जिसके लिए उन्होंने सफलतापूर्वक लेखन-कार्य न किया हो। खेल-कूद से लेकर दर्शनशास्त्र तक ऐसा कोई विषय नहीं जिस पर उन्होंने क़लम न उठाई हो। पहली कहानी अठारह वर्ष की उम्र में छपी। पहली बड़ी साहित्यिक कृति सैंतालीस वर्ष के होने को आए तब प्रकाशित हुई।

केन्द्रीय सूचना सेवा और टाइम्स ऑफ़ इंडिया समूह से होते हुए सन् '67 में 'साप्ताहिक हिन्दुस्तान' के सम्पादक बने और वहीं एक अंग्रेज़ी साप्ताहिक का भी सम्पादन किया। टेलीविज़न धारावाहिक 'हम लोग' लिखने के लिए सन् '84 में सम्पादक की कुर्सी छोड़ दी और तब से आजीवन स्वतंत्र लेखन करते रहे।

उनकी प्रमुख कृतियाँ हैं—'कुरु-कुरु स्वाहा', 'कसप', 'हरिया हरक्यूलीज की हैरानी', 'हमज़ाद', 'क्याप', 'ट-टा प्रोफ़ेसर' (उपन्यास); 'नेताजी कहिन' (व्यंग्य); 'बातों-बातों में' (साक्षात्कार); 'एक दुर्लभ व्यक्तित्व', 'कैसे क़िस्सागो', 'मन्दिर घाट की पैड़ियाँ' (कहानी-संग्रह); 'आज का समाज' (निबन्ध); 'पटकथा-लेखन : एक परिचय' (सिनेमा); 'हम लोग', 'बुनियाद', 'मुंगेरीलाल के हसीन सपने', 'कक्काजी कहिन', 'हमराही', 'ज़मीन-आसमान' (टेलीविज़न धारावाहिक); 'भ्रष्टाचार', 'अप्पू राजा' (फ़िल्म)।

उन्हें 'क्याप' के लिए 2005 के 'साहित्य अकादेमी पुरस्कार' से पुरस्कृत किया गया। इसके अतिरिक्त 'शलाका सम्मान', 'शिखर सम्मान', 'चकल्लस पुरस्कार', 'व्यंग्यश्री सम्मान' आदि सम्मानों से भी सम्मानित किया गया।

निधन : 30 मार्च, 2006

नेताजी कहिन

मनोहर श्याम जोशी

राजकमल पेपरबैक्स

पहला पुस्तकालय संस्करण
राजकमल प्रकाशन प्राइवेट लिमिटेड द्वारा
1982 में प्रकाशित

राजकमल पेपरबैक्स में
पहला संस्करण : 1986
बारहवाँ संस्करण : 2025

राजकमल पेपरबैक्स : उत्कृष्ट साहित्य के जनसुलभ संस्करण

राजकमल प्रकाशन प्रा. लि.
1-बी, नेताजी सुभाष मार्ग, दरियागंज
नई दिल्ली–110 002
द्वारा प्रकाशित

शाखाएँ : अशोक राजपथ, साइंस कॉलेज के सामने, पटना–800 006
पहली मंज़िल, दरबारी बिल्डिंग, महात्मा गांधी मार्ग, प्रयागराज–211 001
1, अनमोल सोराबजी संतुक लेन, धोबी तलाव, मरीन लाइंस, मुम्बई-44002

वेबसाइट : www.rajkamalprakashan.com
ई-मेल : info@rajkamalprakashan.com

बी.के. ऑफसेट
नवीन शाहदरा, दिल्ली-110 032
द्वारा मुद्रित

मूल्य : ₹250

NETAJI KAHIN
Satires by Manohar Shyam Joshi

ISBN : 978-81-267-0984-7

अपने गुरु

अमृतलाल नागर

को

जिनसे मैंने जाना कि

भाषा सुनकर सीखी जाती है

सादर!

क्रम

नेताजी का निर्धारित लक्ष्य : एक करोड़ रुपया

नेताजी किसी भी दल के नेता नहीं हैं। नेता-बिरादरी में उठना-बैठना उन्हें पसन्द है, इसीलिए दोस्तों ने उन्हें यह नाम दे डाला है। लिबास भी उनका यूथ-लीडरवाला है—खादी की गंजी (जिसमें नोटों की गड्डी रखने के लिए गहरी जेब हो), खादी का कुर्ता-पैंट, जवाहर जाकेट और कोल्हापुरी चप्पल। गांधी टोपी नहीं पहनते कि 'ऊ सब ढकोसला अब चलता नहीं। एक तो ढकोसला करो, दूसरे यह खतरा मोल लो कि कोई भी एइरा-गइरा आ के उछाल दे टोपी ससुरी को।'

नेताजी को नेताओं की कृपा से नौकरियाँ मिलती रहती थीं लेकिन नौकरी उन्हें कभी रास नहीं आई, "कहीं अपने जइसों का रासन-पानी नौकरी ससुरी से चल पाया हय आज तक?" वह समझते हैं कि महत्त्वपूर्ण व्यक्तियों की सोहबत करते-करते वह स्वयं एक दिन महत्त्वपूर्ण हो जाएँगे, 'भइया पालिटिक्स में हम जइसे चे गैन दालों ही की दाल गलती हय।' न भी महत्त्वपूर्ण हुए तो कोई गम नहीं, "अरे, मालमत्ता तो बनबे करेगा!"

परसों शाम नेताजी हमारे यहाँ टपक पड़े। मीटर-डाउन टैक्सी उन्होंने बाहर रोके रखी। हमने इस फिजूलखर्ची पर उन्हें प्रवचन नहीं दिया क्योंकि यह प्रवचन विशेष, नेताजी अनेक बार हमसे सुन चुके हैं। उनका कहना है कि "जब आखिर में पेमेंट किसी भगत से ही कराना हय तो इस टैक्सी-ड्राइवर गरीब की गरीबी क्यों न हटवा दें। अउर बार-बार टैक्सी-स्कूटर खोजना ऊ सब हम से होता नहीं।"

नेताजी ने मुँह-हाथ धोया। शरबत पिया। कुर्ता उतारा। गंजी से झाँकती गड्डियों को भीतर धकेला और तकिया लेकर खटिया पर पसर गए।

हमने कहा, "लगता है आज कोई तगड़ी मुर्गी फँसी!"

नेताजी बोले, "अजी मुर्गी कहाँ हम-जइसे छुटभइयों के भाग में? गउरइया ससुरी फँस जाए तो गनीमत।" फिर एक गहरा निश्वास छोड़कर उन्होंने कहा,

"ब-हूत मन्दा चल रहा है धन्धा। सैकड़ा-हजार से किसी का काम चला आज तक? अचार मिलनेवाली बात हुई यह तो, डउल करना हय आहार का!"

हमने पूछा, "सैकड़ा-हजार अगर अचार है, तो आहार भला किसे कहा जाता है।"

"कक्का," नेताजी बोले, "भला बताओ, वह नेता ही क्या जिसने अपना टार्गेट कम-से-कम एक करोड़ न रखा हो। ज्यादा लालच ठीक नहीं, एक करोड़ रुपय्या हुई जाय बस!"

"चाहे कैसे भी?" हमने टोका।

"अब इसी कइसे-एइसे से हमें चिढ़ हय कक्का! अरे पइसा जइसे पइदा किया जाता है वइसे ही किया जाएगा ना, महीनत-मसक्कत से! घर बइठे तो हमें मिल नहीं जाएगा। दउड़ेंगे-धूपेंगे, सऊदा करवाएँगे लोगन का, तब घर के सऊदा-सुल्फ के लिए चार पइसे अपनी गाँठ में भी आएँगे।"

"हेरा-फेरी को मेहनत-मशक्कत कहते हो?"

"फेरी लगाना मेहनत का काम है कक्का, अउर, हेरा-फेरी में तो पसीने छूट जाते हैं कमजोर लोगन के। अच्छी सेहत अउर मोटी चमड़ी, दुइ ठो चीज जरूरी हय इस धन्धे के लिए।"

"लोग क्या कहेंगे?"

"कउन लोग? जो कुछ कहिने की हइसियत रखते हैं, उन्हें खुदे इस धन्धे से फुर्सत नहीं ससुर कि किसी से कुछ कहें। अउर जो हइसियत नहीं रखते उनके कहिने से क्या होता है? हाथी जा रहा है अपनी सान से, भूँकने दो कुत्तों को। जियादा ही भूँके तो डाल दो एक टुकड़ा उन्हें भी।"

"हैसियतवाले सब लोग भ्रष्ट हैं? कोई अपवाद नहीं?"

"अपवाद कोई होगा तो मारा जाएगा ससुरा। हइसियत छिनने की नउबत आएगी तो खुद सही लाइन पर लग जाएगा।"

"सब लोग घूस लेते हैं? हर काम घूस से होता है?" हमने पूछा।

"किस्मतवाले लेते हैं, किस्मतवालों का होता है!" नेताजी ने कहा और चाँदी की डिबिया में से पान-मसाले और तम्बाकू का मिश्रण ग्रहण किया। पीक-भरे मुँह से वह बुदबुदाए, "जीने के पचासियों तरीके हैं, कोई जीना चाहे तब न! मिडिल क्लासवाले कलम-घिस्सू किरूं क्या जानें जिन्दगी किस चीज का नाम हय? जो लाइन से नहीं लगता कक्का उस ससुरे की जिन्दगी मार तमाम लाइनों में लगे रहने में बीत जाती है। कभी रासन की लाइन में लगे हैं, कभी दूध की, कभी बस की

लाइन में लगे हैं, कभी खइराती दवाखाने की! ससुर मरते हैं तो घरवालों को लकड़ी के लिए भी लाइन लगानी होती है।"

"हेराफेरी से सब काम हो जाते हैं?"

"सब!" नेताजी ने पीक थूकी, नौकर को बुलाकर पचास का नोट दिया और अतिरिक्त जलपान की व्यवस्था की। फिर उन्होंने अपने गुरुजी का एक किस्सा सुनाया।

"एक मर्तबा," नेताजी ने कहा और थोड़ा चूना जबान पर लगाया, "गुरुजी ने एक मोटी असामी का काम हाथ में लिया।" कुछ दिन बाद असामी मिला, बोला, "चिन्ता में हूँ वह काम होगा कि नहीं?" गुरुजी बोले, "आप काहे चिन्ता करते हैं? अरे आपकी ओर से चिन्ता करने के पइसे हम लिये हैं कि नहीं? काम आपका सब फिट है। मामला टिचन समझिए।" असामी बोला, "लेकिन उसमें तो ऊँचे लोग फइसला करने बैठे हैं।" गुरुजी खीझे, "बोले, बता दिया काम फिट हय, जियादा डीटेल में जाने की जरूरत नहीं।" असामी खुश हुआ। फिर उसने अपने अन्दाजे से एक रकम बताई कि इतने में हो गया होगा काम। गुरुजी भिन्नाए, उन्होंने सुनाई फटकार। कहिन के, "आप बिलकुल आउट आफ डेट हो चले हैं। आपके जमाने में काम सस्ते में होते थे लेकिन होते वही थे जिनके होने की गुंजाइस हो। आज हर तरह के काम कराए जा सकते हैं। पइसा, अलबत्ता, पहले से बहुत जियादा लगता हय।"

"अच्छा यह बताओ, एक ही करोड़ क्यों?" हमने पूछा, "एक अरब क्यों नहीं?"

"कहा न, जियादा लालच ठीक नहीं।" नेताजी बोले, "एक करोड़ हो तो घर में मउज-मस्ती ठीक रहे। जहाँ जाएँ वहाँ रासन-पानी, रिहाइस, घोड़ा-गाड़ी सबका इन्तजाम फिट हो। भगत मंडली हमेसा साथ रहे, भजन-कीर्तन चलता रहे। बस!"

"अच्छे काम क्यों न करो, जिससे समाज में नाम हो।" हमने शंका की।

"आपकी सुई भी रिकार्ड पर वहीं अटकी हय कक्का।" नेताजी बोले, "किसी का कोई काम करा देना पाप है कि पुन्न? जो लोग यह पुन्न कमा रहे हैं, वे समाज में बदनाम हैं क्या? हमें ही लो, आपो हमें नेताजी कहते हंय कि नहीं? यह बदनाम हुआ कि नाम?"

"कोई ऐसा काम करने की इच्छा नहीं होती कि लोग याद करें?"

"लोग भगवान के बाद हमें ही तो याद करते हैं। काम फँसा, याद किया।"

"वह याद करना अलग है!" हमने कहा, "मरने के बाद भी तुम्हें याद किया जाए कोई ऐसा काम करना चाहिए।"

"अब मरने के बाद कउन किसको याद रखता है यह किस मरनेवाले ने देखा है!" नेताजी बोले, "हिन्दू अपने सास्त्र में मामला जरूर फिट कर गए हैं कि तीन पीढ़ी तक तर्पन हो और याद किया जाए। लेकिन रासन-पानी होगा तभी न सराद्ध-तर्पन होगा। तो अक्लमन्दी इसी में है कि आदमी अपने हाथों तीन पीढ़ी के रासन-पानी का प्रबन्ध कर जाए। महँगाई के इस जमाने में भी एक करोड़ रुपया तीन पीढ़ी के रासन-पानी के लिए काफी है।"

नेताजी खटिया से उठे, फोन की ओर बढ़े, नम्बर घुमाते हुए उन्होंने मुस्कराकर कहा, "इसी मारे हमने एक करोड़ का टार्जेट रखा है। देस के उनहत्तर करोड़ लोग ससुर, एक-एक करोड़ का टार्जेट बना लें तो उद्धार न हो जाए। मगर कोई जीना चाहे तब न।"

हम कहना चाहते थे कि लूटने के लिए इस दरिद्र देश में 69 करोड़ के लिए एक-एक करोड़ रुपया कहाँ। देश में ऐसी समृद्धि कहाँ से पैदा होगी कि सबको अच्छा 'राशन-पानी' मिल सके? भौतिकता के पुजारी जब रासन-पानी के अभाव में मरने-मारने पर उतारू हो जाएँगे तब देश का ही नहीं, नेताजी और उनकी बिरादरी का क्या हश्र होगा?

हम कुछ कहें इससे पहले नेताजी को लखनऊ की लाइन मिल गई, "मंत्रीजी आँय?" उन्होंने कहा, "जरा बात कराइए! अरे हमारा नाम-वाम न पूछिए। उनसे कहिए आपके सी-इन-सी बोल रहे हैं दिल्ली से, चमचा-इन-चीफ!"

टाप नेता कै कुंडलियो टाप सीक्रेट होवत हय ससुर

छुट्टी का दिन था। हम अभी बिस्तर पर पड़े-पड़े चाय की चुस्कियों के साथ अखबार की सुर्खियाँ टूँग रहे थे कि नेताजी आ पहुँचे। आज पैंट-कुर्ता नहीं, धोती-कुर्ता पहने थे। माथे पर भभूत लगी हुई थी, हाथ में एक माला थी और प्रसाद का थैला। माला उन्होंने छोटे बच्चे को नेहरूआना अदा से पहनाई, थैला बड़े बच्चे को थमाया। फिर बोले, "आप नउकरी-पेसा लोगों के मजे हैं! सुबह हो गई लेकिन बिस्तर छोड़ना हराम हय। राजनीत में मिल-टरी लाइफो से जियादा परेड हुई जाती हय ससुरी। रात एक भगत को लेकर मधप्रदेस भवन गए, दस वहीं बज गया। जफर साहब अपने रसिया जा रहे थे तड़के, सीइंग-आफ के लिए दुइ बजे जगार करनी पड़ी।"

"पालम हवाई अड्डे पर कोई मन्दिर खुल गया है जो तुम यह माला और प्रसाद लिये लौटे हो?" हमने पूछा।

"अरे ये हम लाए हैं छतरपुर के मन्दिर से। बहूत बी.आई.पी. पहुँचता है वहाँ जबसे मय-डम हुई आई है। गुरुजी का हमारे बिसेस आग्रह था कि ए.पी. बाबू को पटाओ अउर हम जानते हैं कि कोई छुट्टी का दिन हो तो वह जरूरे छत्तरपूर पहुँचते हैं भोर बेला। एक भगत ने गाड़ी हमको दे ही रखी है आजकल, तो पालम से लउटकर एक झपकी ली और फिर अस्नान-ध्यान करके जा पहुँचे छत्तरपूर। अच्छा रहा, देवी अउर ए.पी. दोनों का दरसन एक साथ हो गया सुबह-सुबह। दिन अच्छा बीतेगा ससुरा। लउटते हुए सोचा चलो कक्का को भी बी.आई.पी. मन्दिर का परसाद दे आवें।"

"अच्छा मन्दिर भी वी.आई.पी. और साधारण दो किस्म के होत हैं!"

"अरे जहाँ बी.आई.पी. जाएगा, वह बी.आई.पी. मन्दिर कहलाएगा। अउर बी.आई.पी. जाएगा उसी मन्दिर में जिसमें सिद्धि-उद्धि का चक्कर हो। जाकर कुछ काम-वाम बनता हो भगत का। इस समय टाप पर चल रहा है अपना बिन्धबासनी।

नार्थ का सारा बी.आई.पी. वहीं जाता हय। मय-डमो गई रही रिसेंटली दुइ बार। साउथ में तिरुपत बालाजी का जल्वा चलहि रहा हय।"

"मन्दिर काम बनवाने के लिए जाते हैं नेता लोग?"

"अरे नेता हो या जनता हो, मन्दिर हो या कोई अउर जगह, बाकी किसी के कहीं जाने का सवालहि तब पइदा होता हय जब कोई काम अटका हो और उसके बनने की गुंजाइस हो। फालतू कहीं जाना अपना बखत बरबाद करना, दूसरे को बोर करना, ई सब किरूं बिरादरी के करम हंय।"

"मन्दिर का देवता भी बोर होता है?"

"असली देउता होगा तो जरूरे बोर होगा। इतनी लम्बी लाइन लगती हय भगतों की, कामकाज का मार टेंसन। एइसे में कोई दिले-नादान टाइप भगत आए अउर जब उससे पूछा जाए, भय्या, क्या चाहिता हय तू अउर दान-दच्छिना क्या लाया हय, तब वह कहे, जी मैं तो यवै मिलने चला आया था, लाया भी यह चउन्नी अउर चार बतासा हूँ। अब बताइए इस मसखरी पर देउता भिन्नाएगा कि नहीं? यहाँ ससुरी एक-से-एक नेसनल-इंटरनेसनल अउर क्या नाम कहते हैं फाइनेंसियल प्राब्लम साल्व करने में हम बिजी हैं अउर आप चले आए हाउ-डू-डू कहिने। हम देउता है कि आपकी मासूका!"

"मासूका अच्छा है!" हमने कहा, "लेकिन नेताजी, सूफियों और सिद्धों ने देवता को यही दर्जा दिया है।"

"अरे पहिले सिद्धोंवाली केटिगिरी में पहुँचिएगा तब न आपका ऊ सब नाटक जमेगा!" नेताजी बोले, "अउर उस केटिगिरी में आप पहुँच गए तो आपेका देउतावाला नक्सा हुइ जाएगा! एकाधा बी.आई.पी. भगत हुइ गया तो आपो बी.आई.पी. सिद्ध हुइ जाओगे। एइसा कोई इरादा हो तो आपसे सच बताते हैं आजहि से हम आपका नक्सा जमाने में जुट जाएँगे। आप मनहर सुआमीजी, समझे ना, अउर हम आपके चीफ चेलाजी।"

नेताजी हँसे। नेताजी की हँसी सुनने से ताल्लुक रखती है। किसी कबाइली के विजयनाद में अगर आप किसी कस्बा-किशोरी की शर्मीली खिखियाहट मिला दें तो नेताजी की हँसी के आस-पास पहुँच पाएँगे।

"स्वामी भी टाप-फ्लाप होते रहते होंगे?" हमने पूछा।

"बिलकुल!" नेताजी ने सूचना दी, "आजकल देउरहा बाबा टाप पर है। सदाचारी फ्लाप चल रहा है फिलहाल। एक नया तान्तरिक हमारे गुरुजी पकड़कर

लाए हैं दरभंगे से। गुरुजी के लिए अनुस्ठान किया हय उसने। सी.एम. से मिलवाने की बात हय। अगर वह इम्प्रेस हो गए तो पी. एमो से मिलवा देंगे। अब कउन जाने कल वही टाप हुई जाय।"

"हाँ, यह उसके सितारों पर निर्भर है।" हम मुस्कराए, "तांत्रिकों-ज्योतिषियों के भी तो सितारे होते होंगे।"

"अजी हंडरेड परसंट!" नेताजी ने कहा, "आपसे सही बताते हैं, एक जोतसी आया था उत्तरकासी से, जिसे हमारे गुरुजी ने तब एल.एन. मिस्त्रा अउर तमाम दूसरे टाप लोगों से मिलवाया था। सिद्धि ससुरी उसकी एइसी कि न कुंडली देखे, न हथेली बाँचे, बस नब्ज पर अँगुली धरे अउर धाराप्रवाह बोलता चला जाय। टुटके के नाम पर कभी लउंग दे दे, कभी सरसों के दाने, बस। छह महीने तक बड़ा जल्वा रहा उसका। फिर जाने कइसी गरदिस में आया उसका सितारा कि जो कहे, उसका उल्टा हो, जो टुटका दे, उल्टा पड़े। एक अस्टेट मिनिस्टर को उसने बताया कि चउबीस तारीख आप केबिनेट रैंक पर जाइएगा, ससुरा चउबीस तारीख को परमात्मा की कैबिनेट में जा पहुँचा।"

"आजकल आपके गुरुजी राजीव की कुंडली बँचवा रहे होंगे?" हमने पूछा।

"निस्चित बँचवा रहे हैं!" नेताजी ने कहा, "राजीउ की तीन कुंडलियाँ हैं इस समय मार्केट में। एक की तुला लगन है, दूसरी की सिंघ अउर तीसरी की, रामजी आपको नेकी दें, कर्क। लेकिन आपसे एक बात बता दें कांफीडेंस में, इन तीनों में से कोई आथेंटिक नहीं है, सब अटकल-पच्चू है मामला। असली कुंडली टाप सीक्रेट हय। टाप नेता कै कुंडलियो टाप सीक्रेट होवत हय ससुर।"

"कुंडलियाँ भी टाप सीक्रेट होती हैं!"

"काहे नाही?" नेताजी ने पूछा, "राजनीत में एक मोर्चा ससुरा तन्तर-मन्तर जज्ञ-जाज्ञ वाला भी तो हय। दुस्समन पारटी कब क्या करा दे कुछ ठिकाना नहीं। अउर क़ुछ न मिला तो यार लोग साइकोलोजिकल ही मार जाते हैं—फलाँ की दसा-अन्तर-दसा बहुत खराब हय। चला दो, अगर चल जाय तो डसडेंट जुटाना आसान हो जाता हय।"

"अगर यह चलवा दो कि दशा-अन्तरदशा बहुत अच्छी है, प्रबल राजयोग है, तो?"

"अब यह तो पूरी अस्थतहि पर डिपेन हय। मामूली अस्तर की लड़ाई हो और पलड़ा अपना भारी हो तो इससे नक्सा जम सकता है, दूसरे कैम्प का रहा-सहा

चेला-चपाटी टूट सकता है। लेकिन टाप की लड़ाई हो अउर आप पहिले ही कमजोर हो तो राजयोग की बात सुनकर अगला तुरन्ते आपको कैबिनेट से डिसमिस कर देगा कि जाओ बचुआ अब घरे में बीबी-बच्चों-बहुओं पर राज करो।"

"लेकिन हो सकता है कि वही जिसे आपने निकाला आगे कभी सचमुच सत्ता पा जाए।"

"अरे होने को कोई मनाही थोड़ी है।" नेताजी हँसे, "गदहा भी सत्तावान हो सकता है राजनीत में। कुछ भी हो सकता है, लाइफ में आम तउर से अउर पालटिकल लाइफ में खास तउर से। आर्यासमाजी चउधरी साब कुंडली बाँचते-बँचवाते सात दिन के सुलतान बनहि गए। मयडम धूल-धूसरित होने के बाद, विदिन श्री ईयर, पावर फिर पाय गईं। संजय भय्या हीरो से सिफर, सिफर से हीरो और फिर हीरो से भगवान के प्यारे देखते-देखते हुइ गए। फिर यह भी देखना होगा न कि कइसा-कइसा बउडम मिनिस्टरी पाया है हर राज में। सितारों से नहीं पाया तो अउर किस क्वालफिकेसन से पाया भला? मुक्कदर का यही खेल देसवासियों को आस्थावान बनाए हुए हय, समझे? जितना अनिस्चय, उतनी आस्था।"

"भाग्यवाद क्यों? गांधीजी ने तो गीता का कर्मयोग सुझाया था।"

"अरे करम तो करबे करता है राजनेता। कउन करम छूटा है ससुरे से।" नेताजी हँसे, "बाकी यह कि फल की कोनो चिन्ता मत करो तो ऊ असली पालटिक्सवाली बात नहीं। राजनेता कर्मठ होता है समझे आप? हर काम टिंच, हर मामला फिट, हर मोर्चा चउकस रखना हँसी-ठट्टा थोड़ो है। महीनत-मसक्कत करे बेचारा अउर आप कहें फल यानी मजूरी की चिन्ता मत कर, यवै पिले रह, यह कोई बात हुई! असली पालटिक्स का फलसफा तो यह है कि सतत फल की चिन्ता कर और इस सिलसिले में किसी करम से परहेज मत कर!"

"जब फल की इतनी चिन्ता खुद ही कर रहे हो, तब भगवान के आगे हाथ जोड़ने की क्या जरूरत है। तन्तर-मन्तर और ज्योतिष-जन्तर के चक्कर में क्यों हो?"

"एक मोर्चा हय यह भी।" नेताजी ने कहा, "पालटिक्स में हर बी.आई.पी. की किरपा जरूरी है, अउर नीली छतरीवाला बी.आई. पीयो का बी.आई.पी. हय। हम सारा नक्सा जमा लें अउर वह मसखरी में उखाड़ दे तो।"

"अगर उसे ही नक्शा जमाने-उखाड़ने की ताकत है तो वैराग्य पैदा होना चाहिए तुम्हारे मन में! या यह बेफिक्री कि रात-दिन गर्दिश में हैं सात आस्माँ, हो रहेगा कुछ-न-कुछ घबराएँ क्या?"

"हमारा यह है कक्का!" नेताजी ने पान मसाला और तम्बाकू मिलाकर खाया-खिलाया और कहा, "गरदिस में तुम जरूरे रहो सातों आस्माँ, बाकी रहो एइसे स्टाइल से कि यह भगत, जो इहलोक में हर मोर्चा सम्हाले हुए है, कहीं तुम्हारी वजह से गरदिस में न आ जाए गरीब! कहीं संजैगति न हुई जाय ससुर की, सारी सइटिंग-फइटिंग करे अउर ऊपर से बुलावा आ जाए।"

"नेहरूजी तो इस सबमें यकीन नहीं करते थे।" हमने कहा।

"अरे नेहरूजी की बात अउर थी। नेसनल खेल वइसेई जमा हुआ था उनका, इंटरनेसनल में इन खाँटी इंडियन लटकों की जरूरतहि नहीं थी। अब तो सारा खेल नेसनल है अउर उसमें नेता का यह सब धरम-करम का नाटक न सिर्फ चलता है, बल्कि उसकी राजनीत के नाटक को जमाता है। पूजा-पाठ, तन्तर-मन्तर, जोतिस यह ठेठ भारतीता का ठाठ है। इसकी हमारी जिनगी में खास जगह है।" कहते हुए नेताजी फोन की ओर बढ़े और उन्होंने एक अहिन्दी भाषी मंत्री का नम्बर मिलाया। बोले, "सर, येस्टरडे योर स्पीच पाबरफुल स्पीच...राइट वे...हिटिंग बैक...येस येस...समझौते का सवाले आई मीन नो कम्प्रोमाइजिंग पोजिसन...और हाँ, सर वह एइसा था, वन रिक्वेस्ट, वयरी स्माल वन। मिस्टर डी.बी. लाल, डी फार डेल्ही, बी फार बाम्बे, गुड मैन, आवर पीपुल्स मैन। पता नहीं हाउ ही ट्रांस्फर्ड रायपूर। फेमिली इन मच ट्रबुल। प्लीज, लुक इंटू हिज मयटर। आइ एम सेंडिंग हिम यू।"

फोन रखकर नेताजी हमसे मुखातिब हुए। बत्तीसी दिखाते हुए उन्होंने कहा, "भारतीता की अपनी जगह हय और इंगलिस गिटपिट का अपना औसर हय। चलिए आपको इसी बात पर असोका में इंगलिस कलेवा करा लावें।"

सारा सवाल सही सइटिंग का हय!

"सारा सवाल," नेताजी ने पारिवारिक पार्टी के दौरान प्लेट से चौथा रसगुल्ला उठाते हुए कहा, "सही सइटिंग का हय।"

"सइटिंग माने?" हमने जिज्ञासा की।

नेताजी ने रसगुल्ला खाया। जैकेट की जेब से विलायती सेंट से महकता खादी का रूमाल निकाला। उससे चिबुक और ग्रीवा पर बहती रसधार पोंछी और कहा, "हर जगह अपना आदमी बइठाने का नाम हय सही सइटिंग। राजनीत इसके बिना चलती नहीं।"

"अच्छा, सैटिंग! लेकिन उसका मतलब तो पृष्ठभूमि होता है।"

"अरे वही प्रष्ठे-भूम। प्रष्ठ-भूम में चालू चमचे, फुटलाइट पर नेता। अब अपने राजू भय्या को चिन्ता होगी सही सइटिंग की। इसी में हमारे गुरुजी के लिए गुंजाइस बन सकती है। बन जाय फिर देखिए जल्वा, सुबह मटर-कचउड़ी, शाम पूरी-हल्वा!"

"राजू भय्या कौन?"

"अरे अपने राजीउ गांधी, अउर कउन! क्या आप समझे हम सुसीला बुआजी के फटीचर बिटुवा की बात कर रहे हंय?"

"सैटिंग, अच्छा है यह भी!" हमने कहा, "यों तुम्हारा चहीता मुहावरा तो था मामला फिट होना!"

"फिटिंग अलहइदा चीज है, सइटिंग अलहइदा!" नेताजी ने ज्ञान-दान किया, "मामले फिट किए जाते हंय, बन्दे सइट किए जाते हैं। समझे आप? अउर जो बन्दे सइट किए जाते हैं, उनसे ही मामले फिट करने और रखने की ब्यौस्था कराई जाती हय।"

हम जानना चाहते थे कि नेताजी के गुरुजी, जो अब तक कई दल और गुट बदल चुके हैं, राजीव गांधी की सैटिंग में फिट कहाँ और कैसे होंगे? लेकिन इस

बीच अन्य रिश्तेदारों ने इस होनहार बिरबे का घेराव कर डाला। नेताजी अपने को नेता नहीं मानते। वह सेवक कहलाया जाना पसन्द करते हैं। उनका कहना है, "हम तो अभी छुटभय्या हैं। जो सेवा बन पड़ती हय, कर देते हैं दुखियारी जनता की। वइसे आप सबका सनेह अऊर आसीर्वाद मिलता रहा तो नेताओ हुई जाएँगे एट्टीफाइव में।" रेल-रिजर्वेशन कराना हो, सरकारी अस्पताल में इलाज की व्यवस्था करानी हो, तबादला कराने या रोकने का सवाल हो, नौकरी की तलाश हो, नेताजी परोपकार के लिए तैयार रहते हैं। काम हो गया, नेताजी की कृपा! काम नहीं हुआ, ऊपरवाले की मर्जी! रईसजादों की तरह रहनेवाले और बड़े-बड़ों तक पहुँच रखनेवाले इस मध्यवर्गीय नवयुवक से दोस्त और रिश्तेदार जितना चिढ़ते हैं, उतना ही आकर्षित भी होते हैं।

नेताजी सबकी फरमाइशें और शिकायतें सुनते रहे और उनके जैकेट की जेबों में 'याददास्त के लिए' माँगी गईं पर्चियाँ ठुँसती चली गईं। उनकी फोन डायरी में नये नम्बर लिखे जाते रहे। जनसेवा से फुर्सत मिलने पर उन्होंने पान का बीड़ा जमाया और मेरी बगल में आ बैठे। बोले, "जरूरी हय यह सब नाटक भी राजनीत में। जइसे डाक्टर, वकील लोग तगड़ी असामियों से तगड़ी फीस बटोरने के साथ-साथ खइरातवाले खाते में भी कुछ काम करते रहते हैं, वइसे नेता को भी जनता-जनार्दन के लिए कुछ-न-कुछ करते रहना होता हय। इसी से सोहरत मिलती हय, पब्लिकसिटी होती हय।"

"तो आपके गुरुजी सैट हो रहे हैं?" हमने बातचीत गतांक से आगे बढ़ाई।

"भारती राजनीत में देर है, अन्धेर नहीं। किसी का भी सितारा बहुत दिन तक गर्दिस में नहीं रहता। अरे मुरारजी भाई अउर चरनसिंह बुढ़उती में पी.एम. बन गए तो क्या हमारे गुरुजी मिनिस्टरो न बन पाएँगे!"

"लेकिन वह तो संजय के आदमी बन चले थे और उससे पहले वह बहुगुणा के आदमी थे, और उससे पहले..."

"देखिए, हग आपको एक बात समझा देना चाहते हैं—राजनीत में कोई किसी का आदमी नहीं होता। जो भी राजनीत में जाता है वह अपना जीवन रास्ट्र को समर्पित कर देता है। वह पूरे देस का आदमी होता है। देस-सेवा का मउका जो भी दे, उसका वह साथ देता हय।"

"यह तो दल-बदलवाली बात हुई। अवसरवाद हुआ।"

"अरे कक्का तुम भी! दल कउन से सउ-पचास हैं। एक दल है कांगरेस। गुरुजी कांगरेसी जनमे थे अउर कांगरेसी ही मरेंगे। अउर यह औसरवाद क्या होता

है ससुर? औसर मिले अउर चूक जाए, एइसा चउहान राजनीत में चारों खाने चित हो जाता है।"

"लेकिन," हमने शंका की, "तुम्हारे गुरुजी की गिनती तो भ्रष्ट लोगों में होती है। राजीव गांधी की लोकछवि साफ-सुथरी है। वह भला तुम्हारे गुरुजी को क्यों साथ रखने लगे?"

"राजू भय्या का पब्लिक इमेज बहुत क्लीन हय। यह क्लीने दीखता रहे इसके लिए जरूरी है कि गुरुजी अउर हमारे जइसे धूल-धूसरित लोग उनके दाएँ-बाएँ खड़े हों फोटू में। इमेज, कक्का, बनता है कन्ट्रास्ट से। दलदल न हो ससुरी तो कमल कइसे खिले, सोहे! सइटिंग के लिए सब तरह के आदमी चाहिए। हर रंग लगता है तब तस्वीर पूरी होती है। अउर फिर हमारे गुरुजी का अपना भी जल्वा हय। ब्राह्मण लाबी के इम्पारटंट फीगर हैं, ठाकुर लाबी में भी पइठ अच्छी हय उनकी। आपसे सच बताते हैं, भले ही पावर में न हों, आज की तारीख में भी वह सख्स अपने इलाके में आप जहाँ कहें वहाँ लाख-पचास हजार की भीड़ चुटकी बजाते जुटा सकता हय। आप जब कहें तब पाँच-दस लाख की ब्यौस्था एक फोन ठोंककर करवा दे यह बिसात आज भी हय उसकी। बहुत ऊँची चीज है गुरुजी और बहुत सही जा रही है अपने ढंग से। राजू भय्या भी अपने ढंग से बहुत सही जा रहे हंय। जब दो नच्छत्र अपने-अपने ढंग से सही जा रहे हों तो राजनीत के अकास में उनका मिलन सुनिस्चित है।"

"लेकिन हर कोई यह कह रहा है कि राजीव के आने से राजनीतिक वातावरण बदलेगा। नये किस्म के, ईमानदार और मेहनती लोग सामने आएँगे। फिर तुम्हारे गुरुजी...।"

"हमारे गुरुजी सदाबहार हैं!" नेताजी ने हमारी बात काटते हुए कहा, "आप समझ लीजिए राजनीत में दो ही मार्ग हैं—एक सदाबहार रखता है और दूसरा सदा बाहर! गुरुजी सदाबहारी मार्ग के हैं। नित नये, का समझे! ईमानदार क्योंकि ईमानदारी से राजनीत में जुटे हैं दिन में चउबीस घंटा। महीनती क्योंकि गोट बिठाने में खून-पसीना एक करि देत, हंय।"

"तो क्या यह मान लें कि चाहे जो सत्ता में आए राज आपके गुरुजी जैसे लोग ही करेंगे?"

"अरे आप क्यों ठंडी साँस भरते हैं!" नेताजी ने मुस्कराकर कहा, "सही सइटिंग में सब तरह के लोग होते हैं। कहिए आपे को सइट करवा दें। एकाधा लेखक-

पत्रकार टाइप चमचा भी जरूरी होता है सही सइटिंग में। बाकी आप आ जाएँ या हम राजनीत रहेगी राज करने अऊर चलाने की नीत ही।"

"सैटिंग में लोग बदलते रहे, सैटिंग स्वयं वैसी ही रहेगी?"

"नहीं, क्या आप समझे क्रान्ति हो जाएगी, जादू की छड़ी घूम जाएगी?"

"मगर देश के सामने इतनी ढेर सारी समस्याएँ हैं।" हमने आपत्ति की, "अगर सही सैटिंग का मतलब यही लिया जाता रहा तो देश का क्या होगा?"

"देस का क्या होगा तो आप लोग एइसे कहते हैं जइसे मारे इस चिन्ता के आपकी रात की नींद हराम हो गई हो। खर्राटे भरके तो सोते हैं, हाँ नहीं तो!" नेताजी ने सोफे के पीछे पीक थूकी, मुँह रूमाल से पोंछा और बोले, "देस जइसे चलता आया है, वइसे चलेगा। आप अखबारवाले उसी को चाहे जो नाम दे लें, पहली आजादी, दूसरी आजादी, बामपन्थ और दच्छिन्नपन्थ, ये नेता और वो नेता, बाकी सासन सासन रहना है, राजनीत राजनीत रहनी हय। नक्सा जमने, उखड़ने की बात जरूर हय, अउर नक्सा जमता हय, सही सइटिंग से। अऊर आप देखते रहिए राजू भय्या सही सइटिंग करेंगे, नक्सा जमेगा।"

"तो मान लें अब गुरुजी मंत्री हो ही गए। बधाई!"

"सही इक्वेसन पकते-पकते समय लगता हय।" नेताजी ने कहा, "साधना का मार्ग है यह, समझे कक्का। आप लोगों ने तो सत्ता की राजनीत को कम्पट समझ रखा है कि मुँह में डालो और चूसो। लोहे का चना है राजनीत। समझे!"

नेताजी मुस्कराए। उठे। बूफे की ओर बढ़े। उन्होंने एक रसगुल्ला और उठाया। मुँह में डाला। बोले, "जउन मनई के जबड़े लोहे का चना चबा-चबाकर मजबूत हो गए हों, ऊ रसगुल्ले आसानी से हजम कर सकता हय।"

सकल पदारथ या जग माँही

हमारी पत्नी ने नेताजी द्वारा जनाना सेंट इस्तेमाल किए जाने पर टीका-टिप्पणी कर दी थी एक दिन।

तो परसों शाम नेताजी हमारे यहाँ पहुँच गए। उन्होंने 'चार्ली' स्प्रे की एक बड़ी-सी, मोटी-सी शीशी हमारी पत्नी को दी और कहा, "ये वाली लगाए थे हम उस दिन। इसे आपहि रख लो काकी अगर ई जनानी हो। अउर जरा एक कागज में हमें सबसे महँगे मर्दाने सेंट का नाम लिख दो। वही मँगवा लेंगे। तब तक कन्नौज का इत्र चलेगा।"

"यह तो बहुत महँगी है!" हमारी पत्नी ने शीशी लौटाते हुए कहा।

"अरे महँगी-उँहगी ऊ सब हम नहीं जानते!" नेताजी ने कहा, "इसे समझे ना, भेंट-सुरूप ग्रहन किया जाए अऊर एक पर्ची में किसी अच्छे बिलायती मर्दाना सेंट का नाम लिख दिया जाए।"

हमारी पत्नी ने उनके अनुरोध की रक्षा की।

हमने कहा, "नेताजी, आप लोगों को सेंट की इतनी जरूरत क्या पड़ती है?"

"सच्ची बात बता दें? किसी से कहिएगा नहीं। आम हिन्दुस्तानी की तरह हम लोगों में से भी मार कँगलेपन की गन्ध उठती रहती है। बिलायती खुसबू लगी रहिने से मामला हाई क्लास, इंटरनेसनल हुई जाता हय।"

"विलायती सेंट में नहा न लीजिए!" हमने कहा।

"आप पत्रकार लोगों की पालटिकल नादानी पर आँसू बहाने का जी चाहिता हय। अरे बिलायती सेंट में नहा लेंगे तो हद से हद टाप आफिसर बन सकेंगे, नेता बनने के लिए तो एइसा करना होता हय कि जब जरूरत पड़े तब बिलायती सेंट हटा दो, अऊर कहो ले भाई सूँघ ले देस का गोबर माटी ससुरा महक रहा हय कि नहीं हमारे सरीर में? तेरे सरीर से सँवाया न महक रहा हो तो हमें नेता नहीं, गदहा

कह! हाँ कभी वह कहने लगे, हजूर आपो गोबर-माटी के बने हो, हमारा खयाल करो, तो उसके सामने बिलायती सेंट महका दो। पूरब-पस्चिम के समन्बै का खेल हय सारा। अऊर बिना बिलायती सेंट के इंटरनेशनल चक्कर भी रुक जाता है।"

"यह तो ढोंग हुआ!" हमने आपत्ति की।

"यह ढउंग नहीं कक्का, ढंग हुआ, ढंग! आप लोग तो, अब क्या कहें, एइसे बातें करते हैं मानो आप सभी गांधी बाबा के चेले बनकर देहात में कुटिया छबाय के रहि रहे हंय। बड़े-बड़े सम्पूरन क्रान्तवाले आए अऊर चले गए, समझे! अऊर उनकी याद में जो रुपय्या इकट्ठा किया गया उसमें से 60 लाख का हिसाबे नहीं मिल रहा है ससुर! कुटिया छबाय का इरादा हो, बन्दुकवा पकड़कर मार क्रान्त मचाय का इरादा हो तो अऊर बात है। वह भी ढंग है अपने किसिम का। बाकी यह मिडिल क्लास किरूं अस्टाइल कउनो अस्टाइल नहीं। बताइए आप लोगों के जीवन को कोई ढंग का जीवन कइसे कहे? न सोफा ढंग का है, न कारपिट। फ्रिज ससुर मार खड़खड़ा रहा है और टी. बी. का हाल ये कि दुई हाथ दो खींच के तो दुई घड़ी जल्वा दिखा देगा। गाड़ी ससुरी धक्कासाही परमानंट, जब देखो बैटरियो डाउन हय, पिट्रोल खतम हय। यह कोई ढंग हय जीने का। यह तो ढउंग से भी गया-बीता हय। रहिएगा मऊज-मजा क्लास में और बिताइएगा फटीचर जिन्दगी!"

"यह भी अच्छी रही!" हमने कहा, "महँगाई बढ़ाकर मिडिल क्लास का कचूमर निकालते जाओ और व्यंग्य भी उसी पर करो।"

"महँगाई तो का एइसा हय बढ़ती का नाम महँगाई। कोई आज से बढ़ रही है! दूसरी लड़ाई से अब तक कभी पीछे हटी हो तो हमको बता दीजिए तो महँगाई बढ़बे करेगी। सवाल यह हय कि आप उससे दो हाथ आगे बढ़ रहे हैं कि नहीं? बढ़ रहे हैं तो मऊज-मजा, नहीं तो किर्र।" नेताजी ने पूड़ा खोला, एक पान निकालकर जमाया।

"इन्दिराजी ने वचन दिया था कि महँगाई रोकेंगी। प्याज का भाव, उनकी पार्टी ने चुनाव का मुद्दा बनाया था। सरकार को कुछ करना चाहिए।" हमने कहा।

"कर तो रही है। आर्डिनेन्स ला रही है नये-नये।"

"उनसे कुछ नहीं होगा।" हमने आपत्ति की।

नेताजी ने स्वीकृति में सिर हिलाया। वह पान चबाते रहे।

फिर पीक-भरे मुँह से बुदबुदाए, "होना-वोना कुछ खास नहीं हय। लेकिन सोचिएगा जो मयडम की जमी-जमाई सरकार के बस का नहीं, वह किसी टिंजू-पिंजू सरकार के बस का कहाँ से होगा?"

पीक अब टपकने को ही थी, नेताजी सामनेवाले बराम्दे के एक सजावटी गमले में थूक आए। फिर उन्होंने कहा, "महँगाई का खेल इंटरनेसनल हय। तेल का दाम बढ़ने से सुरू हुआ हय। दूसरी बात देस का किसान भाई पइदाबार का जियादा पइसा माँग रहा है। तीसरी बात सरकारी खर्च बढ़ रहा है और वह बढ़ेगा क्योंकि सरकार का कार्य-छेत्र बढ़ रहा है। इन तीनों चीजों पर किसी का बस नहीं।"

"अगर बस नहीं है तो चुनाव के समय क्यों एक-दूसरे पर दोष देते हैं और ऐसा आश्वासन देते हैं कि हम ठीक कर देंगे?" हमारी पत्नी ने पूछा।

"इसी का नाम तो राजनीत है कि हर अच्छी चीज के लिए कहो हमारी वजह से हो रही हय और हर बुरी चीज के लिए कहो यह हमारे बस की नहीं हय, या हमारे सत्ता में न होने की वजह से हो रही हय।" नेताजी बोले।

"इस महँगाई में तो लोग पिस जाएँगे।" हमारी पत्नी ने कहा।

"अरे कउन पिस रहा है?" नेताजी बोले, "दुई तरह के लोग हैं अपने देस में, समझीं? एक वे जिन्हें जीने का ढंग आता है, कायदे से जीते हैं। दूसरे वे जिन्हें ढंग नहीं आता अऊर सदा रोनी सूरत लिये घूमते हैं।"

"जीने का ढंग या कमाने का ढंग?" हमने पूछा।

"अरे वही कमाने का ढंग। कमाइएगा नहीं तो जीइएगा कइसे?" नेताजी हँसे।

"नौकरीवाले लोगों की तो बँधी आमदनी होती है।" हमारी पत्नी ने कहा।

"सवाल यह पइदा होता है कि आप उससे क्यों बँधे हैं?" नेताजी ने कहा, "देस का मिन्नि-मम पचीस परसंट आदमी इस समय नउकरी के साथ-साथ कोई धन्धा किए हुए है। कुछ नहीं तो नउकरियों को धन्धा बनाए हैं ससुर। कायदे से जिन्दा रहिने के पचासियों बहाने हैं, अब आपको उनमें से एको पसन्द न हो तो कोई क्या करे?"

"तोरई एक रुपये पाव बिक रही है। कुछ ठिकाना है महँगाई का!" हमारी पत्नी ने बातचीत का रुख सब्जीमंडी की ओर मोड़ा।

"घूरे के भी दिन फिरते हैं, तोरई ससुरी के काहे न फिरें?" नेताजी बोले, "कब तक हिकारत से देखिएगा उसे! एक रुपय्या पाव बिक रही हो या दो रुपय्या, बाकी यह बताइए बिक रही है कि नहीं? सब्जीवाले के ठेले में पड़ी-पड़ी सड़ तो नहीं रही है ना? इससे का सिद्ध होता हय?"

"यही कि लोग कुछ तो खाएँगे।" हमारी पत्नी ने कहा।

"नहीं, इससे यही सिद्ध होता हय कि महँगाई का सोर फालतू हय। लोगों के पास पइसा हय खरीदने को।"

"तोरई खरीदने को!" हमने छींटाकशी की।

"तोरई हो, हीरा हो, बाकी पइसा जनता के पास हय खरीदने को। आपसे सच बताते हैं, एक मर्तबा अस्टेट अम्पोरियम की किसी दुकान पर लिख दिया गया, डायमंड सेल। खिड़कियाँ टूट गईं ससुर, सो-केसों का सत्यानास हो गया। मार महरारुओं की धक्कमधक्का लैन यहाँ से वहाँ तक। हमने पूछा एक से—क्यों बहिनजी, मुफत बँट रहे हैं का हीरे? बोलिन, फाइव परसंट डिस्काउंट।"

"कभी कोई चीज बाजार से गायब हो जाती है, कभी कोई। हद है! इधर देसी घी ही नहीं मिल रहा है।" हमारी पत्नी ने शिकायत की।

"गायब होना चीजों का धरम हय काकी।" नेताजी बोले, "बाकी जो दिव्य-द्रष्ट रखते हैं उनकी द्रष्ट से कउनो वस्तु ओझल हो नहीं सकती। जो माँगोगे वही मिलेगा, अगर कहीं है यह हिसाब तो इसी देवभूम में है। देसी घी की आपने अच्छी फिकिर की, कहिए बिडियो पिलेयर मँगवा दें आपको घंटे भर में!!"

नेताजी ने फोन उठाया और एक थानेदार से बात की। फिर बोले, "घी आपके यहाँ दुकानदार का लऊंडा खुद आकर रख जावेगा। अऊर कोई सेवा?"

"थानेदार घी भिजवा देगा!" काकी ने आश्चर्य प्रकट किया।

लायक भतीजाजी बोले, "अरे थानेदार का पावर कोई एइसा-वइसा हय! जऊन मनई बड़े-बड़न के हवालात भिजवाई सकित हय, तऊन जमाखोर के गुदाम से घी आपके हियाँ काहे नाहीं भिजवाय सकी?"

"लेकिन कैसे?" काकी ने पूछा।

"ऊ सब जानकर का करिएगा? आम खाया जाय, पेड़ गिने में कउनो रस नहीं हय काकी! घी का सवाल आप उठाएँ रही, सो लायक भतीजा ने हल कर दिया हय।"

"इसी तरह देश की सारी समस्याओं का समाधान हो जाएगा क्या!"

"हम समझे आप अपनी समस्या उठाए थे। देस की उठाए हैं तो उसका भी जवाब हय हमरे पास—डियू उराइटी रीजन देसी इन टेम्परवारी सार्टेज इन डेल्ही। पोजीसन इम्प्रूविंग। घी नाव अवलेबल सूपर बाजारंड फेयर प्राइस शाप।"

"वहाँ लाइन देखी है!" काकी ने कटाक्ष किया।

नेताजी बोले, "अरे उसे देखते हुए ही तो थानेदार सरनम् गच्छामी हुए हैं।"

तभी हमारी नजर बाहर खड़ी एक नई कार पर पड़ी। क्या टैक्सी से आनेवाले नेताजी आज किसी भगत की कार से आए है। नेताजी ने बताया, "कार आपहि की हय कक्का। चलिए तनि आपको घुमा लाएँ।"

नेताजी की नई फिएट में भीतर की एक-एक चीज अलग से लगवाई हुई थी। स्टिरियो फिट था। तिरुपति बालाजी और साईं बाबा के चित्र शोभायमान थे।

"कार भी तो अब बहुत महँगी हो गई है शायद।" हमारी पत्नी ने बच्चों के साथ बैठते हुए पूछा।

"सिक्स्टी-फाइव की थी।" पान की पीक में से नेताजी बुदबुदाए, "नई फिटिंग कराके अस्सी हजार की पड़ी।"

"अस्सी, बाप रे!" हमारी पत्नी ने कहा।

कार स्टार्ट करते हुए नेताजी पीछे-देखू-आइने में मुस्कराए। फिर पीक थूककर उन्होंने कहा, "अस्सी हजार ही तो, आप तो एइसे चौंक रही हैं जइसे अस्सी करोड़ का मामला हो।"

हमारी पत्नी को कुछ खरीदारी करनी थी इसलिए उसने नेताजी से बाजार चलने को कहा। बाजार में जबरदस्त भीड़ थी। दुकानों में सामान अटा पड़ा था। दुकानदार के पास खरीदारों से लल्लो-चप्पो करने की फुर्सत नहीं थी।

नेताजी ने हमसे कहा, "अब कोई गलत थोड़ी कह गए गोसाईंजी सकल पदारथ या जग माँही, बाकी इतना जरूर है कि हेर-फेर बिन पावत नाही।"

डफ-नेटली मोर गुड मेन

नेताजी अभी उस दिन एक पाँच-सितारा होटल की लॉबी में मिल गए। पूछने लगे कि आप यहाँ कइसे? हमने बताया कि लन्दन से हमारे एक मित्र आए हैं, यहीं ठहरे हैं। हमने पूछा और तुम यहाँ कैसे?

नेताजी बोले, "हजामत मालिस-चम्पी के लिए आय गए थे। खोपड़ा भिन्ना रहा था ससुर। नेसनल-इंटर-नेसनल हमारे लिए प्राब्लम कोई एक-दो थोड़ो रहती हय। होटलवाले भगत फिरी का कूपन भिजवाते रहते हैं कि बाल कटवाइए, बियूटी बढ़वाइए, पूल में डुबकी लगाइए, क्लब में हयल्थ बनाइए। समझे कि नहीं? तो हम कहा, चलो ओब्लाइज कर दें। फोरेन के टूर पर जाना हय परसों, सोचा बाल-उल कटवा आएँ। कइसे काटे हैं, ठीक है?"

हमने होटल के हज्जाम की प्रशस्ति की।

नेताजी ने कहा, "हज्जाम अउर नेता का धन्धा एक-ही-सा है। गाहक तो अइबे करेगा। बाकी कउन-सा गाहक आएगा अउर आपको दक्शना क्या मिल सकेगी, यह सारा खेल आपकी दुकाने पर नर्भर करता हय। जितनी हाई क्लास फैंसीकट दुकान, समझे कक्का, हजामत बनाने के पइसे उतने ही तगड़े। आप अभी हमारी दुकान नहीं देखे हैं, देखिएगा तो मान जाइएगा कि हाँ भतीजा प्रगत-पथ पर अग्रसर है नरन्तर!"

"तुम्हारी दुकान?"

"अरे वही ओफिस-कम-रेजीडंस जियादा। कुटिया अपनी। आप आते ही नहीं चरन-धूल से पवित्र करने। चलिए आपको दिखा लावें।"

हम बैठ गए नेताजी की गाड़ी में। नेताजी ने रास्ते में कार के स्टीरियो पर कोई फिल्मी गाना आग्रहपूर्वक सुनवाया जिसमें जमाने-भर की फिल्मों के नाम गिनवाए गए थे—मेरे जीवन साथी, प्यार किए जा, खूबसूरत, जिद्दी, पड़ोसन, सत्यं शिवं सुन्दरं।

हमने कहा, "मजेदार है।"

नेताजी बोले, "मजेदार नहीं, राजनीत का सार हय यह, समझे कक्का। इसे यों गाया जाता है : मेरे प्यारे भाई, वोट दिये जा, सुभाष, नेहरू, महात्मा गांधी, जे. पी., विनोबा, भगतसिंह के साथी, लोकमान्य, महामना, लाल-बाल-पाल, फैमिली प्लानिंग, उर्दू-हिन्दी-हिन्दुस्तानी, इंगलिस, रास्ट्रभासा, चौरी-चौरा, डांडी-मार्च, सन बयालिस, सन पैंतालिस, जलियाँवाला बाग, पंचसील, नानएलाइमेंट, मिक्स इकोन्मी, रोलिंग प्लानिंग, पब्लिक सेक्टर, महँगाई-भत्ता, डिमोक्रेसी, सेक्युलरीजम, वेल्फेयर, सोसलीजम।"

नेताजी हँसे। हमने साथ दिया।

नेताजी बोले, "वइसे हँसी-ठट्टे की बात नहीं हय। पालटक्स में सीरसली कामहि तब चलता है जब आप सबै खेलों का नाम एक साथ ले डालो। अरे कोई ओटर इस ख्याल का है, कोई उस ख्याल का। सबकी-सी कहोगे तबहि सबका ओट पाओगे। अक्स्ट्रीम में जाइएगा तो क्रीम नहीं पाइएगा। अरे साहब परसों लम्बी-चउड़ी बहस हो गई गुरुजी से मध-प्रदेस भवन में हमारी। उनको भी यही समझाए हम। न पालसी के मामले में अस्ट्रीम में जाइए, न लाइल्टी के। मार फँसे हैं सुक्लागर्दी में। अरे पालटक्स में एक लाइल्टी आपकी मय-डम से हइये हय, अउर किसी लाइल्टी को चाटिएगा? फ्लुइड नक्सा है, फ्लुइडै रहिए आप। सही इक्वेसन के लिए चउतरफा हाथ मारा जाता हय। गांधी बाबा तक कहि गए हैं कि हर खिड़की-दरउज्जा खुला रख बेटा, मउका आने दे हर तरफ से।"

"गांधीजी ने झोंका कहा था, मौका नहीं।"

"अरे मउके से ही तो अइबे करेगा झोंका!" नेताजी ने ठहाका बलन्द किया।

गाड़ी दक्षिण दिल्ली की एक शानदार बस्ती के एक आलीशान मकान के सामने पहुँची। नेताजी ने कहा, "यहीं है अपना डेरा काम चलाऊ।"

वह दो शयन कक्षोंवाली बहुत बढ़िया बनी हुई बरसाती थी। सुख-सुविधा का हर सामान था उसमें। महँगा से महँगा। खानदानी किस्म का कोई रईस भले ही नेताजी की इस प्रदर्शनप्रियता को तनिक भौंड़ा ठहरा भी सके, मध्यवर्ग की तो बोलती बन्द करने के लिए पर्याप्त था यह वैभव। नेताजी ने हमको एक-एक कमरा, एक-एक चीज बहुत उत्साह से दिखाई। 'गुजर-बसर का जुगाड़ किए हुए हैं बस।' ऐसा विनम्र निवेदन वह करते रहे बीच-बीच में। उनके दो विशेष आग्रह थे। पहला यह कि 'बिडियो पर लावारिस का नाच-गाना देख लिया जाय, अमिताभ बच्चन का ठुमका तबीयत खुस कर देगा आपकी।' दूसरा यह कि 'पइडल से चलनेवाला फ्लश

चलाकर देखा जाय, यह चीज अभी इंडिया में दुर्लभ है। न हो, निबट लीजिए और यहीं अस्नान कर लीजिए टब भरके।'

हमने कहा, "फिर कभी सही। और अमिताभ के ठुमके से तो तुम्हारी बातचीत ज्यादा दिलचस्प होगी।"

नेताजी ने फ्लश खुद ही पाँव से दबाकर चला दिया और खुश होकर बोले, "अरे बात करने का अस्टाइल तो अपना पेटेंट हय सुसरा। आपसे सही बताते हैं खुद अमिताभै चमत्क्रत हुई गया था सुनकर। कहिन फिल्मों में आ जाइए। हम कहा, अरे हमारा चक्कर नेतागिरी का है, अभिनेतागिरी में काहे खींचते हैं आप!"

नेताजी ने कुर्ता-पैंट उतार डाला और खादी के कच्छे-गंजी में सोफे पर पसर गए। बोले, "नेसनल ड्रेस में जो सुख है, वह ससुर कउनो अउर ड्रेस में नहीं। तहमद-उहमद लपेटकर आपै पसर जाओ सोफा पर। टेक इट ईजली—एइसा समझा गए थे माउंटबेटन बिलायत लउटती बखत।"

"और कोई समझा हो या नहीं, तुम जरूर समझ गए!" हमने कहा।

"विद्वानहि समझ सकेगा ना? कागज पर हमारी क्वालिफिकेसन एइफे फेल हय—यह आपसे छिपा नहीं। फिर भी..." नेताजी ने कमरे में सजी चीजों की ओर इशारा किया, "...गुजर-बसर कर ही रहे हैं। अक्लहि की खा रहे होंगे ना?"

"गुजर-बसर! अरे ठाठ कर रहे हो ठाठ।"

"डमोक्रेसी में क्या हय कोसिस करने से इंसान कुछ भी बन सकता हय। सामन्तसाही नहीं हय ससुरी कि अय्यासी सामन्तै कर सकेगा अउर कउनो नहीं।" नेताजी ने कहा और फिर नौकर को बुलाकर हमारे जलपान की व्यवस्था का आदेश दिया।

बढ़िया क्राकरी। नाना प्रकार के व्यंजन। हमने नेताजी से कहा, "तुमने तो पूरी गिरस्ती जोड़ रखी है। अब शादी कर डालो।"

"सादी का अभी सवालै पइदा नहीं होता!" नेताजी ने कहा, "जब तक एक करोड़ जमा करने का टार्जेट अचीव न हुई जाय हम ब्रह्मचर्ज पर द्रढ़ रहेंगे। अभी छुटभय्या नेता हैं। दुइ पर्सेंट कमीसनगीरी पर काट रहे हैं दिन। एइसे में कहाँ बसता है घर-परिवार। एट्टी-फाइव में एम.पी. वैम्पी कुछ हुई जाय तब चलाएँगे सादी का चक्कर।"

नेताजी अपना ही घर समझकर भकोस रहे थे और हम थोड़ा संकोच बरत रहे थे। नेताजी ने कहा, "अरे खाओ कक्का! अपना तो असूलै यह हय कि खाओ अऊर खिलाओ। मिल जाय एक तिल तो सात भाई-बहनी मिल-बाँट के खाय

लो। इसे कहिते हैं समाजवाद। समाजवाद के बिना राजनीत चलती नहीं। जहाँ नेता समाजवाद भूला, समझ लीजिए गया। गुरुजी से इसी बात पर हमारी कुट्टी हो गई थी एक मर्तबा। बाई इलेक्सन का चक्कर था। गुरुजी को लड़ने के लिए रासन-पानी मिला था ऊपर से। चेलों में बाँटहि नहीं रहे थे। बोले डिरेक्ट हैंडल करेंगे। हम कहा, फिर हैंडले से चलेगा आपका खटारा। चार-चार पइसे भी आपके चेलों की पाकिट में चा-पानी कराने के लिए न पड़े होंगे तो वे क्या ओटर को पानी का पथ्य देकर पटाएँगे? असोका में डिनर करानेवाली रकम अपने पास सउक से रखिए, बाकी चेलों को भी गुड़-सतुवा खिलाने लायक रकम दीजिए राजनीत का सूत्र यही है कि जताओ एइसा कि भरोसा कर रहे हैं, मगर भीतर से भरोसा मत करो। पइसा दे दो, मगर ताड़ै रहो।"

"तो मान गए गुरुजी आपके?"

"अरे मानते कइसे नहीं! जहाँ हमारी बात नहीं माने हैं, वहीं धोखा खाए हैं।"

नेताजी ने प्लेटों में बची मिठाइयाँ खाईं। ठंडाई से उन्हें पेट में उतारा। डकार ली। बोले, "अपना यह है, खाओ-खिलाओ और डकार लो। वरना पब्लिक ससुरी कोसती है कि खा गया, डकार तक नहीं ली।"

"तुम्हारी सेहत से यह लग रहा है कि अच्छा खा रहे हो।" हमने चुटकी ली।

"काहे का अच्छा। वह एइसा है, नेसनल खेल में लम्बी-चउड़ी रकम बनती नहीं। बनती भी है तो उनकी जो सत्ता का अस्थान पाए हों। असल खेल इंटरनेसनल हय एक-एक डील में, आपसे सही बताते हैं, करोड़ों का व्यारा-न्यारा होता हय। आप पत्रकार लोग समझते हैं कि राजनीतवाले इलेक्सन के लिए चन्दा उगाही चादर फइलाकर या इस गरीब देस के अमीर लोगों का कोई पेच कसके करते हैं। यह भ्रम हय। पइसा जमा करने का असल खेलो इंटरनेसनल हय।"

"अब तो तुम जा रहे हो विदेश-यात्रा पर। तुम्हारा भी खेल इंटरनेशनल हो जाएगा।" हमने कहा।

"जा तो रहे हैं। एक्सपोर्टवाली कुछ, असामियाँ आई है सरन में। उनका धन्धा फिट कराना है। बाकी खेल यह भी छोटा हय। लाख-दो लाख कुछ बन जाएगा अपना भी चा-पानी के लिए, अउर सैर अलग हो जाएगी फिरी में। बड़ा खेल तो तभी होगा जब हम बड़भय्या बनेंगे।"

"कुछ हो रहा है उस दिशा में?" हमने पूछा।

"पहिले गुरुजी का जमे, फिर अपना भी कुछ होगा।" नेताजी ने कहा, "वइसे

इधर हम मिलते रहे हैं टाप के लोगों से। हर पंचायत में पहुँच जाते हैं समझे! इम्प्रेसन तगड़ा पड़ा हय अपना एइसा गुरुजी बता रहे हैं! सुना कहीं हमारी और राजे भय्या की बात चली तो सी.एम. कहिन, ही इज डफ-नेटली मोर गुड मैन दैन राजे। अब देखिए, बल्कि देखते रहिए।"

नेताजी ने कहा और ठहाका बलन्द किया।

देस का ये होगा जनाबे आली!

नेताजी अपनी ताजातरीन विदेश-यात्रा से लौटे थे। संस्मरणात्मक मूड में बातें कर रहे थे।

"चीन में डिस-प्लीन एइसा देखा कि तबीअत साफ हो गई। हर जगह साफ-सुथरी, कहीं कउनो कूड़ा-ऊड़ा नहीं। चीनी आदमी है ससुर कि मसीन का पुर्जा। जब देखो लगा हय धन्धे से। बाकी अउर कउनो जल्वा नहीं है वहाँ, डल है मामला सारा। मिहनत करो, खाओ, सो जाओ बस। वहाँ से गए हांगकांग, समझे कक्का! मार गहमागहमी। नंगा नाच रहा है ससुर पूँजवाद। बेचो-खरीदो अउर कउनो काम नहीं। क्या ठाठ की माडरन मंडी है हांगकांग, किसिम-किसिम का माल अउर सो भी अउने-पउने में। रिहाइस की परेसानी जरूर हय। देखा पंजाबी जुबक एक-एक कोठरी में आठ-आठ ठुँसे पड़े हैं समझे, सिफ्ट लगाकर सो रहे हैं, नहा रहे हैं। लेकिन यह देखिए कि किरूगीरी, सेलमैनी, फेरी जाइसे छोटे-मोटे कामों तक में पाँच एक हजार रुपया माहवार पीट ले रहे हैं! अउर सिन्दी बिजनीसमेन का तो बहुत तगड़ा धन्धा हय वहाँ। तबीअत खुश हो गई जल्बा देखकर। चेला-भगत दो-चार मूँडा उनमें से भी, समझे, क्योंकि इन लोगों का खेल इंटरनेसनल हय।"

"और कहाँ गए?" हमने पूछा।

"आते हुए बैगकाक रुके दुई दिन। वहाँ देखा कि पच्छिम के हाथ बिक जाओ समझे, एइसी की तइसी करा लो अपनी सम्पन्न देसों से तो उससे भी एक जल्वा पइदा होता है। आपसे सच बताते हैं वहाँ का ससुरा मालिस-वालिस का खेल और नाइट क्लब का सो, अहिक्क..."

और नेताजी ने बैंगकाक की रंगीन शामों का वर्णन दबी जबान से किया, बीच-बीच में बुलन्द ठहाके लगाते हुए। कुछ तरह की बातें दबी जबान से करने की परम्परा है हमारे देश में किन्तु इन्हीं बातों को किसी दबे टाइप से छाप सकने

की नहीं। इसलिए लायक भतीजाजी का यह प्रवचन आपको कल्पना में ही सुनना-समझना होगा!

इसके बाद नेताजी बोले, "मगर कक्का, दिल्ली पहुँचते ही अपना मूड चउपट हो गया। टैक्सी की स्ट्राइक! फोन किया एक भगत को तब गाड़ी की ब्यौस्था हुई। जब देखो तब स्ट्राइक। अरे एइसे किसी मुल्क की तरक्की हो सकती है! फोरेन से लउटकर पता चलता हय कि कितना अहिदी है इस देस का आदमी। खाली बिठाकर रोटियाँ तुड़वा लो अउर कउनो काम इसके बस का हय नहीं।"

"आर्डनेन्स निकाला है सरकार ने।" हमने कहा।

"निकालबे करेगी। इस देस में डंडे के बगइर सासन हो नहीं सकता। झंडा हमारा समझे ना तबे ऊँचा रहेगा जब नीचे मजबूत डंडा हो।"

"इमरजेंसी लगाने से ठीक रहेगा?" हमने पूछा।

"लगा दें तो थोड़ा अनुसासन पर्व हो जाय ससुरा। पंचाइती ब्यौस्था कुछ कम हो। अभी तो यह हालत हय कि जहाँ देखिए पाँच आदमी जमा है अउर कहि रहा है कि कुछ उल्टा-सीधा। अरे भाई तुम्हें कुछ काम-धाम नहीं है का? यह दफ्तर हय कि गाँव का पंचाइतघर? दफा एकसउ चउआलीस लगा दी जानी चाहिए दफ्तरों में।"

"लेकिन इमरजेंसी में भी तो कोई विशेष सुधार नहीं हुआ था।" हमने टिप्पणी की।

"हाँ, नहीं हुआ। वह एइसा हय कि इंडियन खोपड़ी बिचत्रे खोपड़ी हय। आप चाहे जइसी रोक लगा लीजिए, रास्ता कोई-न-कोई खोज ही निकालती हय यह। हुकुम जारी कीजिए कि रिस्वत लेनेवाले धर दिये जाएँगे, अगले दिन से रिस्वत का रेट तिगुना हुई जाई। लेनेवाली कही, अउर सही कही, कि देखिए बिरादर, एक तो हमारे धर दिये जाने का खतरा हय जिसकी बजह से रेट दूना करना पड़ा हय, दूसरा अब धरनेवाला भी न धरने के पइसे माँग रहे हैं खरे, इसलिए रेट तिगुना करना पड़ रहा हय। आपसे सच बताते हैं बहुत ऊँची चीज है हिन्दुस्तानी।"

"तो आपका क्या सन्देश है इस ऊँची चीज के नाम?" हमने पूछा।

"अरे, हमारा सन्देस-उन्देस अभी क्या होगा, छुटभय्ये हैं।" नेताजी ने कहा और पान जमाया, "बाकी जो कुछ हम देखे इधर दुनिया के दूसरे देसों में उससे हमें यही लगा कि जब तक सेक्रिफिकेसन का माद्दा, समझे ना, पइदा नहीं होगा हमारे भीतर, रास्ट्र का नक्सा जमा नहीं पाएगा।"

"सेक्रिफिकेसन?" हम चकराए।

"कुरबानी, त्याग, वही चीज जो हमारे सुआधीनता सेनानियों में थी।"

"अच्छा एक तो यह सेक्रिफिकेसन जरूरी है, और?"

"अउर यह हय कि मिहनत करो, हराम की मत खाओ, समझे। जब तक प्रोडेक्टबिलिटी नहीं बढ़ती तब तक देस तरक्की कर नहीं सकता। प्रोडेक्टबिलिटी में सिफर अउर तनखा माँगे डबल-ट्रिबल, एइसे कइसे चल सकता हय? अरे पइदा करो खुसहाली अउर फिर चाहे जितना पइसा माँगो।"

"प्रोडेक्टिबिलिटी?" हमने शंका की।

नेताजी जाकर वाशबेसिन में पीक थूक आए और सुगन्धित रूमाल से मुँह पोंछते हुए बोले, "क्या आप लोहिया के चेले बन गए इस बीच कक्का कि आपको हमारा इंग्रेजी बोलना अखर रहा है? कहिए न बोलें, वह तो फोरेन में आदत पड़ गई ससुरी। हम कहिना चाहते थे कि उत्पादनसीलता बढ़ाओ।"

"एक सेक्रिफिकेसन, दूसरा प्रोडेक्टिबिलिटी, तीसरा और क्या?"

"अउर यह कि मिल-जुलकर रहो। कहीं प्रान्त-प्रान्त का झगड़ा, कहीं जात-जात का रगड़ा, समझे, कहीं भासा का लफड़ा, कहीं वर्ग-संघर्ष, अउर कहीं साम्प्रदायकता। जितनी अनर्जी यह देस फाइटिंग अजटेसन में लगा चुका हय आजादी के बाद से अब तक, उतनी अनर्जी से तो इस भूमि में एक अदद नन्दन कानन बन सकता था। मगर यहाँ क्या हय, कोई ससुरा कदम उठाना चाहो, वेस्टेड इंट्रस्ट आड़े आ जाता हय किसी-न-किसी का! आप कहिए ऐसा करते हैं तो अलाँ कहेंगे हमरे वेस्टेड इंट्रस्ट की एइसी-तइसी हुई जा रही हय। आप कहिए, चलो वइसा कर देते हैं तो फलाँ पहुँच जाएँगे डेलिगेसन लेकर कि माई-बाप अपने हमरे वेस्टेड इंट्रस्ट का ध्यान ही नहीं रखा! इन वेस्टेड इंट्रस्टों के मारे रास्ट्र का मार टाइम-अनर्जी वेस्ट होता हय।"

"वेस्ट तो होगा," हमने कहा, "नाम ही आप वेस्टेड इंट्रस्ट बता रहे हैं! तो आपका तीसरा सूत्र हम यह मानें कि हिन्दुस्तानियों को सारे झगड़े भुलाकर, मिल-जुलकर रहना और काम करना चाहिए?"

"हाँ।" नेताजी ने कहा, "अउर जब पहिला दो पाइंट आप इंगलिस में नोट किए हैं तो इसे भी कर लीजिए। लिव इन फैमिली वे।"

"फैमिली वे!" हम सुनकर हतप्रभ हुए।

"अरे हम आज दिन तक यही समझे बइठे थे कि आप इंगरेजी जानते हैं, आप फैमिली वे नहीं जानते का? परिवार की तरह मिल-जुलकर रहना।"

"ओह ऐसा!" हमने कहा, "तो अब आपके सन्देश के तीन सूत्र हुए—पहला—सेक्रिफिकेसन, दूसरा प्रोडेक्टबिलिटी, तीसरा बगैर वेस्टेड इंट्रस्ट के फैमिली वे। चौथा?"

"अरे चउथा-वउथा क्या, सारा टुइंटी पाइंट हमहि से लीजिएगा।"

"फिर भी, कुछ तो और कहिए। टैन पाइंट ही सही।"

"कर गए न आप चोट कक्का!" नेताजी ने ठहाका बलन्द किया, "बना गए दस लम्बरी भतीजा को!"

"अरे नहीं!" हमने नेताजी को आश्वस्त किया।

"चलो नोट करो।" बोले नेताजी, "हम टइने पाइंट देंगे। अभी तीन हुआ ना! चउथा लो। सिक्सा में आमूलचूल परिबर्तन। फंडामेंडल चेंजिंग इन एजुकेसन। अरे जिस सिक्सा-पद्धत में आपका भतीजा एइफे फेल ठहरता है और बीयोंएइमों से चरन दबवाने की अस्थत रखता है वह कोई पद्धत हय ससुरी! किरूं पइदा करने के कारखाने हैं हमारे कालिज। लउंडों के हाथ में दो फावड़ा-कुदाल कि जाओ अपना-अपना खोदो, अपना-अपना भरो और अपना-अपना पीओ। आत्मनर्भर होने का पाठ पढ़ाओ उन्हें। जिसे देखिए ससुरा सरकार का मुँह जोहता है। जिसे देखिए कहता हय गवर्नमेंट को एइसा करना चाहिए, वइसा करना चाहिए अउर खुद बइठा-बइठा देस की ढीली चारपाई को अउर ढीला करता जाता हय। अरे गवर्नमेंट राज करने के लिए बनी हय कि तेरी मिजाजपुर्सी करने के लिए? कोई पट्टा लिखवा छोड़ा था क्या तूने उससे कि तेरे लिए रोटी ही नहीं बनाएगी, कउर तोड़कर तेरे मुँह में भी डाल देगी? तो पाँचवाँ पाइंट नोट किया जाए—यह मत पूछो देस मेरे लिए क्या कर रहा है, यह पूछो कि देस के लिए मैं क्या कर सकता हूँ। नेवर आस्किंग वाट कंट्री फार मी डूइंग, आल्वेज आस्किंग वाट आई फार कंट्री डूइंग?"

"पाँच हो गए, और?"

"नहीं, अब पाइंट-वाइंट कुछ नहीं। हम समझ गए कउनो गड़बड़ है हमारी इंगलिस में अउर आप मजा ले रहे हैं। लीजिए मजा। बाकी यह देख लीजिए एइसी ही इंगलिसवाले देस का राज चला रहे हैं अउर आपमें दम नहीं है कि हिन्दी चलवा दें।"

"कुछ और बताओ भाई।" हमने आग्रह किया।

"अरे कहिने को कहिबे करेंगे, पेसाहि हय कहिने का। बाकी सुनना आप लोगों को हय नहीं। बड़ा-बड़ा गांधी-जवाहिर आकर कहि गया अउर आप ससुरे रहे जस के तस। वही नक्से बाबा आदम।" नेताजी ने ठहाका लगाया और हमारे नौकर को

बुलाया। अपना कुर्ता उठाकर उन्होंने खादी की बंडी की चोर जेब से गड्डी निकाली और सौ का नोट उसे दिया जलपान का प्रबन्ध करने के लिए। हमें इस पर आपत्ति हुई तो उन्होंने कहा, "अरे आप लोग ठहरे नउकरी-पेसा, फिक्स इनकम, वइसे ही टेक्स को लेकर सोर मचा रहे हैं, हम काहे आप पर अउर टेक्स लगाएँ?"

नेताजी को तभी कुछ याद आया और वह बाहर जाकर अपनी गाड़ी से डनहिल सिगरेट के छह पैकेट निकाल लाए। बोले, "ग्रहन किया जाए।" हमने बताया कि सिगरेट हमने छोड़ दी है।

नेताजी हँसे, बोले, "पिछले दो साल में यह कऊनी-सी मर्तबा छोड़ी हय?"

हमने गिनकर बताया—सातवीं।

"तब रख लीजिए।" उन्होंने कहा, "काम आएगी। नहीं तो भगत आकर पीते रहेंगे। आपका पान-मसाला-तम्बाकू चल रहा हय तो यह सउदा हम कानपुरवाले चेले को लिख देंगे, मगर वह हय जर्दालू आम टाइप।"

"जर्दालू आम टाइप?"

"पुरानी चाल का चालू। वह यों है, एक बार किन्हीं चेला महोदय ने सी.एम. को लिखा : पत्र के साथ, भागलपुर का फस्सक्लास सउ जर्दालू आम सेवा में भेजा जा रहा हय सो ग्रहन किया जाय। अउर हमारा राजसभा के लिए अउर ऊ न हो तो पब्लिक सर्विस कमीसने के लिए लम्बर लगाया जाए। अबे गदहे, इन कामों के लिए लाखों के वारे-न्यारे हो रहे हैं अउर तू समझे है जर्दालू आम की डाली से बात बन जाएगी! बताइए। इन जर्दालू आम टाइपों ने भी अपने ढंग से एइसी-की-तइसी फेर दी हय पालटिक्स पर। डाली भेजू, चरण-छू किरू पालटिसियन, जब देखिए तब हीं-हीं-हीं मेरा यह काम करवा दीजिए। अरे काम एइसे होते हैं कभी। काम का ढंग होता है। न करो तो डसडंट बने घूमते हैं। आप समझ लीजिएगा कक्का, इस देस में विद्रोही, क्रान्तकारी कोई नहीं ससुरा। सबे हीं-हीं-हीं डसडंट हैं। कौमे एइसे डसडंटों की है ससुरी।"

"सच बहुत बुरी बात है।" हमने कहा।

"तो हम कउन कह रहे हैं अच्छी हय!" नेताजी ने कहा, "अउन आप अखबारवाले इस डसडंस को बद्रोह-कान्त बना-बनाकर अउर चउपट कर रहे हैं मामला। हर बात को तूल देना, समझे, मार सनसज्म फइलाना मुल्क में। एइसा भी गलत, वइसा भी गलत, अजब तमासा बना देना हर चीज का समझे। अक्सपक्टेसन बढ़ा देना सबकी। सोर मचाना ऊधो की तरफ से भी माधो की तरफ से भी। कुछ

अउर काम हय आपका? हो तो बताइए। अउर यह भी सुन लीजिए—हैं आप लोग भी वही हीं-हीं-हीं जर्दालू आम टाइप। आपसे यही बताते हैं आपकी बिरादरी के एक साहेब कभी पी.एम. के किन्हीं सेकटरी के पास गए जिन्हें आजुर्वेद में विस्वास था। उनकी पत्नी को खाँसी थी। ये बोले सहद-सतोपलाद दीजिए इन्हें। उन्होंने कहा, वही यै दे रहे हैं। गुरु बोले, कमल पर बइठी मक्खी का सहद न दे रहे होंगे, मेरे घर में है कसमीर से मँगवाया हुआ, सीसी भिजवाता हूँ। अरे कहाँ का कमल, कहाँ की मक्खी, वही खादी ग्रामोदोग जन्दाबाद।"

नेताजी देर तक हँसते-दुहराते रहे, "कमल पर बइठी मक्खी ससुर! नाक पर न बइठी होई तेरी।"

हमने कहा, "और क्या कमियाँ हैं हम भारतवालों में।"

"यह देस पंचाइती छाँटने में अव्वल है। अब यही देख लो बिलाइंडिंगवाला मामला। जनता अउर पुलिसवालों ने निकाल दीं दुई-चार बदमासों की आँखें। अऊर आप लोगों ने इस बिलाइंडिंग का एइसा सोर मचाया कि पुलिस हो गई डमारलाइज। छोड़ दिया उसने पेट्रोलियम करना तक। अब बढ़ रहा है करा-ईम तो फिर सोर मच रहा है। आदर्स ब्यौस्था चाहिते हैं तो पहिले खुद आदर्स बनकर दिखाइए। अगर नहीं हो सकते सब लोग आदर्स तो ब्यौहार में जइसा चल-निभ सकता हय, चलने दीजिए।"

"अपनी तो जैसे-तैसे, थोड़ी ऐसे या वैसे, कट जाएगी, देश का क्या होगा जनाबे आली!" हमने कहा।

"अच्छा है!" नेताजी बोले, "अउर जवाब भी सुन लीजिएगा हमारा, अगर डसडंट जर्दालू यों ही सोर मचा-मचाकर समाज के हर वर्ग को भड़काता रहा तो देस का यह होगा जनाबे आली कि इसमें यहाँ से वहाँ तक आली-जनाबे नजर आएँगे।"

देस की हर कुर्सी चूँ-चूँ-चरमर हय!

नेताजी हमें बता गए थे कि आठ अगस्त को मेय-जर-रिस-फल हो रहा है, बहुत तो नहीं, दस-बारह पर्सेंट उम्मीद हय कि गुरुजी का चांस भी लग जाय।

जब मंत्रिमंडल में कोई बड़ा परिवर्तन नहीं हुआ तब हमने उनसे पूछा कि क्या बात है तुम्हारा अनुमान कैसे गलत निकल गया?

नेताजी बोले, "हमारा! आप अखबारवालों का कहिए। मार हइड लाइन पर हइड लाइन छाप रहे थे। पढ़कर हम भी आ गए चक्कर में।"

हमने कहा, "अखबारवाले भी नेता लोगों से सुन-सुनकर ही छापते हैं। ऐसी सारी खबरें मंत्रियों की कोठियों में और संसद के सेंट्रल हाल में जन्म लेती हैं।"

नेताजी मुस्कुराए। उन्होंने कुर्ता उतारा, सोफा खींचकर बैठक के बीचोबीच पंखे के नीचे लगाया और उस पर सहजासन साधकर बैठ गए। बोले, "नेता बताते हों, तो हम यही कहेंगे छुटभय्ये हैं ससुरे। गिल्ली-डंडावाले अस्तर से ऊपर गए नहीं हैं राजनीत के खेल में, समझे, अऊर मयडम हैं किरकिट की खिलाड़न, गुगली बालर। आप हाथ देखकर कहिए लैग ब्रेक, निकले आफ ब्रेक। आइन्दा याद रखिए, हमैं गलती से भूल गए इस बार—अखबार में जइसा छपे ठीक उसका उल्टा होगा मयडम के राज में। न हो, आप न अखबारवाले साथ में छापै दिया करें, हमारी खबर का मतलब उल्टा लिया जाय। मेजर रिस-फल माने माइनर रिस-फल। अऊर का।"

नेताजी हिनहिनाए। नेताजी की हँसी के बारे में हम पहले आपको बता चुके हैं कि वह किसी कबायली नेता के अट्टहास और कस्बे की प्रेम-विभोर किशोरी की खिखियाहट के वादी-संवादी स्वरों से निर्मित है। इसी का एक थोड़ा संक्षिप्त, संकीर्ण और तीव्र संस्करण है जो किसी बिदकी घोड़ी के हिनहिनाने का भ्रम पैदा करता है।

हिनहिनाने के बाद नेताजी ने कुर्ता उठाया। उसकी जेब में से चाँदी की डिबिया निकाली जिसमें पान-मसाला और तम्बाकू रखा हुआ था। उन्होंने खाया, हमें खिलाया।

फिर उन्होंने दो कुशन सोफे के हत्थे पर जमाए, पैंट की पेटी खोली, ऊपर का बटन खोला और तोंद पर हाथ फेरते हुए प्रेमपूर्वक पसर गए सोफे पर।

आँखें बन्द किए पड़े रहे काफी देर फिर करवट लेकर हमसे उन्मुख हुए और बोले, "कइसी हय यह पान रखने की डिबिया?" उनके मुँह से लार बहकर कुशन को भिगा गई। सोफा उनके करवट लेने से चरमरा ही चुका था।

"अच्छी है।" हमने कहा लेकिन शायद हमारा चेहरा कुशन और सोफे के भविष्य के सम्बन्ध में हमारी चिन्ता की झलक दे ही गया। लायक भतीजाजी ने कुशन को पलटा। फिर बोले, "कहिए आपो को दिलवाय दें एक ठो।" अब कुशन का यह सिरा भी लार से भीग गया। नेताजी ने दूसरा कुशन उठाया। उनके हिलने-डुलने से सोफा चरमाया। अब वह...

लगभग झपटते हुए-से उठे। दो बार कूदे सोफे पर और बोले, "सोफा हय ससुर की भगौती सरन बर्मा की भइंसा गाड़ी, चूँ-चूँ-चर-मर।" अब लार उनकी चिबुक पर बही। उसे हाथ से पोंछते हुए वह एक बार और कूदे और बोले, "चूँ-चूँ-चर-मर ससुर" इस बार बाकायदा हँसते हुए वह उठे और गुलाब के गमले में पीक थूक आए।

चाँदी की डिब्बी में से थोड़ा मसाला और निकाला उन्होंने। मुँह बड़ा-सा खोल ग्रहण किया। हाथ पोंछा कुशन पर। सोफे पर टाँगें रखकर बैठ गए। बोले, "एइसे चाँदी के डिब्बे बाँट रहा है एक भगत जब से उसने सेठीजी के यहाँ देखे। कहें तो आपै के लिए ला दें एक ठो।"

हमने मना किया।

अब नेताजी ने उन कुशनों को दोहरा करके मोटा सिरहाना बनाया और फिर सोफे पर लेट गए, बोले, "सोफा-कुसन की तुम कउनो चिन्ता मत करो कक्का। चिन्ता से बी.पी. बढ़ता है एइसा कहिते हैं डाक्टर। जो भी देता हय ऊपरवाला देता हय। इसी से ऊपरवाली आमदनी कही जाती हय, समझे। हुकुम दो भतीजा को, अऊर जो संझा तक पंचकुइयाँ रोड का हर फर्नीचरवाला दो-दो ठो सोफा लेकर न पहुँच जाय यहाँ पर-सन-ली तो हमें नेताजी नहीं, भइंसा-गाड़ीवाला कहो।"

"हमें सोफा की नहीं, देश की चिन्ता है।" हमने कहा।

"पेसेवर चिन्ता हय कक्का!" नेताजी हिनहिनाए, "अखबारवाला अउर अपोजसन वाला दिन में एक बार देस की चिन्ता न कर ले तो उसका हाजमा खराब हो जाता हय। देश की चिन्ता कउनो चिन्ता नहीं समझे। डाक्टर लोग बताते हैं कि उससे बी.पी. नहीं बढ़ता। बढ़ता हय ई सोफा-कुर्सी की चिन्ताहि से!"

नेताजी ने लेटे-लेटे ही सोफे के स्प्रिंग आजमाए और बोले, "चूँ-चूँ-चरमर-ससुर, इस मुल्क के हर सोफा-कुर्सी की अस्थत चिन्ताजनक हय। कइसा हय हमारा यह अड-टोरल सम्पादकी? बोलो कक्का?"

"अच्छा है!" हमने कहा, "लेकिन यह बताओ, इस बार कुछ हो ही क्यों नहीं रहा है? पहले कम-से-कम राजनीतिक हलचल तो होती थी, अब तो उस मोर्चे पर भी सन्नाटा है।"

"अरे हलचल खूब हो रही हय। आप क्या चाहिते हैं कि आपको बता-बताकर की जाय? आप जइसी अटकल लगाइए, वइसी ही हलचल कर दिखाई जाए? मार सोर मचता रहे अखबारों में अउर दंगल की खबर पढ़-पढ़कर आपके दूध की लैन में लगे किरू पाठक अपनी चउन्नी वसूल हुई जानें! यह मयडम की पा-रटी है कांगी समझे कक्का, आपकी जनता पारटी नहीं!"

"हमारी जनता पार्टी!" हमने विरोध किया, "उसके टिकट पर तो आपके गुरुजी राज्यसभा के लिए चुने गए थे और आप भी उस जमाने में कार्यकर्ता हुआ करते थे उसके।"

"अरे हमारा क्या हय। कार्ज-कर्ता हैं अउर जब तक बडभय्या नहीं बन जाते कार्जकर्ताए रहिंगे। सम्पूरन क्रान्त हो, अमरजन्सी हो, जनता राज हो, इन्दिरा राज हो, हम कार्जकर्ता ही थे। जरूरत थी देस की राजनीत को हमारी इसी कार्जकर्ता रूप में, इसीलिए कार्ज निबाहने प्रगट होते रहे।" नेताजी ने सोफे की पीठ पर धौल जमाकर ठहाका बलन्द किया।

"तुम कहते हो हलचल हो रही है। क्या हो रही है?" हमने पूछी।

"सइटिंग चल रही है, आराम से, आहस्ता-आहस्ता। फिट किए जा रहे हैं नये लोग। सकटरी, गवरनर, सी.एम., मनिस्टर सब बदले जा रहे हैं धीरे-धीरे। यहाँ चरण सिंह-मोरारजीवाली वह अनाड़ी राजनीत नहीं है कि थोक के भाव उठापटक की जाय। अरे हम कहिते हैं कि दिहाती लाग-डाट थोड़ी है ससुर जो आप दिन-रात लाठी भाँज रहे हैं, हंह! यह राजनीत है इसमें लाठी चलाने की बात चलवाई जाती है अउर सो भी आप-हम जइसों से, पर-सनली डनायल ही दिया जाता हय, समझे। चलवाई जाती है ताकि हर कोई चेला-भगत अपने दोनों हाथ तिजोरी से निकालकर खोपड़े पर रख ले बचाव के लिए। बस जरूरते इतनी होती हय। जब चेला पारटी दोनों हाथ इस तरह खोपड़े पर रखी बइठी हो अउर कह रही हो कि मय तो आपहि का सिपाही हूँ आप किसी की भी तिजोरी बन्द करके चाबी अपनी जेब में डाल लीजिए। खेल खत्म।"

"लाठी चलाई ही नहीं जाती असली पालिटिक्स में?" हमने जानना चाहा।

"चलाई तो नहीं, उठा जरूर ली जाती हय कभी-कभी और एइसन अस्टाइल से कि साँप ससुर खुदै अस्तीफा देकर बिल में घुस जाय यही कहिते हुए कि मैं तो आ-पहिका सिपाही हूँ, जब किसी को कटवाना हो मुझे बिल से बुलवा लीजिएगा क्रपा-नधान।" "तो परिवर्तन हो रहा है पीछे-ही-पीछे?" हमने पूछा।

"हो रहा है, साल भर में पूरा हो जाएगा। छापिएगा नहीं, वरना डेढ़ साल में होगा या छह ही महीने में।"

"कभी ऐसा नहीं हो सकता कि साँप मिलकर हमला बोल दें।"

"अरे, असली साँप हो तभी न! रबर के हैं। आ-पहि के एक मन्तर फूँकने से बने थे साँप, आ-पहि के दूसरा मन्तर फूँकने से फिर रबर के रबर। किसी गवरनरी, कमीसन-वमीसन के बिल तक में तबहि घुस सकेंगे जब आ-पहि पकड़कर डाल देंगे। कइसा हय अड-टोरयल?" नेताजी जोर-जोर से हँसे। सोफा चरमराता रहा।

"अच्छा है।" हमने कहा।

"हमारे साथ रहिएगा सत-साहित्त सुनिएगा।" नेताजी ने कहा और उठ बैठे। अपनी जनेऊ में बँधी चाबी से उन्होंने ब्रीफकेस खोला और एक पोस्टर निकालकर दिखाया, जिसमें बाबू जगजीवन राम का चित्र बना हुआ था और कुछ लिखा हुआ था जिसे नेताजी पढ़कर सुनाने लगे, "एक नई उम्मीद, एक नई हिम्मत, एक नई आसा, एक नया उत्साह देस के कांग्रेस-जनों के हृदय में बाबू जगजीवन राम के कांग्रेस अद्धच्छ बनने पर। हुआ न यह जिसे कहते हैं प्रेरनाप्रद।"

"एक और कांग्रेस?" हमने कहा।

"लग्गू कांग्रेस तो बना लिये चउहान साहेब, जग्गू कांग्रेस बनाय लिहिन हमारे जगजीवन बाबू। झाड़े रहौ कलक्टरगंज।" नेताजी फिर पसरते हुए हिनहिनाए, "बाकी लगे बाबूजी भी उसी दिसा में हैं। वह क्या सबै लगे हैं—सत्ता के भागते भूत की दिसा में। डोरा-डंडा उठाया, लाउड अस्पीकर लगाया, चार ठो चेला जमा किया, पोस्टर छपाया अउर नई आल इंडिया कांग्रेस की अस्थापना की घोसना कर दी। खुल गया ब्रांच आफिस। पइसा चाहिए इस खेल के लिए। इतना तो हो ही कि हमारे जइसे कार्जकर्ता पोस्टर-छपाइयै में रासन-पानी के लिए कुछ बचा सकें। बाकी दुनिया जानती है बरांच आफिस, हैड आफिस हो नहीं सकता। मर्जर का, समझे कक्का, चक्कर रहितो हय। अलग हुई के बइठ गए हैं अब प्यार से चाहे तुम बुला लो, चाहे तुम। हमारे लिए तो दोनों एक समान हो। क्या समझे?"

"कुछ-कुछ समझे!" हमने कहा।

"साथ रहिएगा, बाकी भी समझ जाइएगा!" नेताजी ने कहा, उठकर नौकर को 'नास्ता-पानी' का प्रबन्ध करने के लिए आवाज लगाई और दो-चार बार सोफे पर कूदे, बोले, 'यों गुर की बात हम बता ही दिये आपको, यही चूँ-चूँ-चरमर ससुर!'

जीत मामा जीत!

उस दिन नेताजी रात सवा ग्यारह बजे हमारे घर पहुँचे। बच्चे सो चुके थे और हम भी बत्ती बुझाकर सोने की तैयारी कर रहे थे। हमने दरवाजा खोला तो नेताजी ने अपनी बुलन्द आवाज से रात्रि की निस्तब्धता भंग करते हुए कहा, "अर्ली इन बैडिंग, लेट इन राइजिंग! इसी में सत्यानास हुआ जा रहा हय देस का। हमें देखिए सुबह चार बजे के उठे हैं अऊर अभी डटे हैं मोर्चे पर। अभी करके आ रहे हैं ऊ जिसे डिनर डप्लोमेसी कहते हैं आप लोग। अऊर यहाँ से जाएँगे पालम सर्माजी को सीइंग आफ करने। इस बीच आपका दरसन कर लें, हुई सके तो झपकी ले लें, इस इरादे से चले आए।"

"खाना कहाँ था, कहीं पड़ोस में?" हमने पूछा।

"आई डांट नो वाट यू से!" नेताजी ने कहा।

तब हमने गौर किया कि नेताजी चलते-फिरते सुनने के मतलब का 'कैसेट-प्लेयर' कगर से बाँधे हैं और उसके हैड-फोन उनके कान पर लगे हैं। नेताजी इधर बहुप्रचलित एक हिन्दी फिल्मी गाने की पंक्ति दुहरा रहे हैं जिसकी अंग्रेजी, नेताजी की अंग्रेजी के टक्कर की है।

"यह कैसेट-प्लेयर तुम तस्करी से लाए क्या?" हमने पूछा।

"आई डांट नो वाट यू से!" नेताजी ने कहा।

हम चुप्पी साध गए। नेताजी गीत सुनते रहे और अपना मुदित मुखड़ा हमें दिखाते रहे।

फिर हैड-फोन उतारकर उन्होंने हमसे कहा, "तनि सुना जाय कक्का, बड़ा मजा हय इंगलिस का।"

"मजाक है!" हमने कहा, "और यह 'वाकमैन' तुम स्मगल कर लाए क्या हांगकांग से?"

"अरे हम अस्मगल-वगल कुछ नहीं किए, समझे, खाली हाथ गए, खाली हाथ लउटे। गिरीन चइनल से। भगत लाकर देते हैं सब चीज। क्या हय जो भारत-भूम में सदा उपलब्ध न हो? अऊर अस्मगले हम करने लगे तो क्या एकाधा टिच्चू-पिच्चू आयटम करेंगे इस सरीखा। किर्रुओं का काम हय वह तो। हम लाएँगे तो जहाजे भर के नहीं ले आएँगे।"

नेताजी फिर हैडफोन कान पर लगाने को हुए। हमने रोका। चाय-वाय को पूछा। उन्होंने कहा, "इस समय कुछ नहीं, मामला फुल हय। सुरती-चूना हो तो लाइए चइतन्न चूर्न बनाएँ। तम्बाकू हय अपने पास फस्स क्लास लेकिन इस बखत मूड ठर्रे का हय।"

मैंने नेताजी को चैतन्य-चूर्ण का कच्चा माल लाकर दिया। उन्होंने विधिवत्, प्रेमपूर्वक बनाया, खिलाया और खाया।

"यह अच्छी चीज निकाली हय ससुरों ने कान में फिट कर दुनिया की चिल्ल-पों से बेखबर रह सुने जा फिल्मी गाना वाला यह बाजा! इसमें किसी तरह एइसी जुगती अऊर कर दें कि हइडफून नजर न आए किसी को तो नेता लोगन का उद्धार हो जाय ससुर!"

"सो कैसे?"

"सो एइसे कि नेता हुइ जाने पर दिन-रात पब्लिक की काँय-काँय चाँय-चाँय सुननी पड़ती है। एइसा आला हो अऊर अद्रश्श रहि सके तो नेता पहिने रहे और मूँड़ हिलाकर बीच-बीच में कहिता रहे कि..."

"आइ डांट नो वाट यू से!" हमने अटकल लगाई।

"आप पता नहीं अडीटर कइसे हुइ गए! पाल्टिक्स में कभी क्लास फोर तक में न चुने जा सकिएगा।" नेताजी चैतन्य-घोल समेत बुदबुदाए फिर आस-पास थूकने लायक कोई चीज न देखकर उन्होंने घोल निगल लिया और हिचकियाँ भरते हुए बोले, "पालटीसन कहेगा आइ नो वाट यू से, अरे भाई द सेमथिंग आइ आल्सो से मगर क्या किया जाय ब्यूरोक्रसी, अपोजसन, करने दें तब ना!"

"बगैर कुछ सुने ही राजनीतिज्ञ यह सब कह देगा?" हमने पूछा।

"अरे सुनना क्या हय! नेताओं के पास लोग वही चन्द जाने-पहचाने पुराने दुखड़े सुनाने आते हंय! मनीस्टर की कोठी ससुरी खइराती दवाखाने-सी लगती हय। जब देखो लगी हय मार जनता लाइन में! खाँसी-खुर्रा, पेचिस, मलेरिया, समझे कक्का, इसमें सुनना क्या हय। स्टाक में हो तो दिलवा दो, कोई पुड़िया, कोई गोली,

न हो तो टालू पिक्स्चर जन्दाबाद! अरे कोई एइसा बड़ा केस थोड़ी लेकर आती हय पब्लिक कि सुनना पड़े ध्यान से। एइसा केस होगा तो नेता भीतर बइठक में बुलाकर सुनबे करेगा।"

"लेकिन यह क्या बात हुई कि कोई आदमी अपना दुखड़ा लेकर आया हो और आप उसकी बात सहानभूति से सुनने की जगह किसी अदृश्य कैसेट प्लेयर से फिल्मी गाना सुन रहे हों।"

नेताजी बोले, "फिल्मी गाना तो नया-नया आता रहता हय उसे सुनने में हर बार नया मजा हय। किरुओं का रोना-धोना तो वही था, वही रहेगा। वराइटी नहीं हय ससुरी!" फिर फ्रिज से उन्होंने शीतल पेय की बोतल निकाली और उसे गटक गए। हिचकियाँ उनकी थमीं।

सोफा पर लम्बे लेटकर उन्होंने कहा, "दुख-पीड़ा, समझे कक्का, यह सब चक्कर इतना जियादा हय मानौ जीवन में कि उपायै यह हय कि देखा, अनदेखा, अऊर सुना, अनसुना कर दिया जाए। संसार का दुख देखकर राज-पाट छोड़ने की राजनीत करनी हो तो बात दूसरी है—बुद्ध बन जाइएगा या बुद्धू। चांसिज बुद्धू बनने के ही हैं। अरे-कक्का खुद भगवानै नहीं सुनता। सुनने लगे तो अस्तीफा दे बइठे! अऊर का! आप वह वाला किस्सा सुने हो कि नहीं?"

"कौन-सा?"

"एक मर्तबा भगवान दीन-दुखियों की पुकार सुनने बइठे। इतने बड़ी तायदाद में पहुँचा दीन-दुखी जन, अऊर एइसी चाँय-चाँय-चिल-पों मचाई उसने कि सभा के बाकी तमाम लोगों के सिर दर्द हो गया, भगवान मगर सान्त भाव से, धीरज से सुनते रहे सबकी। बाद में जब पब्लिक चली गई तब किसी ने पूछा, भगवन! आप कइसे सुन लेते हैं इतना सब। भगवान कहिन, अरे हम कहाँ सुनते हैं, सुनते तो ये हैं, अऊर इसारे से उन्होंने कान में फिट हुई सकनेवाले रुई के दो डाँठ दिखा दिये!"

नेताजी हिनहिनाए। "कइसा हय?" उन्होंने पूछा।

"अच्छा है!" हमने कहा।

"हमारे साथ रहिएगा अच्छे बचनहि सुनिएगा।" नेताजी ने कहा और ठहाका बलन्द किया। हमें चिन्ता हुई कि बच्चे जाग जाएँगे, इसलिए हमने उन्हें टोका और पूछा, "डिनर डिप्लोमेसी का क्या चक्कर था?"

"वह एइसा हय," नेताजी ने थोड़ा चैतन्यचूर्ण और बना-खाकर कहा, "गुरुजी हमारे कुछ फरस्टेट हुइ गए हैं इन दिनों। भगवान सुनै नहीं रहा हय उनकी! सत्ता न होने

से बहुत कष्ट पहुँच रहा हय उनकी आत्मा को। हम बहुत समझाए कि सिरीचरनों में पड़े रहिए अऊर अपने लिए तथा अपने चेलों के लिए रासन-पानी की उत्तम ब्यौस्था करवाते रहिए। कुर्सी-फुर्सी जब मिलेगी, मिलेगी। हाथ-पाँव मारने से खेल खराबै होगा। लेकिन सठिया गए हैं। कर रहे हैं मार उछल-कूद। खुद मरेंगे, हमें मरवाएँगे। इसलिए हमने फइसला किया हय कि अब गुरुजी की छुट्टी ही करवा दी जाय!"

"गुरु से धोखा!" हमने चकित होकर कहा।

"राजनीत में जब बाप को बाप कभी नहीं समझा गया, हर जुवराज बादसा बनने के लिए बाप को मार देने का चक्कर चलाता रहा, तब गुरु की क्या बिसात! अरे कहावतै हय : गुरु गुड़ रहि गए, चेला सक्कर हुई गए। अमरीका में रिसर्च करके बताया हय कोई मनोबइज्ञानिक कि वही आदमी जिनगी में आगे बढ़ा हय जिसने पहिले कोई कायदे का गुरु तलास करके उससे मन्तर लिया अऊर फिर मउके से गुरु को लतियाकर अपनी प्रगत की राह से लग लिया। एइसा जो नहीं करते जनम भर चेला कहिलाते हैं। चिलम भरते हैं।"

"कहाँ पढ़ लेते हो यह सब?" हमने पूछा।

"अरे काम की बात जहाँ भी हो पढ़ ही लेते हैं। आपका अखबार थोड़े पढ़ते हैं कि एक अऊर महरारू दहेज के कारने जला दी गई या पुलिसवाले दुआरा ड़ेप कर दी गई।"

"ड़ेप?" हम विस्मित हुए।

नेताजी हिनहिनाए, "अरे ऊ जो घामड़ानन्द हैं, हमारे गुरुजी के राइबलरकीब सियावर बाबू, ऊ कहिते हैं रेप को ड़ेप। आपसे सच बताते हैं एक मर्त्तबा एक लेडीज से बलात्कार के बारे में बहस में उलझ गए। पत्रकार थी वह भी आपकी बिरादरी की। बहस में सियाराम बाबू अपना नुक्ता किलियर करने के लिए कहि बइठे : जे-हैं-न-से हमहि आपको ड़ेप कर दूँ तो आप कुछ कौह तो न सकिएगा ना!"

नेताजी ने ठहाका बलन्द किया। हमने उनका हास्यकम्प रोकने के लिए सवाल किया, "गुरुजी की छुट्टी कैसे करा रहे हो? सियाराम बाबू के कैम्प में जाकर?"

नेताजी बोले, "आप भी कक्का रहिएगा वही के वही, समझे ना। अरे जब हम ऊँचा खेल खेलने निकले हैं तो इस घामड़ से उस घामड़ के पास क्यों जाएँगे भला! हम तो घामड़ की घामड़ से एइसी फूल फोर्स टक्कर कराएँगे कि दुइनो खत्म हो जाएँ। तब जो वकंसी निकलेगी उसके लिए भगवान की दया से आपके भतीजे की अप्लकेसन पहिले से ही डली मिलेगी!"

"दोनों की टक्कर तुम कैसे कराओगे?"

"टक्कर तो उनकी, च-लही रही हय बड़ी देर की, बात फूल-फोर्स टक्कर कराने की हय सो इस धन्धे से हम लग लिये है। एक तगड़ी डील हय जिसके लिए गुरुजी और सियावर बाबू दुइनों मार रहे हैं जोर। डिनर डप्लोमसी में हम उल्टा-सीधा सब अभी-अभी समझा आए हैं सियावर बाबू को। अपनी सर्वसेज हमने डस्पोस कर दी है उनके सिरी चरनों में। अभी बुढ़ऊ ज्यादा खुला नहीं। कन्धे पर रख दिया हय हमने हाथ लेकिन कन्धा उचका रहा हय नखरावाली मिहरारू की तरह समझे। मगर पटेगा, आज नहीं तो कल। उधर गुरुजी को हम कहि आए हैं आज ही दोपहर लंच डप्लोमसी में कि सियावर के घर भेदिया बनकर घुसने की अनुमत चाहिता हय चेला। इधर से जो पता चला सो गुरुजी को बताएँगे, उल्टा-सीधा, समझे, नमक-मिरच-मसाला मिलाकर! फिर जब टक्कर सुरू होगी फूल फोर्स हम जाकर सी.एम. को सब बता-समझा आएँगे कि एइसी डील हय अऊर ये दो बुढ़ऊ उसे लेकर एइसा कुहराम मचाए हुए हैं। पा-रटी का इमेज बिगड़ रहा हय, डस-प्लिन चऊपट हुइ रहा हय। आप सीधे कीजिए यह डील अऊर इन सठियाए सिपहसालारों की करिए छुट्टी। बीच की सारी दउड़-धूप के लिए यह परम सिस्य आपका हइए हय।"

"बहुत खूब!" हमने कहा, "तुम्हें तो कूटनीति का नया शास्त्र लिखना चाहिए। ज्ञानी हो तुम।"

"अरे सास्त्र-वास्त्र तो हम क्या लिखेंगे। गियानी-ऊआनी भी हम नहीं हैं, बाकी गुजर-बसर करने लायक अक्कल रखते ही हैं भेजे में। अऊर ये सारा नीत-सास्तर तो गँवई-गाँव के बच्चों को सुनाई जानेवाली कहानियों तक में मिल जाएगा। जीत मामा जीत वाली कहानी सुने हो कक्का?"

"नहीं वह क्या है?"

"एइसा था एक मर्तबे में हमरे जइसे किसी दिहाती ने नदी में अस्नान करके सूरज भगवान से प्रार्थना की कि भगवान हमको बिटुवा नहीं हय, एक ठो हुई जाय आपकी किरपा से तो हम जो कहिए सो भेंट चढ़ाएँ। सूरज भगवान बोले, केस तेरा जरा कम्पलीकेट हुई गया हय, बहुत देरी से आया हमारी सरन। अब अइसा हय कि हमें एक सिर सेर का अऊर एक सिर जंगली सूअर का भेंट करने को कहे तो कुछ करा सकते हैं। दिहाती ने कहा, ठीक, पक्का रहा यह सऊदा। अजी मैं आपको ये दुइनो सीसै नहीं भेंट करूँगा, भेंट करने हाथी पर चढ़कर आऊँगा। नऊ-दस

महीने बाद दिहाती को हो गया बिटुवा। बारी आई बचन पूरा करने की। दिहाती गया जंगल में। सेर दहाड़ा उसे देखकर। दिहाती झुका, बोला, पायलागी मामा। सेर चक्कर में कि ये चपरकनाती ससुर किस रिस्ते से मेरा भांजा हुआ? दिहाती ने बड़ी लम्बी-चउड़ी रिस्तेदारी समझाई अऊर कहा, महतारी से सुना रहा बहुत जल्बा हय जंगल में आपका मामा, राजा हो आप तो, हम सोचा चलो देखि आए राज-पाट। लेने का रिस्ता हय कुछ ले आएँ, चरन-रजै सही। सेर ने सोचा होगा कोई भांजा, जियादा क्या तफतीस करना चरन-रजै तो ले रहा है। दिहाती बोला, आपकी आज्ञा हो तो जंगल में घूम लूँ थोड़ा। सेर बोला, मस्ती से घूमो भांजा। घूमते-घामते दिहाती को मिला जंगली सूअर। झपटा वह थूथन झुकाकर। दिहाती बोला, पायलागी मामा। सूअर पड़ा चक्कर में। उसे भी वइसे ही समझाया अऊर इतना ऊपर से जोड़ दिया, महतारी बताय रही कि आपै जंगल के राजा हो मामा लेकिन अभी हमें सेर-सेर कहिकै कोई मिला रहा जो कहिता हय मैं हूँ जंगल का राजा। यह चक्कर का हय? आपका राज वह छीन तो नहीं लिया? सूअर बोला कउन छीन सकिता हय हमारा राज, जरा देखें कउन है ऊ सेर जो इस सवा सेर से टकराना चाहिता हय? बस हुई गई गुत्थम-गुत्था सूअर अऊर सेर की। दिहाती कभी इसे मारे, कभी उसे अऊर कहिता जाय बराबर जीत मामा जीत। येऊ मामा, वोऊ मामा, निस्पक्श भाव से दिहाती ने दुईनो की मदद की अऊर अन्त में दुइनों का सीस काटकर गन्नों में लपेटा। गन्ने का यह गट्ठर लेकर वह दलदल के किनारे जा खड़ा हुआ अऊर उसने हाथी को पुकारा कि ले भाई ये गन्ने खा ले। हाथी दलदल में आकर फँस गया। तब दिहाती ने कहा, मुझे सूँड़ से उठाकर पीठ पर बइठा ले तो कुछ करूँ तेरा उपाय। हाथी ने बइठा लिया। दिहाती ने सूरज भगवान को वइसे ही भेंट चढ़ाई जइसे पिरो-मिस किया था।"

"और हाथी का क्या हुआ?"

"दलदल में फँसा रहा।" नेताजी ने उबासी लेकर कहा, "कहानी सुनाते-सुनाते हमें ससुर खुदे नींद आने लगी हय। अब यह न पूछिएगा कि हमारी कहानी का हाथी कउन बननेवाला हय!"

अटमासफीअर फ्रंडली राखे का चाही

एक सरकारी प्रतिष्ठान में हमारा कुछ काम अटका हुआ था। नेताजी से कहा। उन्होंने सूचित किया, "अरे कक्का रुपय्या पचीस दे के हुई जाता हय यह काम, आप कहाँ लगे हैं चिअरमन-मनिस्टर ऊ सबमें। ई तो किर्रुओंवाला खेल हय।"

हम इस उत्तर से सन्तुष्ट नहीं हुए। तब नेताजी ने चेयरमैन से हमारी बात कराई और चेयरमैन का आशीर्वाद लेकर हम नेताजी के साथ सम्बद्ध कार्यालय में पहुँचे जिसका सबसे बड़ा अफसर सिर हाथों से पकड़े बैठा था। 'पब्लिक' उस पर चीख-चिल्ला रही थी। हमें इस दुखी मानव से कुछ भी कहते संकोच हुआ, लेकिन नेताजी 'पब्लिक' की चीख से भी ऊँचा स्वर साधकर चालू हो गए कि अडीटर साहब का काम चिअरमैन साहिब के आदेशानुसार तुरन्ते कराया जाय, हमें इन्हें यहाँ से सीधा ले जाना हय सफदरजंग रोड राजू भय्या से मिलने।

दुखी मानव ने सेक्शन आफिसर को बुला भेजा जो उससे भी कुछ अधिक दुखी जीव सिद्ध हुआ। सेक्शन में जाकर इस परम दुखी जीव ने सम्बद्ध बाबू को बुलवाया जो परम प्रसन्न बालक लग रहा था। इस बालक को सहयोगी 'लेडीज' से अपना प्रेमपूर्ण वार्तालाप छोड़कर इधर आना थोड़ा खला। बालक ने आवश्यक आदेश लिये और फिर 'लेडीज' से बतियाने लगा। यह सारा व्यापार हमें बहुत खिन्न कर गया। तिस पर उपेक्षित खड़े रहना और आते-जाते रेले के धक्के खाना। हमारी तबीयत यही हुई कि फूट लें। हमने नेताजी से भी यही कहा। उन्होंने फिर तार सप्तक साधा और उस दफ्तर पर लानत भेजी जिसमें अडीटर साब को बइठने के लिए कुर्सी तक नहीं दी जा रही हय, अरे जाकर लिख देंगे अखबार में तो आप लोग हमारे ही पास गिड़गिड़ाते हुए आएँगे कि बचाइए नेताजी!

बाबू लोगों ने, पब्लिक ने, शोरगुल एक क्षण के लिए बन्द करके अडीटर साब और नेताजी पर दृष्टिपात किया और आश्वस्त होकर कि ऊँची चीजों के शहर

दिल्ली के प्रचलित मानकों के अनुसार ये दो मूर्तियाँ बहुत पहुँची हुई नहीं, सब फिर अपने कोलाहलपूर्ण धन्धे से लग लिये। नेताजी सेक्शन आफिसर से मुखातिब हुए और उन्होंने पूछा, "क्यों भाईजान, चिअर के लिए भी जाकर चिअरमन साहिब से कहिना होगा हमें?" भाईजान ने अपनी कुर्सी खाली कर दी। नेताजी ने हमसे बैठने को कहा। हम नहीं बैठे तो वह खुद बैठ गए और उन्होंने कहा भाईजान से कि अब शक्ल न देखिए हमारी, जाय के काम कराइए अडिटर साहिब का, इन लउंडों का तो कुछ बिगड़ेगा नहीं आप अऊर आपके चिअरमन चक्कर में आ जाएँगे जो कहीं सिकायत हो गई मन्तरीजी से।

भाईजान के साथ रहने और सभी काम बाबुओं की जगह खुद कर देने को प्रस्तुत होने के बावजूद हमारा वह मामला निपटने की सम्भावना दूर-दूर तक नजर नहीं आई। तब ढाई घंटे बाद हम अपने कंठ की सामर्थ्य भर चीखे और हमने बेहयाई, कामचोरी और भ्रष्टाचार को लानत भेजी। सारे बाबू लोग हमसे उलझ लिये। नेताजी, जो भाईजान की मेज पर टाँगें और कुर्सी पर सिर-धड़ रखकर सोये हुए थे, उठे। अँगड़ाई भरते हुए आए और उन्होंने कहा, "सान्ती, सान्ती, सान्ती। अट-मास-फीअर फ्रंड-ली राखे का चाही।" उन्होंने हमें भाईजानवाली कुर्सी पर बैठाया और हमारी फाइल से डील करनेवाले बाबू की ओर देखकर मुस्कुराए। उसे वह बाहर ले गए और दस मिनट में हमारे काम का एक चरण पूरा हो गया।

हमने जानना चाहा कि यह चमत्कार कैसे हुआ। नेताजी ने बताया, "वह एइसा हय कक्का, किरू लयवल का इस तरह का काम ऊ५. से न कहिने-कहिलाने पर पचीस रुपय्या में तुरन्ते हुई जाता हय, कहिने-कहिलाने पर घंटों समय बरबाद होता हय, झिकझिक होती हय अउर अन्त में रुपय्या वही पचीस लगता हय, समझे?"

काम का अगला चरण अदालती था। नेताजी ने कहा, "आप सारा जीवन इन कागजात को सही कराने में ही समर्पत करना चाहो तो एइसा कहो, वरना रुपय्या चालीस निकाले रहो, समझे कक्का। अट-मास-फीअर फ्रंड-ली राखे का चाही। मीठा बोलिए अऊर जिसका जो बनता हो सो दीजिए बगइर हील-हुज्जत।"

हम यह देखकर स्तब्ध रह गए कि कानून की गरिमा से मंडित इस कार्यालय की हर मेज पर नेताजी बिन हिचक दो से लेकर पन्द्रह रुपये तक की भेंट चढ़ाते गए। एकाध जगह उनसे चूक हुई और सम्बद्ध देवता को मुद्रास्फीति का विवेचन

करना पड़ा। नेताजी ने महँगाई के हिसाब से बढ़ी रेट दे दी। काम चालीस रुपये में नहीं, पचास में हुआ, लेकिन हुआ आनन-फानन। बहुत ही फ्रैंड-ली ढंग से इस कार्यालय ने हमें विदा दी, हमसे आग्रह किया कि सेवा का मौका देते रहें।

नेताजी गाड़ी में हमारे साथ लौटते हुए बोले, "लिख मारिए कक्का अडटोरियल! बाकी जइसा कहित हैं हमारे सियावर बाबू—आदमी का नेचरुवा तो वहीन रोहेगा सदा कि फ्रंड-ली ढंग से रहे और काम करे, समझे कक्का! आपकी खुसियों में हिस्सेदार बने। कहिए कइसा हय भतीजा का अडटोरियल।"

नेताजी ने ठहाका बलन्द किया।

"अच्छा है!" हमने कहा, "सम्पादकीय टिप्पणी तुमसे ही लिखवाएँगे।"

"अरे, हमसे लिखवाइएगा तो पब्लिक पढ़ेगी अउर ऊँच-नीच समझेगी जमाने की। बाकी आपकी बकबक ससुर बरसों पढ़ चुकी वह कि एइसा होना चाहिए, वइसा होना चाहिए। जरूरत जनता के ई बताय कि बा कि मामला फिट रखे का खातिर का करे का चाही।"

"अट-मास-फीअर फ्रंड-ली राखे का चाही!" हमने कहा।

"हाँ!" नेताजी ने हाथ मिलाया, "हमारे साथ रहिएगा तो समझदार हो जाइएगा!"

"वैसे भी," हमने कहा, "जब अन्तुले न्यासों के लिए करोड़ों रुपया ले रहे हों इसी फ्रेंडली पद्धति से तो इन सौ-पचास लेनेवालों को क्या कोसना।"

"अरे तो अस्टेट का सी.एम. कोई सऊ-पचास लेता। अउर जिनसे किया हय वसूल उनमें थी एइसी हइसियत कि लाख रुपय्या उसी अस्टाइल से देइ आयँ जिससे पचास आप देइ आय। सीमेंट में फी बोरा सऊ का ब्लैक हय बाम्बे में, समझे। सउ का सउ उन पइसेवालों के ही हड़प लेने देई, भगतमंडली के लिए कुछ न वसूल करी?"

"इसी तरह महँगाई बढ़ती है क्योंकि जिनसे आप वसूल करते हैं वे जनता से वसूल करते हैं। बम्बई में एक छोटा फ्लैट पचास लाख का बिक रहा है।"

"अरे लेनेवाले मउजूद हैं तभइ न बिक रहा हय? इसमें लम्बी-चउड़ी बहस की कउनो गुंजाइस हय नहीं कक्का—जितनी महँगाई हय उतना ही जनता-जनार्दन के पास पइसा हय। सब कहीं-न-कहीं से वसूल रहे हैं, समझे! नउकरी-पेसा हो, बिजनिसवाला हो, राजनीतवाला हो।"

"नौकरी-पेशा कहाँ से वसूलेगा।"

"अभी वसूला कि नहीं आपसे। अरे जिसका जहाँ जइसा दाँव लग रहा हय, वसूल रहा हय। वह करमहीन हय ससुर जिसे दाँव लगाने का मउकाए नहीं मिल रहा या जो घबरा रहा हय ससुर दाँव लगाते।"

"देश में गम्भीर आर्थिक संकट पैदा हो रहा है, इस भ्रष्टाचार से।"

"वह एइसा हय कक्का इको-नमी दुई अस्तर पर चलती हय। संकट-फंकट ऊ सब एक लम्बर की इको-नमी में होता हय, दो नम्बर की इको-नमी सदा फलती-फूलती रहती हय भगवान की किरपा से। यहीं नहीं, सारी दुनिया में। तो नेकी इसी में हय कि अट-मास-फीअर फ्रंडली रखो, खाओ अउर खिलाओ, अउर हाँ पालटीसन हो तो बराबर ताड़े रहो कि कउन क्या खा-खिला रहा हय। यह इनफर-मेसन काम आती हय ससुरी, जब लँगड़ी लगानी हो। अरे हम नेता ही तो बताते हैं आपको सनसनीखेज खबर राइवल के बारे में कि ससुर कहाँ से क्या डकार गया। जनता पा-रटी में राइवलरी जियादा थी अउर खुली थी इसीलिए आप अखबारवालों को रोजाना चटपटा मसाला मिलता था।"

हमारे दिमाग में वही सीमेंट-कांड घूम रहा था। हमने पूछा, "लेकिन यह क्या बात हुई कि पहले सरकार किसी चीज पर कंट्रोल कर दे, ब्लैक होने दे और फिर कंट्रोल-भाव पर देने के लिए अनुदान माँगे किसी प्रतिष्ठान के लिए!"

"अरे तो वह प्रतस्ठान ससुर बनाया ही आप साहित्त-कलावालों के लिए गया हय। कहिए तो दस-बीस हजार उसमें से आपको दिलवा दिया जाए। आज्ञा हो तो चार-पाँच लखटकिया पुरस्कार सालाना बँटवा दिये जाएँ उस प्रतस्ठान से। अटमासफिअर फ्रेंडली हो तो आपे धोते रहो हाथ इस बहिती गंगा में। बाकी जो कंट्रोल हटाने की बात आप कहि रहे हैं तो क्या सारी लूट जमाखोरियों को करने दें? अपने लिए अस्कोपे न छोड़ें? आइडिया से लेना पड़ता है काम, समझे।"

हम समझते रहे। नेताजी ने गाड़ी बंगाली मार्किट की ओर मोड़ दी। बोले, "पहिले उदर-पूजा फिर काम दूजा। चलिए जरा चउआलीस रुपय्या कीलोवाली बरफी-उरफी चखी जाय।"

पिस्ता-बरफी के चार टुकड़े नेताजी के पेट में पड़ गए, तब उन्होंने लस्सी का एक घूँट भरा और कहा, "आइडिया बिना चलता नहीं काम समझे कक्का। जइसे यही आइडिया सुन लो। यहाँ मिठाई की आमने-सामने दो दुकानें हैं टक्कर की। थोड़ी पावर दो तो हम यहीं से साल-भर का रासन-पानी इकट्ठा करवा दें। एइसे कि इनमें से एक के मालिक के पास जाएँ अउर पूछें कि क्या दोगे—दूसरी बन्द करवा

देने का? सउदा पट जाय तो हम दूसरी दुकान के सामने खुदाई करवा दें सड़क में गहरी अउर पुलिस अलग खड़ी करवा दें कि काम चल रहा है पब्लिक उधर न जाय। दुई-चार दिन में उस दुकान का मालिक सिरी चरनों में लोट जाएगा। हम कहेंगे कि भाई समद्रष्ट रखते हैं हम तो। उसने जो दिया उससे सवाया-ड्योढ़ा कुछ तू दे तो उसकी बन्द करवा दें, तेरी खुलवा दें। जब यह सउदा हो जाय तो सड़क उधर से खुदवा दें, इधर भरवा दें। अब पहिलावाला आएगा पिनपिनाता, हम कहेंगे कि अबे रोता क्यों हय? तुम दोनों के आपसी झगड़े से हम परेसान हो गए यार! कभी तू कहता हय उसकी दुकान बन्द करवा दे, कभी वह कहिता हय तेरी बन्द करा दें। ठीक हय हम पावरफुल हैं मगर भाई मेरे डमोक्रेसी हय देस में। कितना स्याह-सफेद कर दें हम, आँय? जाओ अब कुछ नहीं दुइनो आपस में समझउता करो अउर मिस्ठान-निर्मान में जुबा प्रतभाओं के विकास के लिए जो प्रतस्थान खोला हय हमने उसमें दुइनो मिलकर नियमित रूप से धर्मार्थ कुछ देते रहा करो। एहिमा सबका भलाई हो, एहि से अट-मास-फिअर फ्रेंडली रही।"

"जोरदार आइडिया है!" हमने कहा, "बहुत दूर की सोची है!"

"अरे हमारा नेचरुवा वह नहीं ससुर कि बइठे कलेजा फूँक रहे हैं अउर पिन-पिना रहे हैं। अपना नेचरुवा यह हय तर माल खाओ अउर तरो-ताजा दिमाग से दूर की सोचो!" नेताजी ने कहा और वेटर से रसगुल्ले लाने को कहा।

ऐ मे ले ओ मे ले ओ हू मे ले

हमारे एक सहपाठी के यहाँ, जो कभी राजनीति में शक्तिशाली रह चुके हैं और कभी भी फिर शक्तिशाली होने की हैसियत रखते हैं, प्रीतिभोज था। हम न जाने का फैसला कर चुके थे कि नेताजी का फोन आया। उन्होंने 'सोस-लिजम' के इस दौर में 'सोसल लाइफ से कटिंग आफ' निहायत गलत ठहराया। उन्होंने कहा कि इस तरह अपनी विज-बल्टी पू-अर रखिएगा तो फार-गेट हो जाइएगा। हम पहुँचते हैं बीस मिनट में गाड़ी लेकर रय-डी रहिए कक्का।

सहपाठी की कोठी के लान पर जात-जात और भाँत-भाँत के कांग्रेसी और गैर-कांग्रेसी नेता ही नहीं, पत्रकार, अफसर और काम करनेवाली बिरादरी के प्रमुख सदस्य ठुँसे पड़े थे। हमें यह देखकर आश्चर्य हो रहा था कि इनमें से बहुतों की एक-दूसरे से शत्रुता है लेकिन ये एक-दूसरे से ऐसे गले मिल रहे हैं मानो प्रेमी-प्रेमिका हों! नेताजी स्वयं बहुत फुर्ती से यहाँ से वहाँ, वहाँ से यहाँ जाकर छोटे-बड़े सभी नेताओं से मिल रहे थे, किसी से पायलागी कर रहे थे, किसी को आदाब-अर्ज कर रहे थे, किसी के बगलगीर हो जा रहे थे और किसी की पीठ पर धौल जमाकर स्वयं उसे बगल में लिये ले रहे थे।

'राउंड मारकर' नेताजी हमारे पास पहुँचे और उन्होंने बताया कि जब तक मय-डम नहीं न आ जातीं मामला डल हय, पंचाइती ब्यौस्था में अउर समय बरबाद करने का धरम नहीं, इसलिए अब सामनेवाले लान में जाकर कुछ ग्रहन कर लिया जाए।

सामनेवाले लान पर साफ-सुथरी नई दिल्ली के अनुरूप साफ-सुथरे हलवाई चाट, समोसा, कचौड़ी, पकौड़ी, जलेबी बना और खिला रहे थे। एस्प्रेसो काफी, सैंडविच, पेस्ट्री, बिस्कुट का भी चक्कर था और एक ठो पनवाड़ी भी दुकान लगाए बैठा था। 'यह अब सही सस्टम आया हय लउट के!' नेताजी ने कहा, 'अरे कभी सइ-इंडविच पयस्ट्री से हिन्दुस्तानी पेट भरा है।' उन्होंने सूचना दी कि 'यह सारा

प्रबन्ध आपहि के भतीजा का किया हुआ हय, भगवान की दया से।' भतीजा का किया हुआ है सो इससे भी प्रगट था कि हर हलवाई उनसे हाथ जोड़कर बात कर रहा था और नेताजी उनसे 'एइसा दिये हो? वइसा किए हो?'—नुमा सवाल कर रहे थे।

जलेबी खाते हुए हमने चासनी में डूबे एक क्षण नेताजी से नेताओं में व्याप्त अद्‌भुत सद्‌भाव के सम्बन्ध में जिज्ञासा की। नेताजी उवाच, "वह एइसा हय जितना भी आदमी पब्लक लाइफ में हय, जानता हय कि यह हय फ्रेंडली फुटबाल मइच! कभी इधर गोल हुआ, कभी उधर, चलता रहता हय, समझे। कम्पटीसन हय कोई दुस्मनी थोड़ो हय! उ लाग-डाट खून-खच्चरवाली दिहाती सामन्ती पालटक्स राजधानि में चलती नहीं। न कोई परमानंट दुस्मन हय, न कोई परमानंट दोस्त, एइसा ग्यान जिसे हुइ जाय वहीयै पब्लक लाइफ में परमानन्द को प्राप्त हुई सकित हय। अउर कक्का कउन भकुआ अग्यानी हुई के कय-पटलाफ इंडया में पहुँच सका किसी कायदे की जगह पर!"

"इसका मतलब यह है कि सारा अपमान, सारी शत्रुता पी जाओ चुपचाप?" हमने पूछा।

नेताजी बोले, "फर्ज किया आपके खोपड़े पर किसी ने पचास ठो जूते मार दिये अउर आप रोने-चिल्लाने लगे तो अगले की जीत हुई गई कि नहीं? आप एइसन बने रहिए जइसन कुछ हुआ ही नहीं। लोग-बाग आ के सहानभूत जताएँ तो आप उनसे कहिए कि हमारे कोई जूता मार सकता हय, मारे तो इस मजबूत खोपड़े का कुछ बिगड़ सकता हय! जाओ उसके जूते की मजाज-पुर्सी करो सोल-उल बदलवाने की नउबत न आ पहुँची हो ससुरी। अच्छा जिसने मारा उस ससुरे को भी कभी आपसे काम पड़ सकता हय। वह मुस्कुराते हुए मिलेगा आपसे। कहेगा, अरे आप से यह किसने कह दिया कि हम आपके खोपड़े पर जूता मारे हंय। वह तो लऊँडे माँग ले गए थे जूता। जइसे ही हमें पता चला हमने आड़े हाथों लिया उन्हें, नहीं आपसे सही बताते हैं, बाई गाड की कसम, आप चाहें जिनसे पूछ लीजिए, कितना तो क्रट-साइज किए हम उन लउंडों को।"

"यह तो बेशरमी है।" हमने आपत्ति की।

"अगर यह बेसरमी हय कक्का," लायक भतीजाजी ने कहा, "तो पब्लक लाइफे बेसरमी हय। आप जियादा ही सरमा हों तो ससुर वानप्रस्थ का चक्कर चला लें! अनाद काल से ब्यौस्था यहीयै हय कि पब्लक लाइफ के लिए चानक्य नीत अउर वानप्रस्थ के लिए क्या नाम कहिते हैं उपनिसद्!"

पनवाड़ी से बीड़े लगवाते हुए नेताजी ने कहा, "बिरादरी हय, समझे कक्का, बिरादरी सद्भाउ राखे का चाही। पता नहीं कउन ससुरा कब क्या हुई जाय? अरे हम यहाँ हलवाई-उलवाई की ब्यौस्था चउकस कराने में समय बरबाद किए हैं तो यही न सोचकर कि आपके कलास फइलो अगले रिस-फल में मन्तरी बना लिये जा सकते हैं ससुर!"

"वह सब तो ठीक है!" हमने कहा, "लेकिन जिस पब्लिक के लिए यह पब्लिक लाइफ है, उसकी दुर्दशा कौन देखेगा?"

"अरे कइसी दुर-दसा! यह पाइंट आपको कई मर्तबा समझाय चुके हैं हम। कहीं कउनों दुर-उर-दसा नहीं हय ससुरी अउर हय तो सदियों पुरानी हय, किसी के बस की नहीं हय समझे। डमो-क्रसी हय, जियादा से जियादा पब्लक ससुरी पब्लक लाइफे में आय रही हय, कुछ नहीं तो गुंडागर्दी-डकइती में! दाऊँ लगा रहा हय हर कोई अउर आप खामखा आँसू बहाने का नाटक करि रहे हैं। अरे यह नाटक हम लोग बहुत कर चुके, अक्स-पोज हुई चुका ससुर!"

इतने में सियाबर बाबू और गुरुजी, फ्रंडली फुटबाल मैच के ये दो खिलाड़ी, आ पहुँचे पनवाड़ी के यहाँ। फुटबाल मैच में उन्हें पटखनी दे चुके नेताजी ने दोनों के पाँव छुए। तभी सूचना मिली कि मय-डम दस मिनट में पहुँच रही हैं। नेताजी ने डबल बीड़ा दबाकर सियाबर बाबू से अनुरोध किया कि इन अडिटर साहिब को वह सुना दिया जाय 'लोर' वाला। सियाबर बाबू ने सुनाई एक देहाती कहावत : 'कनिया के आँख मा लोर ना, लो-कनी हकने काने!' अर्थात् विदा होती बधू (अर्थात् पब्लिक?) की आँख में तो आँसू नहीं है, लोग-बाग (अर्थात् पत्रकार?) किस दुख में रो रहे हैं?

पान-वान जमाकर नेता-बिरादरी दूसरे लान पर पहुँची। मयडम की प्रतीक्षा करती रही। वह आईं। उतरीं। सबको नमस्कार करते हुए मेजबान के घरवालों की ओर बढ़ीं। जमे हुए नेताओं के चेहरों पर यह भाव आ गया कि जो भी है तेरी कृपा से है, यह कृपा हम पर बनी रहे। पिटे हुए नेताओं के चेहरों पर यह भाव आ गया कि आज धूल-धूसरित हैं तो तेरे ही कोप से, हम पर से यह कोप दूर हो। मयडम के परिष्कार और आभिजात्य के समक्ष वे सब अपने को बौने माने हुए थे, बौने लग भी रहे थे।

नेताजी सबको धकियाते हुए मयडम के पिछलग्गू बन लिये। स्पष्ट था कि मयडम उन्हें नहीं पहचानती। इससे उनके उत्साह में लेशमात्र अन्तर नहीं पड़ा।

दस मिनट मयडम वहाँ रहीं और दसों मिनट नेताजी उस टोली में रहे जो उनके साथ चल रही थी और फोटोग्राफरों के कैमरों में कैद हो रही थी।

लौटते हुए नेताजी ने सन्तोष व्यक्त किया, "आज की दिहाड़ी अच्छी रही। दो-चार सउदों की प्रलय-मनरी बातचीत हुई गई। मयडम के साथ फोटू उतर गया। कस्बा लयवल की पाल्टक्स में वाहू का महात्म हय। अरे वहाँ तो कोई निठल्ला वकील-उकील टाइप टूर पर आए सयन्टर के किसी मनस्टर से चिपक लेता हय फोकट में तो बाद में यही कहि-कहिके जिनगी बनाय लेता हय कि मंत्रीजी बुलाए हैं, हम दिल्ली जाय रहे हैं। कउनो सेवा हो तो बताई जाय।" नेताजी हिनहिनाए।

"और तुम्हारे एम.पी. बनने का कुछ नहीं हुआ? राज्यसभा में ही पहुँच जाओ।"

"अरे एम.पी. वेम.पी. सब एट्टी-फाइव में होगा। अभी ऐमेले का चांस बनता दीख रहा हय। अभी वहाँ सी.यम. से बात हो रही थी हमारी, देखा होगा आपने।"

"एम.एल.ए. में क्या धरा है!" हमने पूछा।

"अरे धराइएगा तो ऐमेले होकर भी इतना कुछ धरा लीजिएगा कि राइबल लोग सोच-सोचकर धरासाई हुई जायँ। आप ऐमेले वाला पोयट्री सुने हो कि नहीं?"

"वह क्या है?"

"वह एइसे हय—ऐ मे ले, ऐ मे ले, ऐ मे ले सिमंट में ले, कोइला में ले, डीजल में ले!"

"वाह!" हमने कहा।

"काहे की वाह, यह तो ससुरी बहुत लोअर कट-गरी की चीज हय। भतीजा आपका खेलेगा तो आपकी दया से ऊँचा खेल खेलेगा।"

"सो क्या?"

"सो यह कि ऐ मे ले, ओ मे ले, ओ हू मे ले। अउर इस ऐ, ओ अउर ओ हू में सकल स्रष्ट आ जाएगी ससुरी।"

"इतना सब खसोट लोगे फिर अन्त समय क्या करोगे?" हमने पूछा।

"वह एइसा हय, पूरा सुना जाय," नेताजी ने हँसना शुरू किया, "ऐ मे ले, ओ मे ले, ओ हू मे ले, अन्त समय अनन्त हू ले! अउर का झाड़े रहो कलक्टरगंज, मंडी खुली बजाजा बन्द!"

नेताजी के मुख से फूटता ज्ञान हमारे भेजे में घुसकर दमका और उसी मुख से छूटते पान की पीक के छींटे हमारी सफेद कमीज पर पड़कर चमके।

किरूं लयवल हय हिन्दी साहित्त

इतवार का दिन था। शान्त-एकान्त घर में हम कागजों का कोरापन और कलम की स्याही, रचनात्मक साहित्य के नाम पर समर्पित किए चले जा रहे थे। लिखते-लिखते हम इस दार्शनिक-से मुद्दे पर अटके हुए थे कि आखिर हर आदमी अपना नाम बोलने से पहले 'मैं हूँ' क्यों कहता है—मैं हूँ रामू, मैं हूँ श्यामू आदि। क्या सारी अस्मिता इस अहम् की है? हम सोचने लगे कि उपनिषदों वाले इस सवाल पर किस विद्वान से परामर्श किया जाए? तभी घंटी बजी और हमारे 'कौन?' पूछने पर विद्वानों के विद्वान बोले बाहर से, 'अरे हम हैं नेताजी, लायक भतीजाजी आपके।'

'हम हैं' वाला तेवर 'मैं हूँ' से भी ऊँचा है। राजाओं और रमणियों को ही प्राप्त था कभी, अब नेताओं और सम्पादकों को भी सुलभ हुआ है।

"आओ।" हमने स्वागत किया।

"अरे कइसे दरवज्जा-उरवज्जा सब बन्द किए बइठे हैं दिन-दोपहरी?" नेताजी ने पूछा, "काकी अउर बच्चा-पाल्टी कहाँ है?"

हमने बताया कि सिनेमा देखने गए हैं। नेताजी हिनहिनाए, "तब तो अउर भी हायली सस्पेक्टिंग!"

हम मुस्करा दिये। नेताजी ने नौकर को आवाज दी और गाड़ी में से कनस्तर उतार लाने को कहा। हमने सोचा कि शायद श्रीमतीजी ने इनसे घी के बाजार से लगातार गायब रहने की शिकायत फिर कर दी हो कभी। लेकिन माजरा कुछ और था।

"एका हमरी तरफ से अपने चिरंजीउ अउर हमरे छुटके भइया असीस का दै दीन जाय।" नेताजी ने कहा।

"क्या है इसमें?" हमने पूछा।

"अरे कम्पट हय अउर क्या!" नेताजी ने फ्रिज से ठंडे पानी की बोतल निकाली और गट-गट-गट अपनी प्यास बुझाई, नौकर को 'जलपान की ब्यौस्था' के लिए आवश्यक आदेश और धन दिया।

"टाफी का इतना बड़ा टीन क्यों उठा लाए।" हमने पूछा।

"वह एइसा हय, असीस हमें देखते ही कहिता हय, टउफी-टउफी! सिकायत करता हय कि मामाजी जब भी आते हैं टउफी-कम्पट लाते हैं, आप लाते नहीं दद्दू। अब ससुर दुइ-चार टउफी जेब में डालकर लाना उ सब किरू लयवल हय। परसों चीनी मिलवाला एक भगत आया सरन में, उससे हमने कहि दिया कि भिजवा दो चार कनस्तर अक्स्पोर्ट क्वाल्टी।"

"यह तो एक ही है।" हमने कहा।

"अरे बाकी भी आ-पहि लोगन के बच्चे खाय रहे होंगे।" नेताजी हँसे, "अपना तो आज भी वहीयै हय कि गुड़ की डली, सबसे भली।"

"अजी हाँ" हमने कहा, "पिस्ता-बर्फी तो और कोई खाता है न तुम्हारे मुँह से!"

नेताजी हिनहिनाए, "एक ठो जनता का सेवक हय उस ससुरे के पेट में जाती हय बरफी-उरफी!" फिर उन्होंने सड़ी गर्मी को कोसा, 'ईयर-कंडस नर' न लगाने के लिए हमें कोसा और किसी कैबरे-नर्तकी से भी अधिक कौशल प्रदर्शित करते हुए अपने कपड़े उतारने और तह करके रखने लगे। अन्त में कच्छा-जनेऊ, इस नेशनल ड्रेस में नेताजी दो बार सोफे पर कूदे और कुशनों का ऊँचा तकिया बनाकर लेट गए। बोले, "यह ससुर गुड़ की डली टाइप नाटक भी जरूरी हय समझे कक्का! अखबार में खबर-फोटू छप जाता हय कि सी.एम. एक दिहाती की कुटिया में जाय के गुड़ के डली ग्रहन कीन! जब हमारे सियावर बाबू राज्य में मनस्टर थे, तब एक मर्तबा में उन पर करप्सन चारज लगा। उन्होंने अखबारवालों को बुलाया लंच पर, समझे अउर मीनू रक्खा—छाछ सतुआ, प्याज-सतुआ, लिट्टी, भाँटा का चोखा अउर नून-भात। गुरु ने खुद नमक-भात ही ग्रहन किया अउर बोले मन्द मुस्कुराकर, हम न तबहुँ नून-भात खात रहली है, अबहु नून-भात खात बानी। का समझे! अरे इतना सिम्पली लिविंग वाला आदमी कइसे करप्ट हुई सकित हय!"

हमने ठहाके में नेताजी का साथ दिया। फिर यह मानकर कि नेताजी एक झपकी लेना चाहेंगे इस अलस दुपहरिया में, हमने आगे लिखने के लिए पैन उठाया। मुश्किल से चार पंक्तियाँ लिखी थीं कि नेताजी बोले, "अरे ये क्या पचड़ा लेइके बइठ गए कक्का! दफ्तर में कलम-घिसाई कम पड़ती हय ससुर?"

"ऐसे ही अपना कुछ लिख रहे हैं।" हमने कहा।

"अरे अपना न लिखिएगा तो भतीजा का लिखिएगा! क्या लिखे हैं, सुनाय जाय तनि।"

"साहित्य-वाहित्य कुछ है।"

"वाहित्ते होगा।" नेताजी ने कहा, "अरे गोसाईं तुलसीदास के बाद हिन्दी-भासी छेत्र में किसी ने साहित्त लिखा हो तो उसका नाम-पता हमको बताइएगा कबहुँ फुर्सत से।"

"किसी ने कुछ नहीं लिखा तुम्हारे हिसाब से!" हमने अचरज किया।

"अरे लिखा ससुर इतना हय कि ओही में ओ के दफना दिया जाई मउके से!" नेताजी हँसे, "जो लिखा साहित्तै लिखा ससुर। गाली दिया, भंडास निकाला, रोना रोया, क्रान्त किया, सब ससुर कलम-कागजे से। बाकी यह समझ लिया जाय कक्का, तुम्हारा हिन्दी साहित्त किर्रू लयवल हय!"

"तुम कभी कुछ पढ़ते भी हो?" हमने पूछा।

"हम क्या, कोई समझदार आदमी नहीं पढ़ता ससुर हिन्दी साहित्त। अरे तीस करोड़ लोगों की भासा हय हिन्दी अउर दस-बारह करोड़ अउर भी हय जो हिन्दी समझता हय। फिर भी आपका अमर साहित्त ससुर सरकारी खरीद के लिए मरा जा रहा हय।"

हम नेताजी से बहस में उलझ लिये हिन्दी के पक्षधर बनकर। वह हिनहिनाते रहे और 'अरे हटावा!' 'राह देया!' करते रहे।

जलपान मेज पर लग चुका था।

हमने अपने कागज-पत्तर समेटकर डाइनिंग टेबल के एक कोने में रख दिये। नेताजी अँगड़ाई लेते हुए उठे और भोग लगाने डाइनिंग टेबल पर आए। एक समोसा खाते हुए उन्होंने कहा, "प्रेमचन्द, हजारीप्रसाद, मुक्तबोध अउर क्या नाम कहिते हैं क्या, उ सब तो आप हमको समझाइए नहीं कक्का, क्योंकि एइसा हय इनकी भी फाइव स्टार जयन्ती आपको करनी हो, ग्रन्थाउली का चक्कर चलाना हो, तो आइएगा सरकारे की सरन में अउर सरकार का मतलबे नेता हय।"

"जरूरी नहीं कि सरकार का आश्रय लिया जाय।" हमने कहा।

"अरे, आप जउन का आसरे लीजिएगा तउन ससुर सरकारे पे आसरित निकलेगा!" नेताजी हिनहिनाए।

हमने कहा, "तुम तो पहाड़िया की जैसी बातें कर रहे हो। पहाड़िया की नौकरी चली गई।"

"पहाड़िया का क्या हय," नेताजी ने एक और समोसा खाया, "समय से पहिले कहि गया ऊ सब। अभी खुलेआम कहिने का समय आया नहीं। थोड़ा भरम बना हुआ हय अबहुँ इलहबाद-कासी जइसे बयकवर्ड एर-याज में कि हिन्दी साहित्तकारों के कउनो हस्ती हय। यह भरम साहित्तकार खुदे तोड़ देगा बहुत जल्दी। तब कुछ कहिने की जरूरते नहीं होगी।"

"अच्छा!" हमने कहा।

"अरे, बुरा तो अपने मुँह से कभी कुछ निकलता नहीं," नेताजी ने एक के बाद एक तीन रसगुल्ले खाए, "मीठा खाते हैं, मीठी बानी बोलते हैं। अब यह बताया जाय कक्का कि क्या लिख रहे हैं आप? भतीजा से आपको कइसन सहायता सहजोग चाही ई साहित्त जज्ञ मा?"

"कोई खास नहीं लिख रहे हैं।" हमने कहा।

"आ-महि लिखे के चाही, समझे कक्का, पब्लक के काम का! गुलसन नन्दा बहुत कल्यान किया हय हिन्दी का, अउर नहीं तो! हाँ, सुनाया जाय क्या लिखा हय आपने।"

हमने संक्षेप में नेताजी को समझाया। "अरे वाह! का बात हय!" नेताजी ने कहा, "बहुत ऊँचे जा रहे हो कक्का! बाकी इसको लिखा उसी अस्टाइल में जाय कि दुई पइसे की टोपी दइकै झाड़े रहो महँगुवा! तभी पब्लक के पल्ले पड़ेगा। इसके लिए एक ठो बात हमहु से सुन लो; जउन हम सियाबर बाबू से सुने रहे—तसलुवा तोर के मोर?"

"यह क्या है?" हमने जानना चाहा।

"तसला तेरा कि मेरा? इसी का हय सारा फलसफे का खेल समझे। वही अहम्-वहम् जो आप कहि रहे थे। इसमें एइसा हय कि डाकू लोग ससुरे घुस जायं गाड़ी के कम्पाट में अउर पूछें पसिंजर से—तसलुवा तोर के मोर? अबे ये मालमत्ता जो तू रखे हय, तेरा हय कि मेरा? अगर पसिंजर गियानी हो तो कहि दे, तोर हो मालिक। अरे जब सब उसी ऊपरवाले का खेल हय तो तेरा-मेरा कइसा। गियानी टाइप पसिंजर को डाकू आधा मालमत्ता लेय के छोड़ दे-अउर असीसे कि फूला-फला, कमाते हे लुटवाते रहा। मूरख पसिंजर, अहम् का मारा ससुरा कहि दे : ए तसलुवा मोर हो। कहि दिहिन ते डकुबा दुई रहपट देई के मालमत्ता लेइके चम्पत हुई जाय। समझे कक्का 'मेरा हय' जो मूरख एइसा कहिता हय उसका मालमत्ता पूरा का पूरा जाता हय अउर दो झापड़ ऊपर से पड़ते हैं। इस पाइंट को आप पकड़िएगा तो जनता-जनार्दन को ऊँचा फलसफा समझ में आ जाएगा मानउ जीवन का।"

"जय हो।" हमने कहा।

"राजनीत की जय-जये हुइ हय, साहित्त का बाकी वही किरू लयवल रहि हय।" नेताजी ने कहा और फिर जानना चाहा कि जो दो गुलाबजामुन बचे हैं उनके प्रति हम श्रद्धालु हैं कि नहीं? हमारे द्वारा अश्रद्धा व्यक्त किए जाने पर उन्होंने स्वयं उदरस्थ किया। फिर मीठे का स्वाद बदलने के लिए बचा हुआ समोसा भी खा लिया। फिर चैतन्य-चूर्ण को पान मसाले में मिलाकर उन्होंने खाया-खिलाया और जुगाली-सी करते हुए बोले, "सउदा करो तो इसी फटीचर हिन्दी साहित्ते से आपका उद्धार करा दें कक्का।"

"कक्का से सौदा!"

"सउदे के बिना सीरसली कोई लेता नहीं ससुर!" नेताजी ने कहा, पीक गिरने को थी, उसे रूमाल से सम्हालते हुए नेताजी गुलाब के गमले का कल्याण कर आए। बोले, "इस किताब को आप खुदे छापो। जो भी लागत आवे उससे पचगुना रखा दाम। हम समझते हैं कि दस रुपय्या आएगी एइसी किताब की लागत, पचास रक्खा कीमत समझे। पचपन पर-संट कमीसन पर हमको देइ दो अउर छुट्टी। चार हजार के निकाला संस्करन, भतीजा बिकवा देई, बमोचनो करा देई मुख्यमंत्री से किसी। फोटु-खबर ऊह सब सेंत में। भतीजा का बनिहैं एक लाख दस हजार। ओमें से 50 हजार इहाँ-उहाँ दान-दक्सिना में देइके पड़ी। बाकी साठ हजार उसकी दउड़-धूप, चा-पानी के। कक्का के कुछो घसीट मारने के नब्बे हजार बनिहैं ओमें से चालीस से कुछ कम जइहैं कागजवाले को, प्रेस को, बाकी पचास रहिहै घर मा!"

"धन्यवाद।" हमने कहा, "मेरा प्रकाशक है।"

"अरे हय तो वह चार हजार बेच नहीं सकता अउर बेच भी दे तो पन्द्रह प्रतसत में आपके तीसे हजार बन रहे हैं! प्रकासक भी तो सरकारी खरीदे के लिए छाप रहा हय ससुर अमर हिन्दी साहित्त!" नेताजी हिनहिनाए, "कोर्स-ओर्स में लगवानी हो तो भी बताइएगा। बी.सी., हैड डिपाट ई सब भी भजन-कीर्तनमंडली के सदस्य हैं।"

"तुम तो ऐसी बातें कर रहे हो मानो कोई नियम ही न रह गया हो कहीं।" हमने आपत्ति की।

"नियम का एइसा हय अड़-मन्सट्रेसन में कि किरू रूल, नेता ओवर रूल! अरे तभी तो कहि रहे हंय हम आपसे किरू लयवल से ऊपर उठाएँ अपना साहित्त।" नेताजी हिनहिनाए और हिनहिनाते-हिनहिनाते ही थोड़ी देर में उनकी नाक बजने लगी।

रहिमन सिट सायलेंटली

हमारी धक्काशाही गाड़ी धोखा दे गई और हम घर जाने के लिए स्कूटर ढूँढ़ने लगे। स्टैंड पर कई स्कूटर थे लेकिन उनके चालकों का मूड हमारी तरफ जाने का था नहीं। हम उनसे गरमागरम बहस में उलझ लिये और नम्बर-वम्बर नोट करने लगे। वे हमें देखकर मुस्कराते रहे।

इतने में एक गाड़ी तेजी से हमारी तरफ कुछ यों आई मानो कुचल देने का इरादा हो ड्राइवर का। हम वाद-विवाद जारी रखते हुए कूदकर फुटपाथ पर चढ़ गए। गाड़ी झटके से रुकी। संगीतमय हार्न की संगत में नेताजी का अलाप सुनाई दिया, "अरे सर आप! छोड़िए इन्हें। भाई लोगो टी.बी.वी.बी. कभी देखते हो कि नहीं? पहिचाना नहीं इन साहिब को जो पब्लक को टयलीफून का लम्बर लिखवाते हैं कि इस्कूटर टयक्सीवालों की सिकायत यहाँ की जाय! पिलेन क्लोथ में हैं इस बखत, इंस्पेक्सन करि रहे हैं अस्टंडों का। धींगामस्ती मचाय हैं आप लोग, अउर बद-नामी ससुर अडमंस्ट्रेसन की हुई रहि हय।"

हमें पूरा विश्वास था कि स्कूटरवाले ठहाका बलन्द करेंगे, किन्तु वे सहसा गम्भीर हो गए। हम गाड़ी में बैठ गए। नेताजी ने कुछ आगे निकलकर संगीतमय हार्न बजाया और हिनहिनाए, "कइसी रही? डिमोसन करिके अडीटर को यस.पी. ट्रयफिक बनाय दिया तब बात बनी!"

"तुम्हारी कहानी का झूठ स्कूटरवालों के लिए पकड़ सकना कुछ मुश्किल नहीं था।" हमने कहा।

"इस देस का हर नागरक," नेताजी ने कहा, "इतना अक्लमन्द हुई गया हय कि आतंक, दगाबाजी, अउर भ्रष्टाचार को हर कहीं पा-सिबल माने अउर सीरयसली ले। एइसी कहानी सदा तब तक सच होती हय जब तक झूठ न साबत कर दी जाय,

अउर उसके बाद भी सच होती हय क्योंकि सच के झूठ साबत कर दिये जाने की पा-सबल्टी भी अक्लमन्दों पर उजागर हय।"

नेताजी हँसे और उन्होंने हार्न फिर बजाया। हमने आपत्ति की। इस पर वह बोले, "मिउजिकवाला लगवाए हैं नया, सुनने-सुनाने के लिए ही ना।" और उन्होंने हार्न फिर बजाया।

गाड़ी ने हमारे घर का रास्ता छोड़ा तो हम चिन्तित हुए। नेताजी ने बताया कि दुई मिनट मंत्रीजी से बात करनी हय, फिर आ-पहि की सेवा में रहेंगे। उन्होंने डैश-बोर्ड की ओर इशारा किया कि खोलिए। उसके अन्दर चैतन्य-चूर्ण की सामग्री थी। हमने बनाया, खाया और खिलाया।

मंत्रीजी की कोठी पर पहुँचकर नेताजी ने सबसे पहले गुलाब की क्यारी पर पीक थूका। उनकी थ्योरी है कि तम्बाकू से गुलाब की सेहत सुधरती है। इसके बाद उन्होंने पी.ए. नुमा एक प्राणी से पूछा, "साहिब आँय?" सूचना मिली–हैं। बाहर अनेकानेक अन्य नेताजी लान पर पसरे हुए थे, आरामकुर्सियों पर जमे हुए थे या बरामदे और बगीचे में टहल रहे थे। इन सबको 'साहिब' की याद सता रही थी, ये सब 'साहिब' के विषय में चिन्तित थे और प्रसंगवश यह सारी बिरादरी खुजली से पीड़ित भी मालूम हो रही थी। अलग-अलग नेताओं के अलग-अलग जगह खुजली उठी हुई थी। खुजली का मानो आर्केस्ट्रा-सा प्रस्तुत था।

ठोढ़ी खुजाते हुए नेताजी ने पी.एस. नुमा एक प्राणी से पूछा कि साहिब से बात हुइ सकी दुई मिनट? प्राणी विशेष ने हमें बैठक में आसन दिला दिया, जहाँ पहले से कुछ सौभाग्यशाली आसीन थे।

हमने नेताजी से पूछा कि यहाँ मंत्रीजी की कोठी में कौन साहब ठहरा हुआ है? उन्होंने हमें सूचित किया कि "वह एइसा हय हर मंत्री पार्लमंट अउर आम सभा में मंत्री कहिलाता हय, घर अउर दफ्तर में साहिब। न कहिलाए तो भाई लोग इन्तजाम सारा किरू लयवल करि दें ससुर। अरे हुकूमत चलाने के लिए साहिब न बनी तो सेवक बनी? हाँ जइसे आउ-टाफ पाबर हुआ कि बयताल फिर उसी पेड़ पर, जनता का सेवक!" नेताजी हिनहिनाए।

नेताजी हँसे नहीं, हिनहिनाए थे और सो भी अपनी तरफ से दबे स्वर में हो। किन्तु उनका 'दबा स्वर' भी द्वार-भेदी सिद्ध हुआ और भीतर से मंत्रीजी ने उन्हें बुलवा लिया। वह हमें भी साथ ले गए। मंत्रीजी के साथ सफारी सूटधारी एक और सज्जन थे जो सम्पन्न व्यापारी मालूम हो रहे थे। मंत्रीजी ने हमसे कुशल-क्षेम पूछी।

सफारी सूटधारी ने नेताजी को किसी आपसी मामले के सन्दर्भ में हँसते हुए लताड़ा और कहा, "जनता पार्टी से जेतना भी तू लोग आयल रहल न कांगी में ओम्मे कउनो भरोसा लायक मनहिं नाही।"

नेताजी मुस्कराए और बोले, "ओट्ठिन जनता पार्टी में भी हमसे एहि बात कहा गया रहा। ई अभागा हर दुआर दुत्कार ही पाया रहा। कउनो दुलराया नहीं एके।"

सफारीजी ने नेताजी के एक धौल जमाया और कहा बहुत लाड़ से, "दलबदलू सरहु! हमार गुस्सा त तू जनबे करल। का मतलब रहल तोहें हमार जिल्ला में ऐरन-गैरन से कंस्लटेसन करे के? हम तोहें दुलराइब कि लतियाइब?"

नेताजी ने सफारीजी के चरण पकड़ लिये और कहा, "हम्में लतियाए के जरूरत हौ। अरे लतियाइएगा तभी न सिरी चरनों को पकड़कर अपने बदे जगह बनाएँगे। हम कउनो महरारू थोड़ो हैं, जउन दुलरो बने का खाहिस करें!"

सफारीजी ने नेताजी के एक और धौल जमाया और उन्हें 'साले' और 'आया राम गया राम' की उपाधियों से अलंकृत किया। नेताजी ने कहा, "वह एइसा है सरकार, दिस बीरबल, नय-वर कमिंग-गोइंग, बादसा अलबत्ता कमिंग एंड गो-वयंट गउन!"

निश्चय ही इस राजदरबार में नेताजी की हैसियत मुँह-लगे विदूषक की थी। निश्चय ही मंत्रीजी व्यस्त भी थे। उन्होंने घड़ी देखी और उपसंहारस्वरूप फतवा दिया कि इस भाँड़ का नेचरुवा बदल नहीं सकता। उन्होंने भाँड़ से जानना चाहा कि इस भंडेतरी के अतिरिक्त 'अउर कउनो खास बात रही?' भाँड़ यानी नेताजी, मंत्रीजी को 'वह एइसा था सर!' कहकर एक तरफ को ले गए और उनके कान में कुछ कहते रहे। मंत्रीजी नहीं-नहीं करने लगे और नेताजी गिड़गिड़ाने लगे। फिर मंत्रीजी ने कोई सुझाव-सा दिया। नेताजी ने पायलागी की। सफारीजी ने नेताजी के एक और धौल जमाया और मंत्रीजी से अनुरोध किया कि अगली बार जिले के दौरे पर इस भाँड़ को भी साथ लाएँ, बहुत मजा लगाता है। नेताजी ने सफारीजी की भी चरण-रज ली।

हम लोग बाहर निकले। खाज बिरादरी ने हमें ईर्ष्या से देखा कि इन्हें साहिब का 'अस्पेसल दर्शन' मिल गया झटपट।

कार में बैठते हुए हमने नेताजी से जिज्ञासा की कि सारी नेता-बिरादरी को खाज का रोग क्यों है? नहाते-वहाते नहीं क्या?

नेताजी ने गाड़ी कोठी से बाहर निकालते हुए कहा, "सारी को थोड़ो हय, आउ-टाफ पावरवाली को हय। जो पावर में होता हय उसकी सेहत बन जाती हय।

साठ-सत्तर बरस का नेता ससुर बबुआ-एइसा निकल आता हय वटा-मन एम अउर पी खाय के?"

"यह क्या चीज है?"

"एम फार मनी, पी फार पावर, समझे कक्का!" लायक भतीजाजी ने कहा, "जहाँ मिलनी सुरू हुई इन दुइ वटा-मनों की डोज काक-भुसंडी भी कसमीरी सेब-सा दमक उठता हय।"

"जो सत्ता में नहीं है उन्हें खुजली का रोग क्यों?"

"वह एइसा हय खुजली उठना भविस्स में अच्छा-बुरा कुछ प्राप्त होने का लच्छन माना गया हय। हम लोग हैं छुटभय्या। इसी उम्मीद में बइठे हैं कि कभी बड़भय्या बनेंगे। यही उम्मीदहि ससुर खुजली बनकर हमें सता रही हय। जिसे पावर हय उसे खुजली नहीं सताती अउर कहीं सताने लगे तो समझो गया!"

"अच्छा तो सत्ता पाने के लिए इन्हें खुजली उठती है? सत्ता किसलिए?"

"सब कुछ ठीक कर देने के लिए। मामला फिट। लोग-बाग सयट। काम-काज टिचिन!" नेताजी ने कहा, "समझे कक्का, इस देस में आपको हर आदमी यही यै कहता मिलेगा कि दुई दिन के लिए हमें पावर दिया जाय हम सब ठीक करा देंगे। जिस देस में जन-जन के मन में एइसा हउसला हो अउर पावर की इतनी खाज उठी हो, उस देस का पावरफुल हो जाना सुनिस्चिते जानिए। कइसा हय यह अडिटोरियल?"

"बढ़िया है!" हमने कहा।

"चलिए इसी बात पर हुइ जाय मिस्टान।" नेताजी ने कहा और गाड़ी एक पाँच-सितारा होटल की ओर मोड़ दी।

"यहाँ क्या मिष्ठान मिलेगा!" हमने कहा।

"अरे जिस लयवल का हम बोले हैं अडटोरियल उस लयवल का मिलबे करेगा।" नेताजी ने ठहाका बुलन्द किया।

होटल की पेस्ट्री की दुकान में घुसकर नेताजी ने हमसे पूछा, "जइसे अपने यहाँ काला जाम हय वइसे इन लोग के यहाँ बिलेक-विलेक वह क्या होता हय ससुर?"

"ब्लैक फारेस्ट पेस्ट्री?" हमने पूछा।

"दिया जाय।" नेताजी ने विक्रय कन्या से कहा, "काला जंगल ससुर।"

"हाउ मैनी पीसेज सर?" कन्या ने पूछा।

"वाट बिलेडी कट-पीस।" नेताजी ने कहा, "टू किलो तोल दिया जाय।" कन्या ने अंग्रेजी में बताया कि ब्लैक फारेस्ट का केक लेंगे तो किलो के हिसाब से मिलेगा, पेस्ट्री लेंगे तो नग के। नेताजी ने 'टू दर्जन' का आर्डर दिया।

कन्या ने पूछा, "विल दैट बी आल, सर?"

"हाँ, ए-कहि जगह, आल इन वन डिब्बा।" नेताजी ने कन्या की अंग्रेजी अपने ढंग से समझते हुए आदेश दिया।

बिल चुकाने के बाद नेताजी ने हिसाब लगाकर कहा, "साढ़े छह रुपये की एक पेस्ट्री। सही नाम रखा हय ब्लैक फारेस्ट। ब्लैकहिवाले को हजम हुइ सकती हय।"

गाड़ी में बैठकर उन्होंने एक पेस्ट्री हमें दी, और हमारे चरण छूए। हमने कहा, "यह क्या!"

"वह एइसा हय कक्का," नेताजी ने कहा, "आपका जब भी दरसन हो गया हय या करके गए हैं, आँकड़ा सही खुला हय! नहीं आपसे सच बताते हैं बाई गाड की कसम। अरे आ-जहि लो, आप थे तो वहाँ मंत्रीजी के यहाँ रामअबधुवा भी मिल गए ससुर।"

"वह जो सफारी पहने हुआ एक व्यापारी-सा था?" हमने पूछा, "वह तो तुम्हें लताड़ रहा था।"

"अरे लताड़े रहा था बोली से, गोली से मार तो नहीं रहा ससुर! बहुत ऊँचा ब्यौपार हय उसका समझे। जिल्ला में पत्ता तक नहीं खड़क सकिता रमअबधुवा के बाजिब दान-दच्छना दिये बगइर। संरच्छकजी महाराज प्रसन्न तो चाहे जइसा धन्धा करौ प्रसन्नता से, वह नाराज तो कउनो धन्धा चलाने लायक रहि न सकोगे।" नेताजी ने गाड़ी स्टार्ट करके कहा।

"ऐसे आदमी का राजनीति में क्या काम?"

"अरे राज-नीत भी तो धन्धा हय। राजनीत को तो जरूरते होइती हय एइसे आदमी की। अरे रमअबधुआ के जिल्ले में कउनो पाटी आज तक रमअबधुआ के सहजोग बिना जीती हो तो हमें बताइए। कउमनिस्ट, सोसलिस्ट, कांग्रेसी आप कउनो पाटी के नेता का नाम लेय हम उस नेता से रमअबधुआ की फ्रंड-सिप का किस्सा सुनाय दें।"

"राजनीति इस तरह गुंडागर्दी हो जाएगी।" हमने कहा, "आपस में तुम लोगों की मार-पीट, खून-खराबे के समाचार आए दिन छपते हैं। शराफत का नाम तक मिटा दोगे तुम देश से।"

"राजनीत चलती हय वोट से अउर वोट मिलता हय नोट से अउर लाठी के चोट से, समझे। अउर जहाँ तक सराफत का सवाल हय रामअवध से जियादा सरीफ आदमी मिलना मुस्किल हय। ही इज ए मैन ऑन हिज वर्ड।"

"ऐसे शरीफ तुम्हें मुबारक।" हमने कहा, "सवाल यह है कि बाकी तमाम लोग जो इतनी शराफत नहीं सीख पाए हैं वे क्या करें?"

"उनके लिए नीत-बचन कहि गए हैं रहीम : रहिमन सिट सायलेंटली वाचिंग वर्ल्डली वेज, बयटर-मंट व्हैन कम्स दैन मेकिंग नेबरडिलेज। कइसा हय?"

"अच्छा है!" हमने कहा, "अनुवाद तुमने किया?"

"नहीं, कराया हय एक ठो हिन्दी पोयट से, ताकि फूचर जनरेसन के आप जइसे लोगों को चुप हो बइठने की प्रेरना मिले। कि साहब, मेकिंग नेवर डिलेज! बोल सियापति रामचन्द्र के..."

"जय।" हमने कहा।

नेताजी ने हार्न बजाया खुशी से बार-बार।

हार्ट पुटिंग कौसलपुर किंगा

दिल्ली में भाड़ झोंकने का कोर्स बारह बरस का है और हम इसे दो बार पूरा कर चुके हैं। फिर भी हमारी स्थिति यह है कि 'युवा क्रान्ति' के बाद 1973 में दिल्ली आए नेताजी के बगैर हम इस नगर में अपने को निराधार अनुभव करते हैं। राजनीतिक तो राजनीतिक, हमें यहाँ की साहित्यिक दुनिया तक समझ से परे मालूम होने लगती है। तो स्वाभाविक ही था कि नेताजी के लगातार कई दिन तक दर्शन न होने, उनका फोन तक न आने से हमारा चित्त खिन्न हो उठा। फिर इस रविवार सुबह-सुबह नींद में ही हमने सुना कि कोई गा रहा है, "इंटर दसिटि, डू इवरइ थिंगा, हार्ट पुटिंग कौसलपुर किंगा।" सुनकर हमें डबल धोखा हुआ। हमने पहले सोचा कि सपने में हम नेताजी को गाते हुए सुन रहे हैं। फिर हमें यह भ्रम हुआ कि विविध भारती से नेताजी मानस का अंग्रेजी में पारायण कर रहे हैं।

आँख खुली तो देखा कि नेताजी ड्राइंग रूम के सोफे में पालथी मारकर बैठे है और प्रवचन कर रहे हैं। श्रोता हैं काकी।

हमने पूछा कि भई यह सुबह-सुबह 'प्रविसि नगर कीजै सब काजा' क्या सुना रहे हो तुम? उन्होंने बताया, "कुछ नहीं, फोरेन टुअर से लउटे हैं, काकी पूछ रही थीं वहाँ खाने-पीने का का करते हो तो बता दिया वही खाते-पीते हैं जउन उ लोग खाते-पीते हैं। जइसा देस वइसा भेस, वइसा भोजन, अउर का! गोसाईंजी फारमूला फाटीफोर देय गए हैं, समझे कि नगर में पहुँचकर राम का नाम लेओ अउर हो जाओ सुरू! लंका हय ससुर वहाँ डंका सबै करम करने सेहि बजता हय। ट्रजडी यह हय इंडया में कि आपका जइसा बहुत-सा आदमी आयड्याज में गँवई का गँवई रहि गया हय ससुर। बात जिनगी के अस्टाइल की नहिन हय समझे कक्का—बइठे तो हम भी रामजी की दया से कुर्सी पर दिहाती अस्टाइल सेहि हैं—असिल मुद्दा हय द्रस्टकोन का। अरे आप कहिते रहिए हंमहुँ

माडन बनब, जब माइंडै ससुर माडन नहिन होगा कइसे माडन बनिएगा? सफर कीजिएगा अउर नहीं तो का।"

"सफर तो तुम कर रहे हो भतीजा!" हमने कहा, "कहाँ-कहाँ हो आए?"

"अरे हम इंगलिस में बोले हैं सफर।"

"हम तो हिन्दी में बोले हैं, कहाँ हो आए?"

"हो तो आए अउर जा रहे हैं, खेल इंटरनेसनल हय भतीजा का। सब बताते हैं पहिले तनि तैयार हो लिया जाए। आपको चलना हय हमरे साथ में ब्रेकफास्ट डप्लोमसी पर।"

"ब्रेकफास्ट यहीं करा देंगी काकी।" हमने कहा।

"डप्लोमसी तो फाइव अस्टारे में हुइ हय!" नेताजी हुचहुचाए। नेताजी के हँसने और हिनहिनाने का वर्णन हम पहले कर चुके हैं। हुचहुचाना उनकी नई अदा है। शायद इंटरनेशनल मार्केट के लिए। उसमें उतना शोर नहीं होता और सुननेवाले को यह आभास मिलता है कि नेताजी एक सुराही हैं जिससे स्वस्तिजन्य, स्वस्तिप्रद आह्लाद ढुलकता चला जा रहा है, निराश और तृषित जनता पर।

"अरे किस सोच में पड़े हैं काका। देस ससुरा तबाह हुए जा रहा हय अउर आप पत्रकारों को सोने-अँगड़ाने से फुर्सत नहीं। जल्दी आइए नहा-धोकर अउर कोई कायदे का कपड़ा पहिन के। काकी की ओर क्या देखते हैं, अरे सुनते नहीं क्या कहि रही हय विविध भारती की विज्ञापन सेवा—हमेसा पाँच तारा छाप जिनगी इस्तेमाल कीजिए।"

होटल की ओर जाते हुए हमने नेताजी से फिर पूछा कि कहाँ हो आए, कहाँ जा रहे हो? उन्होंने बताया, "जनीवा गए रहे—तांत्रको जोतिसों का इंटरनेसनल जमावड़ा था।"

"तुम कब से तांत्रिक हो गए?"

"हम काहे होंगे तांत्रिक, हम तो नेता हैं। लीडराफ डलगेसन समझे। अपना हिन्दी छेत्र का जोतिस इंगलिस में थोड़ा मार खाता हय। बाकी साउथवाले रमन उमन बोलहि लेते हैं गिटिर-पिटिर। हम ससुर हिन्दी छेत्रवालों की इंगलिस-अफजाई के लिए गए रहे वहाँ।"

"तुम और अंग्रेजी।"

"अरे उसमें धरा क्या है ससुर! स्पीकिंग बिहाफ एस्टीम कुलीग फ्राम ऊ.पी. साइड आई डिक्लेयेरिंग नो बिग बार इन एट्टीफोर, हवना परफार्म बाइ हिम एट

विन्धवासनी। दिस टेम्पल नियर बैनेरस वाराणसी फार ह्विवयर फ्लाइट अवलेबल फ्राम डेलही वाया आगरा-खजराहो, इन बिटवीन गुड साइड सीइंग। बिन्धबासनी मिराकलम्मेकिंग अचीव्ड सीटाफ गाडेस। माइ कुलीग फरफार्म हवना विद सीक्रेट मंत्राज ही लर्न फ्राम हिज फादर टाप तांत्रिस्ट मिरजापुर। नाव नो ईदल, नो वार टिल एट्टी सिक्स ह्वैन बिग कामेट कमिंग! स्योर-सर्टन मच ईवल-अपहीवल दयन। ह्वाट अस्ट्रलोजर नाट, ईवन गाड अल्मायटी पोस्टपोन दयट। बट आफ्टर दयट इंड्या बिकमिंग टाप पावर। नो टू ओपनयन। आई बिहाफ माई एस्टीम कुलीग रिक्मंडिंग हिज एंड जीनडिक्सन अमरीका नेम फार नोबुल पीस प्राइज। थैंक्यू। जय हिन्द। कहिए कइसा रहा।" नेताजी ने ठहाका बुलन्द किया।

"अद्‌भुत!" हमने कहा, "तो बस जेनेवा गए या और कहीं भी?"

"वहाँ से थोड़ा माउंटेन-फाउंटेन देखकर लौटि आए थे। दुबारा गए, कोलोन।"

"किस उपलक्ष्य में?"

"एइसे ही जुबा पर्जटन पर समनार का चक्कर था। हम भी घुस लिए मउका देखकर डलगेसन में।" नेताजी हुचहुचाए।

"तुम्हारा पर्यटन से क्या सम्बन्ध!"

"अरे हमारा नहीं तो आप-एइसे घर-घुस्सुओं का होगा! पाँउ में सनीचर लेकर पइदा हुए हैं हम। सुबह से साम तक घूमते ही रहिते हैं।"

"अब कहाँ जा रहे हो?"

"दो चक्कर चला रखे हैं। एक तो मनीला में गोबर गैस सम्मेलन हय ससुर। दूसरा गारशस की सद्‌भाउ जात्रा का सिलसिला हय। कहीं तो जुगाड़ बइठेगा।"

"इतनी विदेश यात्राएँ कर कैसे लेते हो?"

"अरे सही बताते हैं आपसे हम, चाहें तो महीना में पचीस दिन फोरेने रहें ससुर। बाकी हमको उतना सउक हय नहीं। बीच-बीच में जाते हैं बिजनस-कम-प्लइजर-जियादा के लिए। फिरी फंड में जाने के हजार रास्ते हैं ससुर। अरे हम-आप जइसे फिरी फंड चलने के लिए आगे नहीं आएँगे तो क्या सरकारें हवाई जहाज अउर रेलगाड़ियों के फस्स क्लास इयरकंडीशन आधे खाली ही भेजती रहेंगी! चीज हय, अस्तमाल की जाय ससुरी। राजा-महाराजाओं के सलून-वलून फिर पटड़ी से लगाने का जो चक्कर चला हय, सो बहुत सही हय। किसके पइसे से चीज अस्तमाल हो रही हय, यह सवाल बाद में आता हय। असिल सवाल यहीये हय कि अस्तमाल हो रही हय कि नहीं?" नेताजी हिनहिनाए।

फिर बोले, "कहिए आपका बीमारीवाला फिरी टिकिट निकलवा दें हवाई जहाज का। इलाज करा आइए विदेस में। काकी को ले जाइए अटेंडंट फिरी में। नहीं, आपसे सच बता रहे हैं। पहली मर्तबा में हमहु गुरुजी के साथ अटेंडंट होकर गए रहे वीएना तीमारदारी के लिए।"

हमने लायक भतीजा को नालायक कहा और जानना चाहा कि हमें क्या बीमारी है जो ऐसी बकवास कर रहा है वह।

भतीजा उवाच, "आप बहुत उदास रहिते हैं कक्का, यह बीमारी का लच्छन हय। अरे राजकुमारी उदास रहिने लगती थी तो राजा सारे वैद-हकीमों की परेड करा देता था। आप कउनो राजकुमारी से कम हैं।"

नेताजी इस बार खुलकर हँसे।

गाड़ी उन्होंने होटल की ओर न मोड़कर उसके पिछवाड़े स्थित विभिन्न राज्य-भवनों की ओर मोड़ी, तो हमने पूछा कि इधर किधर? वह बोले, "जरा डसडंस का मार्निंग टेम्परेचर लेइ आएँ, फिर चलते हैं असोका।"

हमने पूछा कि इतना झगड़ा क्यों होता है एक ही दल के विधायकों में?

नेताजी बोले, "इसे जरा समझ लिया जाय ध्यान से। सत्ता इसीलिए हय कि खुसियाँ बाँटे, खुसहाली पइदा करें। सत्तवान मुखमंत्री के इस जमाने में अपने कहिने को चार आदमी भी नहीं होते ससुर कि कभी लेट ही जाय लम्बा तो कन्धा देइ दें। कउनो पाटी हो, मुखमंत्री अब दिल्ली का सिपाही होता हय। इसीलिए दिल्ली आता रहिता हय। राज के हवाई जहाज के पायलट की प्रेक्टिस एइसी हो जाती हय ससुर कि उड़ने के बाद सो लेता हय अउर आँख खुलती हय तो नीचे सफदरजंग दिल्लीये नजर आता हय। अब एइसा हय कि दिल्ली के इस सिपाही को लोकल सिपहसालारी भी करनी होती हय। इसलिए वह खुसी बाँटने में जुट जाता हय। इसी में पड़ता हय चालीसा का चक्कर। फर्ज किया प्रदेस में पाटी के 199 बिधायक हैं। पचास बना दिये मंत्री, साठ बना दिये निगमों के चियरमइन। बाकी बचे 89, इसमें से तीस को दिलवा दी अधच्छता जिला परिसदों की, उन्नीस को बनवा दिया बीस सूत्री कार्यक्रम का इंचार्ज। फिर भी बचे—चालीस। पहुँच गए दिल्ली डसडंट बनकर।"

"उन्हें भी कुछ दे-दिला क्यों नहीं दिया जाता?"

"अरे दिया तो इन्हें भी जाता हय रासन-पानी बराबर, लेकिन वह फिरीफंड वाला किरू लयवल का मजा हय जो हम जइसे छुटभय्यों को भी मिल जाता हय। कहीं घूमने-घामने का मउका। सउदे में चार पइसा बना लेने का औसर। किसी

निगम की डायरेक्टरी, समझे। बात जे-हे-न-से बनती नहीं ससुरी। पाइंट एक अउर भी समझिएगा। जिस समय सिपाही को प्रदेस की सिपहसालारी दी जाती हय, उस समय इस पद के कुछ अउर उम्मीदवार भी होते हैं जो सेंटर में भेज दिये जाते हैं। सेंटर में जाते समय ये कहते हैं मुखमंत्री से, अब तुम्हारे हवाले वतन साथीजी, मगर एइसा हय हमारा भतीजा अउर हमारी बहू इन दुइ लोगन को बिधायक जरूरे बनाया जाय ताकि अटमास्फियर फ्रंडली रहे। जब ये दो जन बिधायक बन जाते हैं तब सेंटरवाला कहिता हय हमारी बहूरानी को मनस्टरी छोटी-मोटी दी जाय ताकि अटमस्फियर फ्रंडली रहे। तब अस्टेटवाला कहिता हय, अरे वाह आप थोड़े दिन में यह कहिने लगिएगा कि बहूरानी को मुखमंत्री पद दे दिया जाय! इस लाग-डाट में बहूरानी डिसडंट नेता।"

"लेकिन जो मंत्री बनाए जाते हैं, वे भी विरोध करते हैं।"

"वह एइसा हय कि विभाग-बिभाग में ऊपरी आमदनी का बड़ा फर्क हय। अब आपको ससुर अनाथालय मंत्री बना दिया जाय तो का तो खाइएगा, का खिलाइएगा। प्रगतसील माडन माइंड वाला नेता एइसा मंत्रालय चाहिता हय जिसमें उसे अपनी टेलंट दिखाने का मउका मिले। नहीं मिलता तो डसडंट हुई जात हय।"

नेताजी ने गाड़ी प्रदेश-भवन के सामने खड़ी की। लॉन में खड़ी विरोधियों की भीड़ से धौल-धप्पा किया। मुख्यमंत्री के भानजे से कानाफूसी की। फिर विरोधियों में से चार को अलग ले जाकर कानाफूसी की। वे चारों गाड़ी में आकर बैठ गए। नेताजी की गाड़ी चली। पीछे से मुख्यमंत्री के दामाद की गाड़ी आई। काफिला अशोका होटल में दाखिल हुआ।

जब इंटरटेन्मेंट हइयै नाहीं बा तब टिक्सुवा काहे का!

"पायलागी कक्का!" सुबह-सुबह फोन पर अपने लायक भतीजाजी उर्फ नेताजी की खरज-खनक सुनकर और दूर-प्रणाम पाकर हमें बहुत सुख हुआ। इधर एक अरसे से वह गायब थे। इससे हम ही नहीं, वे तमाम लोग भी खिन्न थे जो 'टिप्पस' की तलाश में हमारे पास आते हैं और जिन्हें हम नेताजी के पास भेज देते हैं। नेताजी उनका काम करवाते-बनवाते हैं कि नहीं इस पर किंचित् विवाद है, किन्तु इस विषय में व्यापक सहमति है कि नेताजी उनका चित्त प्रसन्न कर देते हैं। हमारे भतीजाजी का दर्शन और जीवन-दर्शन दोनों इतने आश्वासनप्रद हैं कि समक्ष उपस्थित व्यक्ति आश्चर्य ही कर सकता है कि ऐसे-ऐसे महानुभावों के रहते उसकी अथवा राष्ट्र की कोई समस्या शेष रह गई है तो क्योंकर?

"कहाँ थे तुम?" हमने कहा, "हमसे सिफारिशी रुक्का लेकर कई भगत तुम्हारी तलाश में निकले। जो पार्टी गई वही रोते हुए लौटी कि दुखमोचन का दर्शन हो नहीं पाया।"

"अरे वही न भेजे होंगे आप किरूे लयवल भगत मंडली। उसे पार्टी कहा जाता है भला। वही ससुरा दुइ कउड़ी का काम कि बिटुआ बलिया कालिज से रायल डिवीजन बी.ए. कर लिया हय, गुल्ली-डंडा अउर ढूकल खेल चुका है, अब इसका किसी जुगत से रेलवाई अस्पोर्ट कोटा में किलास थिरी बहाल करा दिया जाए अउर बिटुवा की महतारी ढूँढ़ी-बुँदिया का डिब्बा भेजी है सो ग्रहन किया जाए। माल एइसा देंगे ससुर कि खा लो तो पचे नहीं। काम हुई गया तो फिर वही सुन लो इनसे इनकिलाब जिन्नाबाद! किरूे क्लास हइयै दगाबाज। रात-दिन भ्रस्टाचार-भ्रस्टाचार का सोर मचाती हय अउर चाहिती हय कि इसका अपना ढूँढ़ी-बुँदिया-लयवल भ्रस्टाचार पनपता रहे।"

"बहुत नाराज मालूम होते हो!" हमने टिप्पणी की।

"अरे तो खुस होंगे का! बाकी नेता तो पइदा ही जनता से आसनाई करने के लिए होता हय। अउर आसनाई में बेउफाई हुइयै जात हय थोड़ी-बहुत।" नेताजी हुचहुचाए।

"दुतरफा!" हमने कहा।

"आसनाई में कउनो काम इकतरफा हो सकित हय!" अब नेताजी हिनहिनाए, "अब हम कुछ दिन यहीं डेरा करेंगे, अपने किरू भगत भेजते रहें। करा देंगे काम उनका भी। कुछ नेकी तो कुएँ में डालने के लिए भी करे का चाही। कुआँ ससुरे सूख जाएँगे देस के नहीं तो!"

"तुम कहाँ गायब थे इतने दिन!" हमने पूछा।

"अरे कुछ नहीं फिलिम में फँस गए रहे एकठो।" नेताजी ने मासूमियत से कहा।

"मुबारक हो!" हमने कहा, "नेताजी के साथ-साथ अभिनेताजी भी बन जाने पर। किसके साथ आ रहे हो पर्दे पर टुन-टुन के?"

"महरारू के साथ हम कबहुँ पर्दे पर नहीं आते समझे, अटमासफीयर पर्दे के पीछे जियादा रोमांटिक रहिता हय!" नेताजी ने बाकायदा ठहाका बलन्द किया, फिर संजीदा होकर बोले, "यक्टिंग के लिए हम अमिताभ का आफर रिफूज किए रहे, आपसे बताया तो था कि अमिताभ कहिन गुरू हमार नई फिलिम अंडर प्राडक्सन में, अउर कुछ नहीं तो भइयन अस्टाइल के भाँग घोट डानस में हमार साथ ठुमका दे दिया जाय तनि। हम कहा, अमितभुवा बबुआ सुनो हमार अम्बीसन बुढ़उती में राजसभा का खइराती सीट पाय का नाही हय। हम का तो एट्टीफाइव में लोकसभा कंटेस्ट करे का हय। कइमरा के सामने हिजड़ा ठुमका मार दिये तो इम्मेज चउपट हो जायगा हमारा। इलेक्सन मीटिंग में पब्लिक ससुरी, वंस मोर, ठुमके के ही फरमाइस करिहै। नाच नचवा देखी मुदा ओट नहीं देगी। जमानत जब्त।"

"तो फिल्म में तुम फँस कैसे और किस हैसियत से गए?" हमने जानना चाहा।

"अपनी हइसियत हर जगह सेवक की हय।" नेताजी हुचहुचाए।

"सेवा करनेवाला या सेवन करनेवाला सेवक?"

"कक्का, आपका भासा-गियान गड़बड़ हय। आचार्ज किसोरीदास वाजपाई भी जाते रहे, वर्ना उनहि के पास आपको मार्ग-दर्सन के लिए भिजवा दिया जाता। बताइए, भला वह सेवा कइसी जिसमें सेवन की गुंजाइस न बनती हो?"

"तो तुम्हारी यह सेवन-सेवा अनलिमिटेड, फिल्म क्षेत्र में पहुँची कैसे?"

"उसने बुलाया हम चले आए। जब-जब भगत कायदे के सेवन का आफर देकर सेवा के लिए पुकारता हय आपका भतीजा परित्रान के लिए दउड़ा चला जाता

हय। आप जइसे कक्काओं की भेजी पा-रटी के भरोसे बइठा होता तो ढूँढ़ी-बुँदिया खा-खाकर मर न गया होता अब तक। भगवान की दया से तगड़ी आसामी, जिसे कहते हैं पा-रटी, खुदे चली आती हय हमरे पास। फिलम-छेत्र से भी आई रही एक ठो। अपने मुन्नन बाबू के साले हय ना माधो, इम्पोट-अक्सपोटवाले उनके पास बिलेक एंड ह्वाइट जियादा ही हो गया कुछ बिन्धबासनी की किरपा से। बिलेक एंड ह्वाइट से कोई रंगीन चीज बन सकती हय तो हिन्दी फिलिम। सो उन्होंने बना डाली एक ठो–'पउनसुत हनूमान की जय'।"

"कहानी तुमसे लिखवाई होगी!" हमने कहा।

"लेओ हमें पिरेम पत्र लिखने तक की तो फुर्सत नहीं, कहानी लिखेंगे हम! धन्धे की बात माधो बाबू ने की तो धन्धे से लग लिये हम। पहिले फोरेन में लोकेसन सूटिंग का चक्कर पड़ा, फिर सेंसर का लफड़ा रहा, अब इंटरटेन्मेंट टिक्सुवा की माफी का मामला हय। हर छेत्र में टिक्स माफी करा देनी हय।"

"दक्षिणा तगड़ी पा रहे होंगे।"

"तगड़ी-उगड़ी कुछ नहीं, चार पइसे चा-पानी के लिए पा जाएँगे। प्रत छेत्र पचीस से पचास हजार तक का सउदा होता हय टिक्स माफी का।"

"नाम से लगता है कोई धार्मिक फिल्म है।"

"धार्मिक-आर्मिक तो कुछ नहीं हय ससुर। नाम का एइसा हय कि हीरो इसका, जो वज्र दिहाती रहा सुरू-सुरू में अउर इंटरवल के आस-पास बड़े-बड़े सहरी दादाओं की तबीअत साफ कर देनेवाला सुपड़-दादा बन गया, जुद्ध अउर संघर्ष की हर बेला में एकहि नारा देता हय—'पउनसुत हनूमान की जय'।"

"हनुमानभक्त देहाती आखिर शहरी दादा कैसे बन जाता है?"

"एइसा हय कि उसका बाप..." नेताजी हमें कथा-सार सुना रहे थे कि एक तीसरी आवाज लाइन पर आई और उसने नेताजी को बताया कि आपके लिए ट्रंककाल है भोपाल से। नेताजी ने हमसे कहा कि तैयार रहो। हम आते हैं थोड़ी देर में। तुम्हें फिल्म ही दिखा देंगे।

"लगभग घंटा-भर बाद नेताजी आए।" बताने लगे, "वह फोन मंत्रीजी का था। उन्होंने परामर्स के लिए बुलाया था। समस्या यह थी कि राजू भय्या को पार्लमेंट में मयडम स्पीच देने के लिए अब राजी कराया जाय। लो-प्रोफाइल ठीक हय लेकिन एइसा भी लो क्या कि प्रोफाइले न दिखे।"

"मैडम स्पीच क्या बला है? मेडन स्पीच तो नहीं?"

"अरे वही पहिला-पहल स्पीच। मेडन मयडम एकहि बात हय।" नेताजी ने कहा, "मयडम मय हम सब जग जानी।"

नेताजी हमें एक छोटे-से सिनेमाघर में ले गए जहाँ 'पवनसुत हनुमान की जय' कुछ वरिष्ठ नेताओं और अधिकारियों को दिखाई जा रही थी। इस फिल्म की कहानी कुल मिलाकर उतनी ही ऊल-जुलूल थी जितनी कि बम्बइया बाक्स आफिस हिट फिल्मों की होती है। हीरो अपनी 'विधवा' माँ के साथ गाँव में रहता है। वह अपने बाप के विषय में जानना चाहता है लेकिन माँ कुछ नहीं बताती। वह भोला-भाला और कर्मठ है। हनुमान भक्त है। एक दिन वह अपनी बीमार माँ के लिए दवा लेने गया होता है और जब लौटता है तब देखता है कि उसका एक हमशक्ल, हमउम्र आदमी उसकी झोंपड़ी से बाहर निकल रहा है और एक विदेशी गाड़ी में सवार होकर जा रहा है। जब उसने माँ से इस विषय में पूछा तब यही जवाब पाया कि नहीं, यहाँ तो कोई नहीं आया था। इसके बाद हमारा हीरो शहर जाता है नौकरी की तलाश में क्योंकि उसकी छोटी बहन की शादी पैसों के अभाव में हो नहीं पा रही है और यह आशंका है कि गाँव का सूदखोर विलेन पैसा न चुकाए जाने पर इस लड़की से विवाह का दावेदार बन जाएगा। वह एक होटल में बैरा हो जाता है। बैरा होते हुए भी वह अधिकतर होटल के नाइट क्लब में देहाती धुन पर विलायती नाच और विलायती धुन पर देहाती ठुमका प्रस्तुत करता है। होटल की कैबरे नर्तकी उसे देहाती समझकर छेड़ती है और जितना ही छेड़ती है उतनी ही उस पर न्योछावर भी हुई चली जाती है। इसी नाइट क्लब में एक दिन उसे अपना वह हमशक्ल फिर मिल जाता है। किसी कारण से नर्तकी हीरोइन इस हमशक्ल से डरती है, उसके वश में है। हमशक्ल हमारे हीरो को न केवल स्वयं अपमानित करता है, किन्तु हीरोइन से भी करवा देता है। हमशक्ल और हीरोइन के चले जाने के बाद हीरो दारू पीकर गम गलत करता है और एक दुख भरा गाना लड़खड़ाते हुए गाता है। इतने में उसे हमशक्ल और हीरोइन एक कार में बैठकर जाते दिखाई देते हैं। उनमें छीना-झपटी हो रही है और हीरोइन कुछ परेशान नजर आती है। देखते ही हमारे हीरो का नशा हवा हो जाता है और वह पास ही खड़ी एक मोटरसाइकिल हथियाकर पवनसुत की जय बोलकर हमशक्ल विलेन की गाड़ी को पछियाता है। पीछा करते-करते वह शहर के बाहर एक पहाड़ी में बनी आलीशान कोठी में पहुँचता है। वहाँ ताक-झाँक करने पर उसे 'डॉन' नामक एक आदमी दिखाई देता है जो गुंडों का सरदार मालूम होता था। दिलचस्प बात यह है कि इस 'डॉन' की शक्ल के एक आदमी

की फटी-पुरानी-सी तस्वीर हमारे हीरो की दुखियारी माँ के ट्रंक में थी जो हीरो ने एक दिन देख ली थी लेकिन जिसके बारे में माँ ने कुछ भी बताने से इनकार कर दिया था। दूसरी दिलचस्प बात यह कि इसी 'डॉन' की शक्ल का एक और आदमी अन्तर्राष्ट्रीय ख्यातिप्राप्त दानवीर व्यापारी के रूप में उस होटल में कुछ दिन बाद ठहरा, जिसमें हमारा हीरो बैरा था। बहरहाल वीरान स्थित इस आलीशान कोठी में हमारे ताकू-झाँकू हीरो की पिटाई हो जाती है। पिटकर जब वह बाहर निकल रहा है तब उसे 'बास' नामक एक आदमी मिलता है जो उससे कहता है कि अपमान का बदला लेना हो तो मेरे साथ आ जाओ। 'डॉन' से लड़ने के लिए तुम्हें मेरी और मुझे तुम्हारी जरूरत है। हमारा हीरो 'बास' से हाथ मिला लेता है और गुंडा बन जाता है।

सारी कहानी सुनाकर हम उन लोगों का मजा किरकिरा नहीं करना चाहते जो एंटरटेन्मेंट टैक्स माफ इस फिल्म को देखने जाएँगे। संक्षेप में यही कि हमारा हीरो गुंडा बनने पर भी पवित्र रहता है। अन्त में अकेले वह ऐसा काम कर दिखाता है जो दुनिया की कई देशों की पुलिस मिलकर नहीं कर सकी थी। अपराधियों के दो अन्तर्राष्ट्रीय गिरोह—एक 'डॉन' वाला, दूसरा 'बॉस' वाला—उसके प्रताप से समाप्त हो जाते हैं। कुछ अपराधी मारे जाते हैं और कुछ का, जो हमारे हीरो के बाप-भाई वगैरह निकलते हैं, हृदय परिवर्तन होता है। कैबरे नर्तकी हीरोइन वेश्या आदि न होकर हमारे हीरो के पिता के एक अनन्य मित्र की सुशिक्षित सुपुत्री होती है, जिसने पिता के हत्यारों का पता लगाने के लिए यह भेष धारण कर लिया था।

फिल्म के प्रदर्शन के समय नेताजी खर्राटे भरते रहे। कभी उनकी नींद टूटती तो एक जमूरे को साहब लोगों के नाश्ते-पानी के लिए दौड़ाते। शो के बाद हमने उनसे पूछा कि इस फिल्म को टैक्स-माफ किस आधार पर करवाओगे, और करने की जरूरत भी क्या है, यह तो मसाला फिल्म है। नेताजी ने बताया, "हय तो मसाला-फिलिम, लेकिन ससुरा मिक्सचर सही बइठा नहीं हय। चइतन्न चूर्न में क्या पड़ता हय यह सभी को मालूम हय लेकिन हमेसा हर किसी से ए-वन बन नहीं पाता। लीजिए खाया जाय थोड़ा इसी बात पर। ए-वन बना हय। तो रामजी आपको नेकी दे, यह फिलिम जहाँ रिलीज हुई पहिला हफ्ता ठीक-ठाक रहा अडवांस बुकिंग में, दूसरे हफ्ते से उखड़ने लगी। अब टैक्स फिरी हुई जाय तो छोटी जगहों से कुछ पइसा खींच लाएगी। घाटा नहीं होगा। आधार तो टैक्स फिरी होने का एकहि होता हय—छिक्छाप्रद फिलिम के नाते, सो यह हय।"

"सेक्स और हिंसा की फिल्म शिक्षाप्रद!" हमने आपत्ति की।

"सेक्स का गुप्त गियान देना कितना जरूरी हय सो बताने की जरूरत नहीं। हिंसा के निबटने के लिए हिंसा को पहचानना होगा। अउर इसमें तो अन्त में जब दनादन फायरिंग के बीच माताजी निहत्थी आ खड़ी होती हय तो अहिंसा का फोर्सहि प्रमाणित होता हय।"

"लेकिन उनके गोली लग जाती है।"

"गोली गांधीजी के भी लगी थी। अउर यहाँ तो बुढ़िया गोली खाकर भी जिन्दा रहिती हय। यही नहीं, हिरदय परवर्तन कराय देती हय सब का। अउर सुनिएगा, इस फिलिम से फेमिली प्लानिंग की छिक्छा भी मिलती हय। बुढ़िया के बच्चे बहुत थे, आमदनी सीमत थी। इसी से दाने-दाने को मोहताज हो गए। इसी से पति अपराधजीवी बना। रेजगारी बहुत जियादा थी इसीलिए ससुरी यहाँ-वहाँ बिखर गई, बिछुड़ा परिवार आखिरी शाटहि में एक हो पाया। सीमत परिवार, सुख का आधार। जुड़वा तो भूलकर पइदा न करो, ऐसी छिक्छा मिलती हय इस फिलिम से, उनमें से एक सरीफ निकली तो दूसर गुंडा आटोमयटिक हुई जाई। नेकी हमेशा बदी से जीतेगी, यह बात भी दर्सक के दिमाग में बइठा जाती हय हमारी फिलिम। हमारा हीरो पच्छम के तमाम प्रलोभनों को ठुकरा देता हय, इससे छिक्छा मिलती हय कि हम अडवांस कंट्रीज के घटिया जीवन को न अपनाएँ और भारती अस्टाइल में सुखी जीवन बिताएँ, ढूँढ़ी-बुँदिया खाय के। और भी सुनिए, फिलिम से यह छिक्छा भी मिलती हय कि पुलिस, जज, उकील इन सबके भरोसे मत बइठे रहो। अपना हाथ जगन्नाथ। लोकल प्राब्लम खुदे निपटाते चलो, बात-बात में सरकारी ब्यौस्था का मुँह जोहना ठीक नहीं। इतनी सारी छिक्छा, फिर फिलिम छिक्छाप्रद क्यों न मानी जाय?"

"यह फिल्म किस लायक है इसी से पता चलता है कि तुम इसके प्रदर्शन में सोये रहे। मार उबाऊ फिल्म।" हमने आपत्ति की।

"मी लॉर्ड जब इंटरटेन्मेंट हइयै नाहीं बा तब टिक्सुवा काहे का!" नेताजी ने हमारे कन्धे पर धौल जमाते हुए कहा। चैतन्य चूर्ण घोल के छींटे हमारी नाक पर और धार उनकी ठोढ़ी पर दिखाई दी।

चोर चतुर बटमार नट प्रभुप्रिय भंडुआ भंड

नेताजी सुबह-सुबह हमारा अपहरण करके ले गए—बिरेक-फास्ट डप्लोम्सी के लिए। हमने उनसे पूछा भी कि मुख्यमंत्रीजी के विरोधियों से तुम्हारी बातचीत में बैठकर हम क्या करेंगे? उन्होंने हमें आश्वस्त किया, यह कहकर कि 'अरे करना क्या हय, इधर हम उन भकुओं को कोसें, उधर आप पिरेमपूर्वक भकोसें।'

ताज होटल की लॉबी में मुख्यमंत्रीजी के साले बैठे थे, जो पेशे से लेखाकार हैं और शौक से राजनीतिबाज। आप जीजाजी के सत्तारूढ़ होने पर लियांजां का धन्धा सम्हालते रहे हैं। 'साला बाबू' के साथ पाँच व्यक्ति और थे, जिनका आत्म-तुष्ट भाव घोषित कर रहा था कि वे छोटी जगह के बड़े नेता हैं। हमारे लायक भतीजाजी ने इन सबका यथोचित अभिवादन किया। फिर उन्होंने इनकी मर्दुमशुमारी की एक, दुइ, तीन और बोले हँसकर, "अरे हम आधा दर्जन डसडंट का आडर दिये रहे, वन शाट कइसन हुइ गवा? गिउरी बाबू नहिन आवा का!"

"उनके तबीयत खराब रही।" नेताजी को सूचित किया गया!

"कउनो चिन्ता के बात नहिन, तबीयत साफ करावे के इन्तजामो हुई जाइ।" नेताजी हुचहुचाए, "उनके बीमारी का आहे?"

"थोड़ा जोखाम हुइगा है।"

"अब मेधियों के जोखाम होइ लाग है। उनका बताय दिया कि राजनीत मा मेघी के जोखाम हुइ जाय पर नाक कटावे के पड़ि जात हय।" नेताजी ने जोरदार ठहाका बलन्द किया। नेता बिरादरी हो-हो-हो करती रही और एक-दूसरे के धौल-धप्पा मारती रही। फिर नेताजी ने सुझाव दिया कि 'मचान पर बइठ के बिरेक फास्ट मारा जाय।' और हम तिलोग ताज के 'मचान' रेस्तोरां में जा पहुँचे।

नेताजी ने 'मेनू' लेकर 'सर सुरियाते' वेटर को लानत भेजी, बोले, "यह पोथा आपहि पढ़िए। अरे हमें इतना सउक होता पढ़ाई-लिखाई का, अनवर-सटी में न

गए होते! यह सर-सरियाना अउर महरारू के माफिक फुरफुरियाना छोड़िए अउर तरमाल वैजनान-वैज जउन बनवाया हो। साहजहाँ ने मुमताज महल के लिए सो लाइए दउड़ कर! होटल ताज, ससुर!"

नेताजी हिनहिनाए। वेटर मुस्कराया और हर तरह के ब्रेकफास्ट का प्रबन्ध करने चला गया। नेताजी ने मेज पर पहले से रखी रकाबी में से शुगरक्यूब उठाए—एक-एक 'डिसिडेंटों' को दिया, एक खुद खाया यह कहकर, "सुभ औसर हय मुँह मीठा कर लिया जाय।"

ब्रेकफास्ट के साथ नेताजी ने लठमार डिप्लोमेसी शुरू की। मक्खन और जैम दोनों से लिपे हुए एक टोस्ट को मुँह में पूरा का पूरा धकिया लेने और चबाने लगने के बाद उन्होंने शहरी बाबू किस्म के एकमात्र 'डिसिडेंट' से पूछा, "चिठिया पठाइ आए, लेबर लीडर आसू-तोस बाबू? लय-टर डिल्विर एट पी.एम. कि नाट?"

"टुमारो। काल का टाइम दिया हाय।"

"टुमारो का एइसा हय," नेताजी ने कहा, "ससुर आता नहीं कभी। इंगलिस की टाप पो-यट शक्कू-पीर कुछ कहि गया हय टुमारो की बाबत। क्या कहि गया हय कक्का जरा बताया जाय आसू-तोस बाबू को।"

आशुतोष बाबू ने तुनुककर सूचना दी कि शेक्सपियर की वह पंक्ति उन्हें भी याद है। उन्होंने जानना चाहा कि नेताजी सी.एम. की ओर से कोई 'सालिड प्रपोजल' लाए हैं कि नहीं?

"अरे यह कोई चउधरी चरनसिंह राजनारायन वाली राजनीत हय कि प्रपोजल लाते! डिस-पोजल का खेल हय यह तो।"

"ठीके बा, सी. यमो डिस-पोज हुइ जाइ।" एक थुलथुले विरोधी ने हँसकर कहा।

नेताजी ने ठहाका बलन्द किया। फिर थुलथुले की तोंद को तर्जनी से कोंचते हुए कहा, "हमार सी. यग जब गिरी कूढ़ादान मा, तब तोहरे टाइप के लायल इलिमंट पहिले गिराय के गिरी। जमाना भर का भ्रस्ट आचार अउर आहार भकोसी एइसन तोंदन का गद्‌दा रही तो सी. यम के गिरे पर जियादा चोट न आई। बोलो रामसुख बाबू के तोंद की जै।"

नेता बिरादरी के सदस्य इस फब्ती पर अपनी-अपनी श्रद्धा के अनुसार हुचहुचाए, हिनहिनाए अथवा जी खोलकर हँसे। फिर नेताजी ने आशुतोष बाबू के कन्धे पर धौल जमाया और कहा, "बहुत स्रम किया हय स्रमिक नेता आसतोस चिठिया ड्राफ्ट करे में। यही न हय डस-डंट का अस्पेलिंग जाननेवाला डस-डंट। बाकी

इनके प्रेरना-स्रोत केन्द्री मंत्रीजी के लिए तो वही बिलैक लय-टर इज इकुअल टू बफैलो हय। का लिखे हो चिठिया में पी. यम के नाम?"

"शे तो सीक्रेट। कॉल पी. यम को देगा लैटर, तारपोर डिसाइड करेगा प्रेस को दे या न दे। अभी यही कि कारप्शन चार्जेज हय सीरियस सी.एम. का खिलाफ आउर अमार नाइंटी एट. एम.एल.ए. साइन किया हाय दिस लेटर रिक्वेस्टिंग सी. एम का रिमूवल।"

"एक यतीम यम. यले. अउर पकड़ लिया होता, निनानबे का फेर हुई जाता पूरा।"

नेताजी हिनहिनाए, "बाकी सिक्रेट विक्रेट कुच्छ नहीं। सी. यम के खिलाफ पी. यम को क्या लिखा जाय इसका हमरे सास्त्रों में विधान हय। कोई सी. यम हो कोई पी. यम, लय-टर का ड्राफ्ट एकहि होता हय—अस्टंड-अर्ड। पहिला पाइंट : सी. यम अपना भाई-भतीजा को आगे बढ़ा रहा हय, जातवाद फइला रहा हय। दूसरा पाइंट : पइसा खा गया—अलां घोटाला, फलां घोटाला। तीसरा पाइंट : ला एंड आडर का बुरा हाल हय—अलां कांड फलां कांड। चउथा पाइंट : बायलेक्सन डिफीट—सी. यम की गलत नीत के कारन अलां बायलेक्सन में हमारा लीड कम हुआ अउर फलां बायलेक्सन में हमें डिफीट मिला। चउथे से पाँचवाँ पाइंट आपने कोई लिखा हो तो बताएँ! होइए नहीं सकता पाँचवाँ पाइंट। अच्छा, अब जरा हर पाइंट का तोड़ सुन लिया जाय, पाइंट-बाइ-पाइंट। अपना भाई-भतीजा का नहीं करे, आपके भाई-भतीजा का करे तो भी होगा भाई-भतीजावादे ना? यह कहाँ लिखा हय कि अपना भाई-भतीजा जोग्य हो तो उसे इस आधार पर कंडम कर दो कि अपना भाई-भतीजा हय। जिसका भाई-भतीजा होना ही किसी को कंडम बना दे, वह ससुर खुद कितना कंडम होगा! जहाँ तक भाई-भतीजा की जोग्यता का सवाल हय, आप सरीखा पचासियों चमचा सट्टिफिकेट दिये को बइठा हय एवर-रयडी। अब लीजिए भ्रष्टाचार का पाइंट।"

नेताजी ने झुककर सब विरोधियों के चरण छूने का अभिनय किया और कहा, "आप गुरुजन हैं। भ्रष्टाचार में आप जो कीर्तिमान अस्थापित किए हैं उनके समच्छ हम का, सी. यमो नतमस्तक है। फाइलें सारी तैयार हैं। सी. यम नहीं चाहिते कि किसी गरीब का टांस्पोट का धन्धा खराब हो, किसी की नय-पाल से अस्मग्लिंग बन्द हुइ जाय, किसी का गैर-कानूनी खान पकड़ में आ जाय, किसी के सहकार से निज उद्धार का भंडाफोड़ हो, किसी का जमीनें हड़पने का करतब जग-उजागर हो। तीसरा पाइंट ला एंड आडर। समझिएगा एक साइंस का बात : ला एंड आडर अउर मउसम ये दो किसी के बस का नहीं। मउसम ससुर एक बार बस में आ

भी जाए, ला एंड आडर आप जइसे महानुभावों के जीते जी किसी के बस का हय नहीं। चउथा पाइंट बायलेक्सन डिफीट। तो आसुतोस बाबू आप समझे रहिएगा इसमें आपहि धर लिये जाएँगे। आप कइसे लेबर लीडर बने, इधर मंडल दादा को आमरन अनसन की सूली पर चढ़ा के अउर उधर मनिजमंट से मिलकर सो ट्रेड जूनियन के इतिहास में स्वर्न अक्छरों में लिखा ही जा चुका हय। तो लेबर का ओट हमें नहीं मिल पाया इस बार। कांस्टिटुअंसी के दिहाती इलाके में ओट मिला हमें, इंडस्ट्री-एरियाज में चोट खा गए। अगर आप कहिते हैं कि लेबर पर होल्ड हय आपका तो मामला अउर भी संगीन हो जाता हय। आपने सेबोटाज किया होई। तनि बताया जाय—आपका लेबर लीडरी फुसफुस हय कि आप सेबोटाज किए रहे मामला?"

नेताजी ने आशुतोष बाबू के कन्धे पर धौल जमाया और ठहाका बलन्द किया। नेता बिरादरी भी हँसी।

आशुतोष बाबू ने कहा, "जे आपनी कोई सालिड प्रपोजल लाए हैं तो ठीक। नहीं तो एइसा माफिक फालतू बकबक से तो हम लोग को कुछ असर होगी नहिं।"

"अरे तो कउन आपहि की बकबक से सी. यम का बाल बाँका हुइ जाएगा। काल के जब आप हुआँ जाएगा ना दादा, तब आपका वह लय-टर लय-टरीन में रख दिया जाएगा फौरिन गेस्ट लोग के लिए। अउर किस काम का हय वह ससुर। पी. यम कहीं भी डसडंस नहीं चाहतीं, प्रयशर में परिवर्तन करना उनका सुभाव नहीं हय। अरे आप इन पत्रकारों से पूछो। बताया जाय कक्का इन्हें।"

हमारे भतीजाजी ने हमारे लिए यह भूमिका सोच रखी थी! हमने कहा, "पी. एम क्या करेंगी यह कह सकना बहुत मुश्किल है। जो भी वह करेंगी अपनी मर्जी से करेंगी किसी के जोर देने से नहीं।"

"करेक्ट।" नेताजी ने कहा, "जो लोग यह समझे हुए हैं कि इंगरेजी पेपर मगजीन में उल्टा-सीधा छपवाने से सी. यम बदलवाए जा सकते हैं उनकी बुद्धि पर तरस खाया जा सकता हय। क्यों कक्का, होता हय कुच्छ अखबारवालों के कहिने-लिखने से?"

हम चुप रहे। भतीजाजी ने कहा, "कुछ नहीं ना!" हम अब झेंपे-झेंपे-से मुस्करा दिये। भतीजाजी बोले, "मौन मीनिंग आइ एग्री। अउर आसुतोस बाबू आपको सी. यम का इमेज डैमेज करने के लिए यह लिखवाने की का सूझी कि पूजा करिते रहिते हैं। पूजा करने से इस मुल्क में इमेज बनता है, बिगड़ता नहीं। ठीक हय आप लोग उनसे मिलना चाहिते थे, आपको जवाब मिला कि पूजा में बइठे हैं, मुलाकात हो नहीं

सकी। इसमें कउन आफत आ गई? हर नेता फुर्सत के समय तीन में से एक जगह बइठा होता है इस देस में—पाखाने में, पिराइवेट में या पूजाघर में। फोन मिला के देख लीजिए चाहे जिसकी कोठी में। हमारे सी. यम को भगवान की दया से कब्ज की सिकायत नहीं। महरारू की सोहबत उन्होंने केन्द्री मंत्रीजी को मुबारक कर रखी हय, इसलिए पिराइवेट में बइठने की गुंजाइस नहीं। बचा पूजाघर तो बइठते हैं उसमें ठाठ से। मंत्र सिद्ध करते हैं आप जइसों को मारने का।"

नेताजी ने ठहाका बलन्द किया। नेता बिरादरी हँसी। आशुतोष बाबू ने कहा, "शे सब बेशी फनी एंड ऑल दैट लेकिन सालिड प्रपोजल नहीं होने से सीरियस नेगोशियेशंस होने नहीं सकता।"

नेताजी ने उनके धौल जमाया और कहा, "दादा, तुम सालिड आदमी हय। आप लोग करप्शन चार्ज से डरते नहीं। आप लोगों से लायल्टी की बात करना बेकार हय। आप में से किसके लिए सी. यम ने कब क्या किया यह बताना फिजूल हय। तो सुनिएगा एक ठो सालिड बात दिहाती कहावत में—हमरे सी. यम का यह कहना हय आपसे कि भाइयो मुझको साँय से फुरसत ना, आप जइसन देवर माँगे चुम्मा! तो साँय यानी केन्द्री मंत्रीजी नेता-नेता की कराइए छुट्टी। अरे आप उन्हें नेता-नेता कहि रहे हैं तो बिरोधियों से काम्प्रमाइज के नाम पर सी. यम जो भी दे सकते हैं उन्हें देते हैं। आप उनसे अलग हो जाइए और सीधे खुद पा जाइए मेवा। केन्द्री मंत्री होकर वह आपको हद-से-हद फोकट फंड में घुमवा सकते हैं यहाँ-वहाँ। राज्य में सी. यम विरोधियों को जो मंत्रालय दे सकते थे सो केन्द्री मंत्रीजी अपने भाई-भतीजा के नाम लिखवाय लिये हैं। अब एइसा हय आप कल केन्द्री मंत्रीजी के खिलाफ अस्टेटमेंट दें कि इस डंस भड़काकर राज्य में पा-रटी का इमेज चउपट कर रहे हैं। इसके बाद सी. यम रिस-फल करेंगे केबिनेट अउर आप लोगों के नुमाइन्दा अकमोडेट करेंगे। कहिए कइसा हय प्रपोजल?"

"करेंगे ओ सब फ्यूचर टेंस, प्रेजंट टेंस में बोलने से होगा।" आशुतोष बाबू ने कहा।

"फूचर में सालिड प्रपोजल प्रेजेंट में लिक्विड कइश!" नेताजी हिनहिनाए, "साला बाबू दिया जाय। बिस-बिस हजार। आधा अभी। आधा अस्टेटमेंट आने पर।"

नेता बिरादरी ने भेंट में प्राप्त बटुए खोले और मुँह बनाया। रामसुख बाबू बोले, "ड का करत आहा। आधा देये का मतलब तो इ ना होय कि नोटुवे फाड़-फाड़ के आधा टुकुड़ा देय दिहा।"

"जब तूं लोग अस्टेटमेंट दे दइवे तब आधा टुकड़ा उहो मिल जाइ, जोड़ के काम चलाय लिहा।"

इस पर ठहाका और धौल-धप्पा हुआ।

होटल से लौटते हुए हमने नेताजी को अपना 'अड-टोरियल' सुनाया कि नेता-बिरादरी देस को रसातल में पहुँचा रही है।

नेताजी बोले, "अरे आपको गोसाईं तुलसीदास से जियादा जानकारी हय देस-काल की? वह कहि गए हैं कि कलिजुग में नेता की क्वालिफिकेशन का होनी चाहिए। सुना जाय : 'चोर चतुर, बटमार नट, प्रभुप्रिय भंडुआ भंड। सब भच्छक परमार्थी कलि सुपन्थ पाषंड।' आप समझे कि इंगरेजी में ट्रांस्लेट करें? अउर जो आपने यह कहा कि नेता लोग लूट-खसोट न करें तो इस देस में सुअर्ग बसी जाइ, तो कक्का पहिले देस के लोगों से तनि पूछ लिया जाय कि सुअर्गवासी होना चाहिते हैं कि नाहीं?"

सवन हवंसिन नाइट-डे मोसन

हमारी सूरत और सीरत यों भी खासी रोनी है और जिस घड़ी हम सुबह-सुबह अखबार पढ़ चुके होते हैं, उस घड़ी तो कुछ न पूछिए! अब आपसे क्या छिपाएँ। इतने वर्ष पत्रकार रह चुकने के बाद भी समाचारों के प्रति हमारा दृष्टिकोण गुलशन नन्दा को भगवान माननेवाली किशोरी से बेहतर नहीं है। हम पढ़ते हैं 'गोलीकांड में चार मरे, पन्द्रह घायल' और सोचने लगते हैं कि वे कौन चार थे जो मरे? उनके परिवारों पर क्या बीती? यह भी कि जिस पुलिसकर्मी की गोली से वे मरे क्या बाद में वह इस घटना के बारे में सोचते-सोचते पगला गया? हम पढ़ते हैं कि अमुक नेता ने 'प्रशासन को स्वच्छ बनाने की प्रतिज्ञा की है' और उत्साहित हो उठते हैं। अगले दिन हम पढ़ते हैं कि 'उसी नेता पर करोड़ों का घोटाला करने का आरोप है' और हम गहन निराशा में डूब जाते हैं। लोगों को जाड़ों में 'शीत लहर' से, गर्मियों में 'लू से', बरसात में 'बाढ़ से' और बदलते मौसम में विषाणुजन्य किसी रहस्यमय रोग से मरते देखकर अपने अखबार में, हमारा मूड मातमी होता रहा है। संक्षेप में यह कि हमारी सोहबत आमतौर से कभी भी और खासतौर से नगर-संस्करण-वाचन-काल में, न करने की सलाह हमारी श्रीमतीजी जैसे विशेषज्ञ देते आए हैं।

हमारे लायक भतीजाजी उर्फ नेताजी अभी उस दिन हमारे मानस के इसी राहु-काल में प्रकट हुए। कन-सुनने कैसेट-प्लेयर से लैस। थिरकते हुए उस विशेष शैली में, जिसमें पाश्चात्य ट्विस्ट, पंजाबी भंगड़ा और हिजड़ा-ठुमके का मिश्रण हुआ है और जिसे उत्साही बारातियों की कृपा से बहराइच से लेकर बम्बई तक राष्ट्रीय नृत्य का दर्जा मिल चुका है। इस नर्तन के साथ उनका गायन भी चल रहा था—कक्का हो, हो, हो। नाचते-थिरकते ही उन्होंने पायलागी की। हमने अनमना-सा आशीर्वाद दिया। अब नेताजी ने हमारे कन्धे पर धौल जमाया और कहा, "यह आपका नक्से बयासी हय ससुर! बइठक में मार तमाम हइपी नू ईयर

काड सजाए हुए है अउर सूरत रोनी बनाए हुए हैं। नू ईयर नाइंटी एट्टि टू, हवाई स्टिल वीपिंग यू?"

नेताजी ने हैड-फोन हमारे कान की ओर बढ़ाए। 'रम्बा हो, हो, हो'—ऐसा कोई बेतुका गाना बज रहा था। हमने सुनने से इनकार किया।

नेताजी बोले, "सुना जाय। कवि-हो-हो हो वादी हय ससुर। द्रस्टकोन पाजटिव हय उसका। गीता का सन्देस भी यहियै हय। अरे कुछ कीजिए, करने से ही होगा ना। अब अइसे ही हर करम से सरमाइएगा सरकार तब कइसन हुइयै बेड़ा पार? फजूल की चिन्ता में घबराना ठीक नहीं। सियोर-सौट सायर कहि गया हय—सबन हवंसिन नाइट-डे मोसन, दिसौर दैट इज टु हप्पन, वाइ वरी इन अंटस्पेसन? मउज-मस्ती का रखा चाही मुडवा समझे कक्का। आप जो नेचरुवा बनाय लिये हैं अपना वह अंटी-सोसल कहा जाता हय। अंटी सोसल इलमेंट्स के साथ आप कहीं धर न लिये जायँ।"

नेताजी हिनहिनाए। फिर उन्होंने तय पाया कि कक्का का मूड चैतन्यचूर्ण के अभाव में डाउन है। उन्होंने नौकर को बुलाकर कार की चाबी दी और उसमें से ब्रीफकेस लाने को कहा। नौकर दो ब्रीफकेस लाया। नेताजी ने उनमें से एक अलग रख दिया, "अरे यह काहे उठा लाए, इसमें सालिड माल हय ससुर।" फिर जैसे लोभ संवरण न कर पा रहे हों, उन्होंने उसी ब्रीफकेस को उठाया और खोलकर दिखाया। भीतर नोटों की गड्डियाँ भरी हुई थीं। बोले, "देख लिया जाय, नाती-पोतों को बतानेवाली चीज हय कबहुँ फुरसत से बुढ़ापे में। सी. यम. के साला बाबू को पहुँचाना हय एक पा-रटी की तरफ से। अपने राम तो पोस्टाफिस हैं, मनीआडर यहाँ से वहाँ पहुँचा देते हैं। कमीशन अलबत्ता काट लेते हैं, दुतरफा।"

फिर नेताजी ने दूसरे ब्रीफकेस में से पान मसाले का डिब्बा, तम्बाकू और चूना निकाला। चेतना की खुराक बनाई, आधी हमें खिलाई, आधी खुद खाई। फिर खाली ब्रीफकेस हमारी ओर बढ़ाते हुए बोले, "ग्रहन किया जाय। नू इयर गिफ्ट। भतीजा का उपहार अंक।"

हमने कहा, "हमारे पास है।"

नेताजी बोले, "एकहि ना, अरे भतीजा के पास आपकी दया से इस समय दस ठो हय। जो आता हय ससुर एकहि-सा गिफ्ट दे जाता हय। कलेंडर-डायरी लायवल डेढ़ दुई सउ भगत आया, फूलदान कलमदान लयवल नब्बे, एसट्रे, चाबी गुच्छा, बटुआ लयवल पिचहत्तर, नटराज के मूर्त लयवल पैंतीस, लैम्प लयवल

पचीस, पारकर-शेफर पइन-सयट लयवल वाइस अउर वफकेस लयवल नउ। एक ससुरी कार्डनेसन कमेटी बिठानी पड़ेगी ताकि हर भगत अलग-अलग माल लाए। रख लिया जाय कक्का ई ब्रीफकेस। अरे कोई नोटुवा भरकर थोड़ो दे रहे हैं जो भ्रस्टाचार में सुमार हो। आपको जरूरत न हो, किसी को दे दीजिएगा—फिरी का गाहक बहूत हय इंडया में। रामराज की परकल्पना इंडयन हइयै यही कि हर माल मिलेगा फोकट में!"

नेताजी हुचहुचाए और अपनी चिबुक पर बहती लार पोंछने लगे।

"लोग गरीब हैं। अगर मुफ्त की चीज के लिए ललच जाते हो तो उसमें हँसी उड़ाने की क्या बात है!" हमने विरोध किया।

नेताजी उठे और पीक वाशवेसिन में थूक आए। आकर बोले, "इस देस में कउनो इतना अमीर नाही कि फिरी फंड के माल के लिए नाही कर दे! वह किस्सा सुने हो न कि एक इंडयन फोरन में गया। मारकिट में पेंसिल लेने पहुँचा। आधा दाम कराने मोल-भाव में जुटा। दुकानदार ने तंग होकर कहा, आप फिरी में रख लीजिए—गिफ्ट! इंडयन बोला—फिरी में दो नहीं दोगे गुरु?"

नेताजी ने अब ठहाका बलन्द किया और नौकर को बुलाकर ब्रेकफास्ट के लिए आदेश दिया। वह बोले, "मामला क्या हय, आप आज खुस ही नहीं हो रहे हैं।"

"खुश होने की बात क्या है?" हमने पूछा।

"अरे कोई एक बात हय! अखबारवालों के मनिस्टर साठे टी.वी. में जहाँगीर बास्सा बनकर झलक दिखा गए आपको तो इसी से खुस हो जाना चाहिए था। टी.वी. पर 'पुकार' फिल्म भी दिखवा दी कि आपको याद आ जाय जहाँगीर क्या चीज था। अब आपको कोई दुख हो तो साठेजी के यहाँ जाय के फरियादी घंटा बजा दीजिए। रोनी सूरत बनाए काहे बइठे हैं।"

"आप नेता लोग कभी गम्भीर भी होते हैं!" हमने झिड़ककर कहा, "जब देखो तब कहकहे लगाते दिखते हो। देश जल रहा है और ये सारंगी बजा रहे हैं!"

"अरे कक्का, आपके सामने तो हम भतीजावतार में प्रकट भये हैं। नेतावतार में हम बहुत सिरयस हैं। पालटक्स कोई हँसी-ठट्ठा नहीं। बाकी यह बताया जाय कि देस कहाँ जल रहा हय।"

हमने अखबार उठाकर नेताजी की नाक पर दे मारा कि पढ़िए। बोले, "इसमें तो आगजनी की कउनो खबर नहीं हय। अउर कक्का, जरा पाइंट नोट किया जाय—अगर देस जलहि रहा होता तो हम कक्का-भतीजा का भुरता न बन गया

होता! जल-उल कुछ नहीं रहा हय-मस्त हय बिल्कुल फिट, एक अउर हंगामा नक्से बयासी की प्रतीच्छा में।"

"तुमने वह नहीं पढ़ा जो जिला मैनपुरी में होता रहा है इधर!"

"अरे पढ़ लिया हय कक्का। बगैर अखबार पढ़े नेता को हाजत नहीं होती सुबह, समझे! बाकी वहाँ कोई देस जला नहीं हय। डाकू आकर दुइ-चार हरिजन मारि गए हैं। अउर सारंगी कोई बजा नहीं रहा हय ससुर। आपके अटलजी महाराज पद-जात्रा जरूर कर रहे हैं। सो बेलची में मयडम गजजात्रा किए रहीं। अपने-अपने अस्टंडर्ड की बात हय। वइसे अटलजी पइदल चल रहे हैं तो ठीके कर रहे हैं; विदेश मंत्री को बइंक्वट बहूत खाना पड़ता हय। इससे अटलजी को कुछ चर्बी चढ़ गई रही। अब चलिहैं पइदल तो बिनोबा के जइसे रूप निखर आई।"

हम शायद थोड़ा-सा मुस्करा दिये। नेताजी उत्साहित हुए, "देखिए कक्का! दो में से एक बात पर हाँ कीजिएगा। या तो यह देस ससुर अनाद काल से जलि रहा हय। धधकना इसका सयकंड नेचरुवा हय। आप जउन टाइप का बुरा समाचार आज की तारीख में हमें दिखाइएगा, हम खोजकर बरसों पहिले का वइसा समाचार प्रस्तुत कर देंगे सेवा में। या फिर एइसा हय कि देस जल-उल कुछ नहीं रहा हय, देस जल रहा हय एइसा भी नक्सेबाजी हय। कहिए कउन बात जँचती हय आपको?"

"इससे यही प्रकट होता हय कि देश में वास्तविक और बुनियादी परिवर्तन नहीं हो पाया है। यह भी कि नेता-बिरादरी ढोंगी है।"

"अब यहाँ जइसी हय सो सेवा में हाजिर हय" नेताजी हुचहुचाए, "कहिए इम्पोट कराएँ? कुछ नहीं आप अखबारवाले सनिकल हैं खुद अउर सनि-सज्म फइला रहे हैं पब्लिक में। सनि-सज्म रास्ट्र के लिए ससुर सनिग्रह से ज्यादा घातक है।"

"अनास्था, पत्रकार नहीं, नेता जगा रहे हैं!" हमने भतीजाजी को झिड़का।

"अरे तो आप जगने काहे दे रहे हैं!" नेताजी बोले, "जरा समझा जाय पाइंट। देखिए हम-सा निशपच्छ व्यक्त राजनीत में आपको ढूँढ़े नहीं मिलेगा। गुरुजी की किरपा से हर घाट का पानी पी चुके हैं, हर सत्तारूढ़ दल में रहि चुके हैं। वह एइसा हय पालटक्स इज ए करोड़ों-कास्टिंग गेम लाइक बम्बइया फिलम। दैट्स ह्वाई के, जे-हे-ने से, अयवरी पाटी फार्मूला परहि चलती हय। जब पावर में होती हय कहती हय प्रगत होय रही हय, अपोज-सन में होती हय कहती हय दुर्गत हो रही हय। फर्ज किया दिहाती लाग-डाट, जात-पाँत में दुई-चार जन बदस्तूर सहीद हुइ गए। अपोज-सन कहेगा सरकारी सह अउर संरच्छन में जात-संहार हुई रहा हय, अउर

पहुँच जाएगा पद-जात्रा करने। रूलिंगवाला कहेगा अपोज-सन अपने फस्टेसन में वर्न-संघर्स भड़काय रहा हय, हम हेलिकाप्टर-जात्रा करि आए हैं, डी.आई.जी. समेत पाँच पुलिस अफसरों का तबादला कर दिया गया हय, जब तक अपराधी पकड़ नहीं लिये जाते हम नान-वेज नहिन खाऊँगा। फर्ज किया कोई फ्लाय ओवर या पाँचतारा होटल जइसा योजना-कार्ज सुरू हुआ। अपोज-सन कहेगा—यह अय्यासी हय, प्राथमकता की एइसी-तइसी फेर रहा हय रूलिंग, करप्सन हुई रहा हय जम कर। रूलिंग कहेगा-फारन टूरस्ट को आक्रस्ट करे के लिए जरूरी बा, प्रगत का सानदार नमूना हय यह, करप्सन का लूज टाक हम नहीं सुनूँगा, अस्पस्फिक चाज कोई आया तो अन्क्वारी बिठाऊँगा। आप ससुर नरभीक पत्रकारता के नाम पर हमेसा अपोज-सन के साथ रहि कर नेसन को डमरलाइज करि रहे हैं।"

"राष्ट्र का हौसला तो आप लोग पस्त कर रहे हैं।" हमने कहा, "आरोप भी आप ही एक-दूसरे पर लगा रहे हैं।"

"अरे हमारा तो यह फ्रंडली फुटबाल मइच हय। पर आप तो पाजटव अटिट्यूड रखें—प्रगत को उछालें, दुर्गत को दबाएँ। रास्ट्र में आत्म-बिस्वास पइदा करें। मगर क्या हय आप उसे बोरिंग पत्रकारता मानते हैं। पेपर ससुर बिकिहै कइसन। इसीलिए सनि-सज्म की दुकान लगाए हैं। आदर्स की बात कीजिए जइसे हम लोग पब्लक में करते हैं तभी न नेसन को, जे-हे-ने-से, प्रेरना मिलेगी।"

"प्रेरणा, बात करने से नहीं, आचरण करने से मिलती है।"

"आदर्स ससुर ब्यौहारिक होते तो आदर्स अउर जथार्थ दुइ सब्दों का अस्कोप रहिता भासा में?" नेताजी हुचहुचाए, "मगर वह एइसा हय कि आदर्स की चरचा जरूरी हय। अडवटाइज का जुग हय जइसा प्रचारत कीजिएगा वइसा अटमास्टफीयर बनबे करेगा। डे-बाय-डे-इन—अयवरी-बे नेसन इज गयटिंग वयटरंड-बयटरवाला चक्कर चलाइए। वह मनस्थत आपकी तब तक ससुरी बन नहीं सकती जब तक आप खुद आयम गयटिंग बयटरंड बयटर का चक्कर नहीं चलाते। तो कक्का, नर हो आप भगवान की दया से, न निरास करो मन को, समझे कि नहीं अउर नेसन को। जिससे काम बनता हो वह काम करो। यह भी ठीक नहीं, वह भी ठीक नहीं, यह किरूं लयवल नेतवादी चन्तन हय जिससे देस का बंटाढार हुआ। अगर देस बास्तौ में जलि रहा हो तो देस के किरूं समझ लें उनकी आँखें फायर ब्रगेड नहीं न है ससुरी। चलिए कुछ खा लिया जाय। भूखे पेट बहस ठीक नहीं।"

अरे बुलबुलों को हसरत है उल्लू न हुए!

हम बैठे हुए कुछ लिख रहे थे कि नेताजी आ पहुँचे। बोले, "अरे आपके अपोजसन ने भारत-बन्द का आवाहन किया हय अउर आपकी कलम-घिसाई ससुरी जारी हय धड़ल्ले से!"

"खाली बैठे थे, सोचा कुछ लिख लें।" हमने कहा।

"नहीं, अच्छा हय। लिखना-उखना एइसा दुई-चार कामहि हय जो इनसान को जिनावर से अलग बनाता हय। अउर इम्पाटेंसो, जे हे ने से, परमानंट हय इसका। नेतागिरी अउर इसे तमाम धन्धों में मिलेगा मुकद्दरवाला मामला हय। आज हय कल नहीं। किलास फोरवाले ससुरों की नउकरी जियादा स्थर लग्नवाली हय, नेता की नेतागिरी के मुकाबले। अरे गउरी बाबू का हस्र नहीं देखा का? कल तक गाड़ी ससुरी मजे में दउड़ रही थी, आज डूबने को चुल्लू भर पानी ल्हय! अँसुअन जल सींच रहे हैं गुरु अपने सिस्यों का सँकरा सीना! उधर सियाबर बाबू एइसा खुस हय जइसा बरसाती पानी में कागज की नाब चलाता बच्चा। अउर अपने गुरुजी निछद्दम के निछद्दम!"

"हमें तुमसे हमदर्दी है! तुम्हारे गुरुजन पिट रहे हैं।"

"हमारे गुरुजन!" नेताजी हुचहुचाए, "क्या कह रहे हैं आप! ससुरा सांसारक ट्रस्टकोन आपको खाए जा रहा हय। अरे राजनीत एक प्रकार का सन्यास हय। माया-मोह से मुक्त व्यक्तहि इस छेत्र में आने का साहस कर सकता हय। चाहो उनहि से पूछ लो जिन्हें हम गुरुजी कहते हैं कि पहिला लयसन सिस्य को का दिये रहे। लयसन लम्बर वन यह कि राजनीत में कोई किसी का कुछ नहीं होता। आपकी किरपा से हम यह लयसन एइसा सीखे कि गुरुजी क्या, हम अपने बाप तक के सगे नहीं! समद्रस्ट से देखि रहे हैं सबको समझे! अरे जानिते हैं कि अपना-अपना भरना अउर पीना होता हय राजनीत में। बस वह क्या हय कि कभी-कभी ससुरा पूरा सुरा-सागरे दीख जाता हय पीने को। तब लाख दुह लाख लोग जुटाने पड़ते हैं।

दल अउर गुट बनाना जरूरी हुइ जाता हय। मगर उसमें भी विरक्ति भाव जरूरी हय कि जो दल फूँके आपनो सो चले हमारी गइल!"

हम लिखते ही चले गए। अब नेताजी ने टिप्पणी की, "अच्छा हय लिखिए। इसी में कठि रस हय, जुग-जुगान्तर तक का जस हय। मर जाइएगा, पीछे रोने को साहित्त छोड़ जाइएगा ससुर। बाकी यह समझ लिया जाय कि सुरसती अउर लच्छमी में बहूत बहर हय। समझदारी इसी में हय कि सुरसती की साधना एइसे अस्टाइल से की जाय कि दुसाला नरियल मिलने का अस्कोप बनता रहे बीच-बीच में। भतीजा का आपकी सान के खिलाफ कुछ कहिना सोभा तो नहीं देता मगर कहिना पड़ रहा हय कि आप किर्रू हैं। किलास फोर हो किलास वन, किर्रू इज किर्रू। किर्रू उसे कहिते हैं जो पहिली तारीख को तनखा अउर बीस तारीख को उधार लेने के लिए, समझे, अउर पहिली से तीस-इकतीस तारीख तक रोजाना किसन-किसी कतार में लगने के लिए पइदा हुआ हो। माया-मोह में पड़ा व्यक्त किर्रू जोन से मुक्त प्राप्त नहीं कर पाता। जो थोड़ा रिस्क ले सकता हो वह बिजनिस जोनि में पहुँचता हय अउर जो सर पर कफन बाँध लेता हो वह नेता-जोनि को प्राप्त होता हय।"

"समझ गए! अब हमें लिखने दो।"

"अरे हम इस समय सांस्कृतिक दूत बनकर आए हैं गुरुजी के। आप जइसे राइटर लोगन का कल्यान हमारा व्रत हय अउर आप दुत्कार रहे हैं हमें। अस्कीम समझा जाय। वह एइसा हय कि गुरुजी का चित्त कहीं कोई डउल न बइठने से खराब हय मुदा वित्त उनका भगवान की दया से अब भी अच्छा हय। लिहाजा उन्होंने सांस्क्रतिक छेत्र में पइसा लगा के पालटिकल लायम-लायट में आय का फइसला किया हय। गुरुजी हमारे कवि अउर पत्रकार रहि चुके हैं राजनीत में आय से पहिले बेकारी के दउर में 'जै सनि' पाच्छिक के लिटरेचरी अडिटर रहे, छह महीना, इनकी कविता का एक ठो पम-फलेट छपा रहा—'क्रान्त की रणभेरी सुन लो।' अगर पत्ता गुरुजी ठीक से खेलें तो इन्फरमेसन बड़कास्टिन या एज्जुकेसन में डप्टी मनस्टर का चानस मिल सकता हय क्योंकि लिटरेचरी पालटिसियन, जे हे ने से, ससुरा इन दो मंत्रालयों में फिट होता आया हय। इंगलिस ठीक-ठाक बोल ले तो इक्स्टर्नल मनस्टरी में भी गुंजाइस बनती हय कभी-कभी।"

"भूमिका मत बाँधो!" हमने टोका।

"अरे भूमकाहि की हम-आप खाय रहे हैं, आगे तो सबकी किताब कोरी हय!" नेताजी हिनहिनाए, "गुरुजी से हम कहा संस्था बनाओ, पत्रका निकालने की बात न

सोचो। संस्था सु-विनियर ऊ खेल नफे का हय, जस भी उसमें जियादा हय। बोले काम कउन करेगा? हम घुरहू का नाम सुझा दिये-अरे अपना बिमलेस जो लिटरेचरी जजमानी करि रहा हय जम के।"

"साहित्य में जजमानी कैसे होती है?" हमने पूछा।

"जइसे तीरथ में पंडा, जजमान से पूछ के 51 से 501 रुपय्या में जजमान के पितरों का स्राद्ध-तरपन करा देता हय वइसे अउर उसी रेट से घुरहू जजमान की किताब के साद्ध की ब्यौस्था कराय देता हय—गोस्ठी-ओस्ठी कराके।"

"इक्यावन से पाँच सौ एक तक की अलग-अलग रेट क्योंकर?"

"सब डपेन करिता हय कई बातों पर समझे कक्का। जइसे ई कि गोस्ठी के अध्यच्छ पद के लिए लेखक जजमान एक ठो भारी हस्ती खुद लाई कि घुरहू के जुटाए का पड़ी? गोस्ठी का काड छपवाय के होई कि नाहीं, काड छपिहैं तो कउन क्वालिटी के? गोस्ठी के लिए घुरहू जउन कीर्तनिया जुटाई उनके चा-काफी, कोलडिंक कछू दिया जाई कि नाहीं? साथ में बिस्कुट-उस्कुट, समोसा-गुलाब जामुन सर्व हुइ है कि नाहीं? फोटूग्राफर जजमान आपन लेके आई कि घुरहू के बुलाय का होई? गोस्ठी के संवाद छपवाय के गरंटी लिये के पड़ी कि नाहीं? गोस्ठी के लिए सब फेयवर में बोलनेवाला जुटाय के होई कि फिरी फाराल चली सकी? बी.आय. पी. लाय के होई कि नाहीं? कहा न, बहुत-सा पाइंट पर डपेन करिता हय रेट, का कीजिएगा डटेल समझ के! काम बहूत घपले का हय ससुर! एक बार घुरहू बी.आय.पी. से बमोचन करवाए का बचन दिये रहे। किसी तरह जुगाड़ नहीं न बइठा तंब अखल-भारत सदाचार सम्मेलन में सी. यम. से पुस्तक-बमोचन कराय दिया। फोटू के नीचे अखबार में छपा रहा अखल-भारत सदाचार सम्मेलन के औसर पर मुख-मंत्रीजी जसस्वी लेखक आवारा की 'रंडी' का बमोचन करते हुए। तो हम घुरहू से कहे सरहू यह किरू लयवल खेल छोड़ो अउर गुरुजी का नयहरू जुबा सांस्क्रतिक प्रतस्ठान चलाओ। बिना मसक्कत बरकत हुइ है। इस गोस्ठीबाजी में वइसा कप्सन फिर छप जइहै, मार खइहौ चउतरफा।"

"मुद्दे की बात बताओ।" हमने कहा।

"अर-रल्वंट पूछते हैं आप अउर कहिते हैं हम से कि रल्वंट बोलो। तो प्रतस्ठान बन गया हय। इसके पहिले समनार में आप सादर न्यौते जा रहे हैं। आइए, बोलिए एक ठो। अडटोरियल। बिसय हय—जुबा बेचइन क्यों? वाई नाट यूथ रेस्टिंग?"

"हमने कहीं तुम्हारी शान के खिलाफ कुछ बोल दिया तो?"

"अरे खिलाफे बोलने को बुला रहे हैं आपको। वहाँ संघी से लेकर सोसलिस्ट, कर्मकांडी से लेकर कौमनिस्ट तक हरेक को बुलाया जा रहा हय कि आइए हुंकारिए। बाद में हम पूर्न सहानूभूत से बिचारों की परक्रमा करिहैं। हम कहिहैं आपने सुना इन्होंने क्या कहा, आपने सुना उन्होंने क्या कहा, आपने देखा जुबा बर्ग में कइसी छटपटाहट हय। हमें सोचना होगा इसकी जिम्मेदारी किस पर हय? अपने दिलों को टटोलना होगा हमें। हमें सोचना होगा कि हमारा क्या फर्ज हय, हम क्या कर सकते हंय? जो हो, इतना तय हय कि अब जुबा असन्तोस अनदेखा किया नहीं जा सकता। तो आइए हम मिलकर सोचें कि इस अस्थत से पार पाने के लिए हम क्या कर सकते हैं।"

हमने तालियाँ बजाईं। नेताजी गद्गद हुए, बोले, "अरे इसी सब से न हम नेताजी कहाए हैं।"

"वहाँ तुम्हारे विरोधी क्यों आने लगे?"

"बरोध ब्यक्त करने। अरे हिन्दी रायटर को तो मउका चाहिए बरोध में कुछ कहिने का। वह सहर के एक छोर माडल टाऊन से दूसरे छोर महरउली चला जाएगा, बस के पइसे नहीं माँगेगा। फिर यह भी देखा जाय कि दुई जगह कला-प्रेमी जन जरूरे जाते हैं। एक वहाँ जहाँ दारू पिलाई जा रही हो, दूसरी वहाँ जहाँ दूरदर्सन का कइमरा आया हो। हमारे आयोजन में दूरदर्सन का कमरा मउजूद रहेगा अउर कारक्रम के बाद सलेक्टेड लेखक-कवि स्काच-पान के लिए गुरुजी की कोठी पहुँचाए जाएँगे। अउर सुनिए—हमारा प्रतस्थान सम्मान देने का चक्कर चलाएगा। दुसाला, नरियल अउर रुपय्या एक हजार एक से लेकर दस हजार एक तक। जुबा लेखक-कवियों के लिए प्रतयोगताएँ की जाएँगी। आकर्सक पुरस्कार। प्रथम पुरस्कार काठमांडु आने-जाने का हवाई टिकट, नउ रातें बिताने का खर्च अउर नउ सउ निनाबे रुपय्या जुआ खेलने के लिए। दुइती पुरस्कार ओही काठमांडू मगर पाँचहि रात अउर जुआ का पाँच सउ पचपन। त्रती पुरस्कार ओही काठमांडू मगर तीनहि रात अउर जुआ का तीन सउ तइंतीस रुपय्या। सान्तना पुरस्कार कलम, ब्रीफकेस आद। अन्तम पुरस्कार तिनकोसवा जिला बहराइच में तीन दिन अउर तीन बंडल बीड़ी। कहिए जमती हय अस्कीम हमारी?"

"तुम भी क्या घटिया काम सोचते हो!" हमने कहा।

"नोट किया जाय जरा।" नेताजी बोले, "जब घटियापन का राज हो तब स्रेस्ठता के सपने देखना राजद्रोह हय। पहिले बुलबुल बनिए फिर रोइए कि उल्लू न हुए, ऊ सब घाटे का सउदा हय, समझे।"

गेंदवा गोड़वा पर ल्य, जीयत रहा बचवा!

हम गणराज्य दिवस की परेड का दूरदर्शन कर रहे थे कि घंटी बजी, टी.वी. के पर्दे पर बिम्ब हिला। दरवाजा खोलने पर लायक भतीजाजी का निकट-दर्शन हुआ। उनकी बत्तीसी का अपनी इक्कीसी से स्वागत करते हुए हमने कहा, "इस अदा से मुस्कराने लगे हो कि डर है कहीं विज्ञापन फिल्मोंवाले तुम्हें खींच न ले जाएँ।"

नेताजी उवाच, "अरे हम कउनो कीट-मर्दन दुर्गन्ध-भंजन दन्त मंजन का अडवटाइज नहिंन करि रहे हैं। यह तो ससुरा लायफ के प्रत हमारा पाज-टव द्रस्टकोन दमक रहा हय। पालटक्स में बत्तीसी-निपोर दाँव उर्फ अस्माइल का बड़ा महातम हय। अरें कन-डी ने निक्सन को इसी दाँव से धरा।"

हमारी श्रीमतीजी ने पूछा, "नेता होकर भी तुम परेड देखने नहीं गए?"

"परेड देखने जाते हैं बड़भय्या समझी काकी, जिन्हें सलूट मारा जाता हय। अपन छुटभय्या हैं अभी। यह भी समझ लिया जाय कि यह परेड दिल्ली के बासिन्दा खुद कभी नहीं देखते, मिहमानों को दिखवाय की ड्यूटी रहती है उनकी। सो आपकी दया से पचीस पासों का जुगाड़ हमने भी कराय दिया पब्लक के लिए।"

अब नेताजी फोन की ओर बढ़े। बोले, "जरा दूरदर्शन का दूर-बकबक धीमा किया जाय। दुई-चार असामी फुनिया लें, दिहाड़ी पूरी करें।"

नेताजी ने धड़ाधड़ चार फोन कर डाले। पहला न्यू फ्रेंड्स कॉलोनी के एक प्लाट के सम्बन्ध में था। दूसरा तैयारशुदा कपड़ों के निर्यात के। तीसरे में उन्होंने किन्हीं मय-डम को बताया कि 'माय पाटी फाम कुवइत, स्टेइंग ताज रूम नम्बर थ्रियोथी। इवनिंग इंटरटेन्मेंट जे-हे-ने-से, सम नाइस प्राविजन प्लीज। मोर बयटर दयन लास्ट टाइम।'

नेताजी चोगा ठोड़ी से कन्धे पर चापकर फोन कर रहे थे। हमने उन्हें छेड़ा कि तुम किर्रूस्टाइल में फोन करते हो।

नेताजी बोले, "इसहि अस्टाइल से पता चलता हय कि व्यक्त-विसेस एइसे घर से हय जिसमें कई ठो फोनवा रहा अउर करोड़ों का डील होता रहा। बाकी आपके अस्टाइल में जो फोन मिलता हय उसके बारे में इमप्रसन यहिए बनता हय कि इसके घर कबहुँ फोन नहिन रहा। जिनगी भर ई लोग पड़ोसी के जाते रहे कि अंकलजी-अंकलजी, हमारी सिस्टरजी का जी खराब हय सो हमें अपना ब्रदरजी-इन-लाजी को फोन करने का हय, प्लीज जरा फोन मिस यूज कर लेई आपका? अउर फिर दूसरी ओर से जो बोला उससे ई कहिते रहे—देखिए प्लीज अपने पड़ोस से मिस्टर धींगरा को बुला दिया जाय!"

नेताजी इस बीच एस.टी.डी. से अपना नम्बर प्राप्त करने में सफल हो गए थे। लिहाजा उन्होंने टीका-टिप्पणी छोड़कर कहा, "हाँ, हेल्लो, गोड़ लागी बाबा। अरे हमरा के चिन्हत नहीं खौ! तोहरे लरिका हई आ दिल्ली से बोलत तानी। अरे हम त तहरा के हरदम याद करत रहिले, रउवा हमरा के बिसरा दियेल बाड़ा। राउर आदमी हमरा के यहाँ तंग करके छोड़ देले बाड़े। जउन मामला पाँच में ठीक हो गइले ओकरा बदे तीन अउर माँग रहल बाड़े, जउन के अउकात का बाहर दिलवाय के। रउवा एक-सवा तक कहि त हम बात कंइके दिलवा दीन। अपने के थोड़ा-बहुत लरिका पर भी धियान रखे का चाही ताकि हमरो भी नूनभात यहाँ दिल्ली में जूर सके। अपने के बात हम मान लेतानी अउर अब साढ़े छह पर सउदा तय कराय देव। ए अहसान के हम भूलब ना। अउर हमार बाल-बच्चा जे होई उनसे भी हम कह देब कि अपने के नाम सुबह-शाम जपत रहिहैं। अच्छा प्रनाम।"

नेताजी ने कनेक्शन तोड़कर हमारी ओर देखा और हँसे। हमें चिन्ता हुई कि कहीं चोगा उनकी ठोड़ी और कन्धे के बीच से खसक न जाय। नेताजी ने फिर एस.टी.डी. घुमाया और इस बार वह मैथिली में शुरू हुए, "सरकार, हम दिल्ली से नुनवा बाजे छी-हजूर अपने के पुरान खवास। गोड़ लागे छी। मालिक हमर प्रार्थना सुनल जाव—हम त दू हफ्ता से टेलिफोन घुमावेत घुमावेत थेक गेलोन, आंगुर सेही टेढ़ भौ गेल लेकिन ई ज इस्टीफनुवा के फुनवा छे कोनो काज के नय। पटना भेटतेई नइ छे। हम अपने के न सुमरी त किनका सुमरी! हमरा लइल त अय देस में दुइएटा महापुरुस भेल छे एकटा राजा रामचन्द्र, दोसर सरकार अपने। दुबेजी के काज एखनो धैर नहीं भेल छे मालिक : हमर पोजीसन बड एम्ब्रेसिंग भौ गेल छे। अपने राम छी, हम अपने के हनुमान, दया केल जाल कृपानिधान!"

नेताजी ने फोन रखा। जोरदार अँगड़ाई ली। चाय का आर्डर दिया। चैतन्य चूर्ण बनाया। खाया-खिलाया। सोफा हम इधर नया ले आए थे। नेताजी ने कूदकर उसकी स्प्रिंगों का परीक्षण किया और फिर सन्तुष्ट होकर दो कुशनों का सिरहाना बनाकर लेट गए।

श्रीमतीजी ने कहा, "तुम यह फोन पर तीन-पाँच क्या करते रहते हो?"

नेताजी बोले, "ई तीन-पाँचहि ब्यापार अउर राजनीत की जान हय।"

श्रीमती ने पूछा, "जब तुम तीन-पाँच करते हो, तब मतलब क्या होता है? तीन सौ, पाँच सौ, तीन हजार, पाँच हजार या..."

नेताजी बोले, "अपना-अपना अस्टंडर्ड हय। हम किलास टू हैं। जब हमारे मुखारबिन्द से तीन-पाँच होता हय तो लाखों में।"

श्रीमतीजी ने पूछा, "और क्लास वनवालों का?"

नेताजी बोले, "करोड़ों में।"

श्रीमतीजी चकित-विस्मित हुईं।

हमने कहा, "भतीजा, तुमने यह भाषाई तमाशा क्या बना रखा है? कभी यहाँ की बोली, कभी वहाँ की!"

"समझा जाय।" नेताजी ने कहा, "हम डमोक्रसी की भासा बोलते हैं। हिन्दुओं को प्रनाम, मुसलमानों को सलाम, सिक्खों को सत सिरी काल अउर क्रिसचन भाइयों को गुडमार्निंग। बाकी इतना जरूर हय कि इस्टन ऊ.पी. अउर नाथ बिहार का बोली भारती राजनीत के हृदय-देस का बोली हय, सो उसको प्रफरंस मिले का चाही। पोयट ने पूछा हय—हम क्या थे, क्या हो गए अउर क्या होंगे अभी? तीनों क्वेसचन का इकट्ठा आंसर चाहे तो पटना चला जाए जिसे पाटलिपुत्र कहिते थे कभी। जो ऊ.पी. बिहार में आज होइ रहा हय, कल सारे देस में हुइहै।"

चाय आई। नेताजी ने सुड़की। प्याला खत्म करके डकारे। एक बार सोफे की फिर जाँच की कूदकर और बोले, "हम आते-जाते रहे तो कक्का के घर का फर-नीचरो आता-जाता रही। नहीं तो कक्का किरूं किलास वन, अंटीक वैल्यू का फर-नीचर छोड़ जइहै नाती-पोता के लिए।"

बाहर बच्चे क्रिकेट खेल रहे थे। नेताजी ने एक निगाह उन पर डाली और कहा, "जरा हम भी ट्राई मार लें। बिलकुले भूल गए कहीं तो एट्टी फाइव में लोकसभा की टीम की ओर से खेले का चांस ना मिली ससुर!"

नेताजी के खेल के बीच में आ टपकने से बच्चे प्रसन्न नहीं थे, क्योंकि उनका 'टेस्ट मैच' चल रहा था। नेताजी ने कहा, "अरे हम एक ओवर खेलेंगे, जियादा

नहीं।" पहली ही गेंद में नेताजी बढ़कर छक्का लगाने की कोशिश में अपना विकेट गँवा बैठे। लेकिन उन्होंने आउट होने से इसलिए इनकार किया कि "देखो यार, असीसुवा सउदा ओवर खेलने का हुआ था, अउर तुम चाहो जिस अम्पायर से पूछ लो, ओवर एक गेंद में पूरा नहीं होता। अउर जो तुम आउट तो आउटवाली जिद में हो तो हमें अब आउट करिके दिखाओ।" नेताजी विकिटों के ऐन सामने खड़े हो गए और उन्होंने बल्ले का कतई इस्तेमाल न करते हुए हर गेंद को पैड से रोक लिया। बच्चों ने एल.बी.डब्ल्यू. की अपील की, पर हर बार नेताजी ने अपने को नाटआउट ठहराया।

ओवर पूरा होने पर वह भीतर आए और उन्होंने सहसा पूछा, "अरे अगला टयस्ट मइच अपने कानहिपुर में हय ना तीस से?" हमारे हामी भरने पर उन्होंने कहा, "तो फिर ओवर टू ग्रीन पार्क वाया परमट! चलिए यहाँ भी क्या करि रहे हैं आप सिवाय झख मारने के। झख मारू प्रानियों के लिए टयस्ट मइच की दर्सक दीर्घा से अधक उपजुक्त कउनो जगह नहीं ससुरी। नहीं आपसे सही बताते हैं, इरादा हो तो किसी भगत से ब्यौस्था करने को कहें।" नेताजी फोन की ओर बढ़े। हमने मना किया, फिर भी उन्होंने कानपुर फोन मिलाया और किसी भगत को आवश्यक आदेश दिये।

हमने कहा कि हम तुम्हारे साथ जाएँगे नहीं। नेताजी बोले कि 'आप न सही, अउर सही। कम-पनी मिलहि जइहै कम-पनी बाग में!'

फिश फिहिमने कहा, "तुम्हारा क्रिकेट से क्या लेना-देना?"

"अरे हम किर-किट के मइदान में पहुँचेंगे तो ले-दे, लेन-देन वहाँ भी करहि गुजरेंगे। लेना-देना किसी का किर-किट से हो तो उसका नाम बताइए। फिर भी हर कोई किर-किट का दीवाना हय। ससुर यह इंटरनेसनल गेम, इंडया का नेसनल गेमे हुइ के रहिहै कुछ बरस में। अरे इत्ती-सी ससुरी गेंद अउर उतने बड़े मइदान में पन्दरह आदमी उसके पीछे अपनी एइसी की तइसी लगातार पाँच दिन तक कराते रहें, एइसा खेल देखने के लिए लोग उसी दस में जुटाए जा सकिते हैं जिसमें झख मारना नेसन की हाब्बी हो।"

"तुम तो कर्मठ व्यक्तियों में से हो, तुम क्यों झख मारने जा रहे हो कानपुर?" हमने पूछा।

नेताजी बोले, "अपना एइसा हय कक्का कि झख मारेंगे तो आपकी दया से झखे बेच खाएँगे! दुई-चार असामी वहाँ दर्सक दीर्घा में मूँड लेइ आपका भतीजा। अउर फिर किर-किट देखेंगे तो कुछ सीखेंगे ही काम का। आप जानिए ई खेल

अंग्रेजन का निकाला हुआ हय अउर अंग्रेजनहि से हमें पाल-मेंट डमोक्रेसी का खेल मिला हय। किर-किटवाला लटका जउन नहिन जानते तउन राजनीत के बिकट विकिट पर जम नहिंन पाते। अपोजसन इसीलिए तो मार खाता रहा हय। चउधरी चरनसिंह जिल्ला लयवल के गिल्ली-डंडा पिलियर, टयस्ट मइच में उतार दिये गए तो अस्ट्रेट ड्राइवे मारा कि गेंद आई अउर सामने की ओर छक्का, हुआ वही पीछे किलिन बोल्ड। अटल बिहारी बयक-फुटे पर खेले। मार दिया जाय या छोड़ दिया जाय सोचते रहे, मारा तो लेट-कट अउर सीधा सिलिप के हाथ में। चन्द्रसेखर खेलेहि नहीं, भारती राजनीत का बारहवाँ खिलाड़ी परमानंट ससुर। बहुगुना बहुधन्धी आलराउंडर। उनसे कायदे के दस ठो खिलाड़ी नहीं जुट पाते कि टीम बना लें। दूसरी टीम में जाते हैं तो उन्हें गेंदबाजी का चांस नहीं दिया जाता अउर बय-टिंग में बहुत नीचे भेजा जाता हय। मोरारजी टुकटुक करिते हय। कभी हाथ खोलते भी हैं तो इतने कायदे से कि गेंद वहीं जाती हय जहाँ फिल्डर खड़ा हो। बाकी राजनारायन, जार्ज जइसे लप्पेबाज हैं।"

"होना कैसा चाहिए?" हमने जिज्ञासा की।

"प्रफेसनल अप्रोच रखे का चाही। जीतो या ड्रा करो, हारने का काम नहीं। किर-किट हार-जीत के लिए हो रहा हय, जन-जन के मनोरंजन के लिए नहीं, एइसा जहाँ आपने समझा वहाँ प्रफेसनल हुए। प्रफेसनल, सिचुएसन के डिमांडहि के अनुसार खेलता हय। जनता का चाहिती हय, अक्स्पर्ट कमंटेटर का फरमा रहा हय, ऊ सबसे अछूता रहिता हय वह। आप करा लीजिए अस्पिन चाहे जितनी, ललचा दीजिए चाहे जितना, मगर ई प्रफेसनल धैर-धन्न गेंदवा को गोड़वा परहि लेगा अउर बल्ला आसमान की ओर उठाए रहेगा। लो कर लो आउट! अरे, हमारे गुरु बताय गए हैं कि गेंदवा को गोड़वा पर ल्य, जीते रहा बचवा। एल.बी.डब्लू. तू होगा नहीं, हुआ तो बनफटाफ डाउट मिलेगा।"

"अच्छा प्राफेशनल अप्रोचवाला राजनीतिक क्रिकेट टीम में है कौन?"

"एक तो मय-डम हैं। दूसरे आपका भतीजा हय लेकिन फिलहाल वह टीम में हय नहीं, सामान उठाकर साथ चलनेवाला बयगेज मइन ही बन पाया हय। बाकी लंच तो इस्कोर-अर अउर बयगेज मइनो पाई जाते हैं।"

ब्रेनिज बिगर दयन बफलो योर अक्सलंटीज!

धुंध और बरसात का मारा एक बेचारा रविवार। तीसरे पहर भी ठिठुरन। हम लिहाफ में दुबके हुए उपन्यास पढ़ने का सुख लूट रहे थे कि फोन की घंटी बजी। जब और कोई फोन सुनने नहीं उठा तब हमने अपनी ही काया को कष्ट दिया। उबासी भरते हुए हमने फोन पर कहा, "सिक्स नाइन टू फाइव वन नाइन।"

उधर से नेताजी का परिचित स्वर फुल वाल्यूम में आया, "अरे यह गिनती-पहाड़ा छोड़िए कक्का! प्रोग्राम का हय सो बताइए!"

"कुछ नहीं।" हमने फिर जम्हाई ली।

"आपका ससुर वनहि पाइंट प्रोग्राम हय—आ-वा-वा-वा-ऽ! तो जरा चइतन्न हुआ जाय अउर सुना जाय : यू आर, जे हे ने से, हियरबाय काइंडली इन्फाम्ड दयट यू आर इन्वाइट विद भतीजा टू इम्पोटेंट फंक्सन एट फाइब थट्टी। बी रयडी।"

नेताजी ने हमारी 'नहीं' को नायिका की नहीं का दर्जा दिया और आधे घंटे बाद हमें लिवा ले जाने के लिए आ धमके। हमने रास्ते में पूछा कि कहाँ ले जा रहे हो? बोले, "सुरसती के साधकों का समागम हय गुरुजी के संरच्छन में। नाच गाना हुई है, चा-पानी भी।"

"गुरुजी तो साहित्यिक संस्था बना रहे थे जो पुरस्कार-बुरस्कार देनेवाली थी।"

"वह घुरहू आर्गनाइज करि रहे हैं। यह खेल दूसरा हय-इंटरनेसनल। संस्था का नामहि इंगरेजी में हय—इंटरनेसनल इंट-ग्रेसन इंड्रया-चइप्टर-आय-आय-आय-सी।"

"मैं-मैं-मैं—देखिए।" हमने चुटकी ली, "हिन्दी में संस्था का यही नाम रखो।"

"हर संस्था का नाम मैं-मैं-मैं मैंहि होता हय कक्का। मंच पर से व्यक्त-बिसेस को मैं-मैं-मैं करने दो संस्था धन्न, व्यक्त बिसेस धन्न।"

"दूसरे क्या करें?"

"सुनें ससुरे। जलें अउर बाद में जलपान करें।"

"उनके लिए कोई गुंजाइश नहीं?"

"गुंजाइस इतनी भर हय कि व्यक्त बिसेस से भी जियादा बलन्द आवाज में वन्दना करें तू ही, तू ही। अउर जब व्यक्त बिसेस गदगदायमान हो ससुर तब दबी आवाज में कहि दें—जरा-मरा-सा मैं भी आपका सेवक! सम्भौ हय प्रभु मूड में आकर कहि दें—हाँ मरा-मरा-सा तू भी!"

"हमने तो सुना था कि दस्तूर यह कहते रहने का है कि हजूर बस एक आप हैं और एक मैं हूँ। और फिर कभी मौका देखकर यह प्रकट कर देने का कि वैसे माफ कीजिएगा आप भी क्या हैं!"

नेताजी बोले, "अरे ऊ सब आप इंटलेक्टलों की संस्था में होता हय। इसीलिए बुद्धजीवियों से सत्ता की खेती हो नहिंन पाती।"

"तुम और तुम्हारे गुरुजी संस्थाओं की खेती कर ले रहे हैं हम इसी से खुश हैं।"

"तुम्हारी खुशी में हमारी खुशी हय!" नेताजी हुचहुचाए, "झाड़े रहो कक्का पाज-टव द्रस्टकोन। लेकिन अभी जरा अउर पाज-टव बनाए का चाही। तुम्हारी खुशी को हम अपनी बनाकर रहूँगा—एइसा सोचना सीखिए।"

"भई यह नहीं समझ में आया कि जिन गुरुजी से तुम लड़ लिये थे, जिन्हें राजनीतिक समझ के मामले में तुमने गदहा घोषित कर दिया था, आजकल उनकी खुशी को तुम अपनी खुशी क्यों बनाए हुए हो?"

"आपका यह लायक भतीजा एइसे हर आदमी की खुसी को अपनी खुसी रामझता हय जिसकी गाँठ में पइसा अउर मन में महत्ताकांच्छा हो, वह गदहा भी हो तो सोने में सुहागा, जिसे कहते हैं सो मच दी मोर बयटर।"

"जब गुरुजी तुम्हारे अनुसार गदहे हैं तब उनका राजनीति में कुछ बनना तो है नहीं।"

"न बनें! हमने कोई ठेका लिया हय बनाने का।"

"बना तो तुम रहे हो उन्हें!" हमने कहा।

"अरे कहाँ! रयडी-मेडहि औतरित भये हैं ससुर।" नेताजी ने ठहाका बुलन्द किया। गाड़ी के स्टेयरिंग पर धौल जमाया फिर हमारे कन्धे पर। अनन्तर गम्भीर होकर बोले, "वइसे यह भी समझ लिया जाय कक्का कि अगर भगवान की दया से हमारे गुरुजी गदहे हैं तो उसी भगवान की दया से जमाना डार्क डंकी का हय।"

"डार्क हॉर्स।" हमने भूल-सुधार कराना चाहा।

"अरे ऊ सब आपका जमाने में होता था। आउटाफ डेट आयडाज हैं आपके सारे। अब डार्क डंकीहि होता हय अउर गुरुजी हमारे साच्छात डार्क-डंकी-कुल-सिरोमन हैं। नहीं, आपसे सही बताते हैं कोई अजब नहीं कि कभी सी. यम. बनाकर उ-नहिको भेज दिया जाय।"

नेताजी की गाड़ी मंजिल पर पहुँची। हाल लगभग खाली पड़ा था। अगली दो कतारों में कुछ फोकट फंडी विराजमान थे। रेशमी बिल्ला लगाए हुए आई.आई.आई.सी. के कार्यकर्ता घूम रहे थे। उनमें से हर किसी के हाथ में संस्था और कार्यक्रम का परिचय देनेवाली पुस्तक के बंडल थे। ये कार्यकर्ता वेशभूषा और भाषा के मामले में विलायती थे और इनका हमारे देहाती नेताजी के प्रति श्रद्धा-भाव हमारे लिए विस्मय का विषय बना हुआ था। नेताजी ने फोन खड़काने शुरू किए जिनके प्रताप से प्रेक्षागृह के सामने धीरे-धीरे गाड़ियों की संख्या बढ़ती चली गई। वी.आई.पी. लोगों को आगे की कतारों में बैठाया जाता रहा। कभी-कभी ऐसा भी हुआ कि हल्के वी.आई.पी. परिवार के आसीन करा दिये जाने के बाद भारी वी.आई.पी. परिवार आ गया और भारी की प्रतिष्ठा के लिए हल्के को उठाना पड़ा। इस बीच कुछ नान-वी.आई.पी. भी, जो कार्यकर्ताओं और कलाकारों के पड़ोसी या मित्र मालूम होते थे, मुफ्त का तमाशा देखने आ पहुँचे। निर्धारित समय से आधा घंटे बाद गुरुजी एक निहायत वजनी वी.आई.पी. को घेर-घारकर ले आए। नेताजी ने गुरु और गोबिन्द दोनों के पाँव इकट्ठे छुए। तब तक हाल आधा भर चुका था। ज्यादातर दर्शक या विदेशी राजनयिक प्राणी थे या देशी राजनीतिज्ञ। वजनी वी.आई.पी. यानी गुरुजी और राज्यमंत्रीजी के आने से फिर उठक-बैठक का क्रम छिड़ा।

संस्था के सचिव ने चुस्त-दुरुस्त अंग्रेजी में कार्यक्रम के विधिवत शुरू होने की घोषणा की और नेताजी से मंच पर आकर बहैसियत स्वागताध्यक्ष दर्शकों का स्वागत करने की प्रार्थना की।

नेताजी ने माइक को ऊँचा-नीचा किया, ठोका-बजाया, फूँका-पोंछा और फिर सन्तुष्ट होकर शुरू हुए, "पीछे की कतारों में जो साहेबान हैं आगे आ जाएँ। साथ-साथ हो लिया जाए। धन्यवाद।"

नेताजी खखारे। फिर बोले, "अध्यच्छ महोदय, समारोह के मुख्य अतिथि माननी राजमंत्रीजी, संस्था के संरच्छक परम पूज्य गुरुजी, महामहम दूतगन, महादानी दीनदयालजी भाइयो और बहनो! आय.आय.आय.सी. की ओर से इस सांस्कृतिक सन्धा में आप सब महानुभावों का अभनन्दन करते हुए मुझे बहुत प्रसन्नता हो रही

हय। जइसा की नामहि से अस्पष्ट हय हमारी संस्था इंटरनेसनल इंट-ग्रेसन इंडया चइप्टर। श्रीमा समन्वय को समरपत हय। आप जानतेहि है कि हमारा देस समन्वय का देस हय। जो भी आया यहाँ समन्विते हुआ। गांधीजी, रास्ट्रपिता, हमें इसी समन्वय की शिच्छा देइ गए हैं कि खिड़कियाँ खुली रखो मगर हवा में उड़ मत जाओ। जवाहिर लाल नय-हरू ने डस्कवरियाफंडया में उस समन्वित भारते की खोज की हय जिसको आप लोगों के सामने लाने के लिए हमारी संस्था कटबद्ध हय। आज जब, जे हे ने से, जुद्ध अउर सान्त का अहम सवाल पेस हय विस्व के समच्छ तब रास्ट्र की इस समन्वत संस्कृत को इंटरनेसनल लयवल पर प्रतष्ठत करने की कितनी जरूरत हय ई आप समझहि सकते हैं। हमरी संस्था का ई सउभाग्य हय कि गुरुजी जइसे कला-संस्कृत-साहित्त के मर-मज्ञ ने हमरे इस जज्ञ में ब्रह्मा बनना स्वीकार किया हय। हमरा अहोभाग्य कि सुरसती के, जे हे ने से, वरद पुत्र माननी राजमंत्रीजी इस आयोजन की सोभा बढ़ाने पहुँचे हैं। बहुत कम लोगों को मालूम होगा कि मंत्र महोदय कॉलेज के दिनों में बहुत अच्छा गा लेते थे, अभिनयो करते थे। आज भी लोग इयाद करते हैं नृत-नाटक जनकसुता में इनकी सीताजी की भूमका...।"

नेताजी मक्खन की टिकिया का जमकर इस्तेमाल कर रहे थे और हम संस्था की परिचय पुस्तिका में विद बेस्ट काम्प्लिमेंट्स फ्राम मार्का विज्ञापन देख रहे थे। इस पुस्तिका से ही हमें पता चला कि आज के कार्यक्रम की मुख्य नर्तकी और संस्था के सचिव (जी सरकारी अधिकारी भी हैं) में पुत्री और पिता का सम्बन्ध है। हमें यह पुस्तिका देखते-देखते ऊँघ-सी आने लगी कि तभी नेताजी के मुख से अंग्रेजी सुनने के सुख ने हमें चैतन्य कर डाला। वह कह रहे थे, "नाव आय बिल स्पीक फ्यू वर्डस इन इंगलिस फार बेन फेटाफ अवर आनर्ड फोरेन गेस्टस। योर अक्सलेंटीज आन बिहाफ आय.आय.आय.सी आय ग्रिटिंग यू विद ग्रेट हप्पीनेस इन दिस कल्चर्ड इवनिंग। इट इज अवर गुड लक कि यू आर फाइंडिंग टाइम टू अन-करेज अस एंड ब्लेस अस डिस्पाइट, जे हे ने से, योर बिजी-नेस : योर अक्स-लेंटीज इंडया इज इंटग्रेसन, इंटग्रेसन इज इंडया। वनंड दी सेम। युनटी इन डाइव युनटी। दिस इज नय-हरूज डस्कवरियाफ इंडया। दिस इज गांधीजी डीप फिलासफी। इन गांधी-नयहरू ट्रड-सन वी हैव दिस मीसन फार टाइंग द वर्ल्ड विद रोप्स आफ आटंड कलचर। दिस इव-निंग वी आर प्रेजंटिंग द नोटेबल, सीर-यस, जे हे ने से नोटोर-यस डांसिंग गर्ल कुमारी सुसमा कुमारी। शी इज लर्न कत्त-थक्क आफ लखनऊ फयमली फ्राम रेवरेंड बिरजू महाराज एंड कत्तथक्क आफ जयपुर

फयमली फ्राम फेमस इरजू महाराज। इन हर न्यू अस्टाइल डांसिंग शी हैज कम्बाइन बोथ फयमली वेज। वी आर स्योर यू विल बी अप्रिसियेटिंग हर लेबर एंड रयडीनेस। इंडयन पीपुल वर्शिप आटैंड कलचर। ईवन आवर देवी-देवताज आर डांसिंग सिंगिंग। लार्ड शिवा। राधांड कृष्णा एट-सेट्रा। दियर इज आलसो सुरसती। शी इज देवी आफ कलचरेंड अजुकेशन। वी थिंक पयन इज मोर माइटी दयन सोर्ड। आर्ट इज मोर लैग्थी दयन लाइफ। ईवन विलेज पीपुल से ब्रेनिज बिगर दयन बफलो योर अक्लेसंटीज! बट बिफोर स्टार्टिंग दी प्रोग्राम आयम रिक्वेस्टिंग चीफ गेस्ट टू इन-अगरेट बाय फायरिंग द लइम्प।"

मुख्य अतिथिजी ने एक सुकन्या की सहायता से दीप जलाया। तालियाँ! इसके बाद नेताजी ने गुरुजी से प्रार्थना की कि सुरसती देवी की प्रतिमा पर माल्यार्पण करें। तालियाँ! इसके बाद नेताजी ने माल्यार्पण का एक लम्बा सिलसिला शुरू कराया जिसमें पहले हल्के वी. आई. पीयों ने भारी वी. आई. पीयों को मालाएँ पहनाईं और फिर संस्था के कार्यकर्ताओं ने हल्के वी. आई. पीयों को। अगली दोनों कतारें मालाधारी पन्थ की हो चलीं। फिर भी तीन मालाएँ बचीं। नेताजी ने संस्था की प्रचार मंत्री गुड्डी द्वारा एक अदद जसस्वी पत्रकार को माला पहनाए जाने की घोषणा कर डाली। जसस्वी पत्रकार भी इस प्रकार लायक भतीजा की कृपा से मालाधारी हो गए। अब नेताजी ने बची हुई दो मालाएँ स्वयं उठाईं और एक राज्यमंत्रीजी के किशोर पुत्र को और दूसरी फॉरेन वी.आई.पी. बिरादरी के मध्य बैठी नृत्यांगना सुषमा को पहना आए।

भूमिका के इस प्रकार लम्बे खिंचते चले जाने और कार्यक्रम के शुरू ही न होने से नॉनों में भी नॉन-वी.आई.पी. जनता, जो फ्री पास के कारण बाल-बच्चों के साथ बसों में धक्के खाते हुए इस सांस्कृतिक सन्ध्या में पहुँची थी, ऊबने लगी। लेकिन माल्यार्पण के बाद भी भाषण-क्रम जारी रहा। सभी वी. आई. पीयों से दो शब्द कहने, उत्साह बढ़ाने और आशीर्वाद देने का अनुरोध किया गया। बच्चे 'घर चलो' कि सदा लगाने लगे।

भाषण-क्रम पूरा होने पर नेताजी ने कहा, "हम आप सब लोगों का यहाँ पधारने अउर आयोजन की सोभा बढ़ाने के लिए अग्रम धन्यवाद करते हैं। अब हमारा कार्यक्रम सुरू होने जा रहा हय। कार्यक्रम के बाद थोड़े जलपान की ब्यौस्था की गई हय। आयम थैकिंग यू आल योर अक्सलंटीज फार ग्रेसफुलिंग दिस प्रोग्राम। नाव वी आर बिगनिंग कलचराइटम्स। आफ्टर प्रोग्राम स्लाइट रिफ-रेफस्टमेंट विल बी गिबन। थैंक्यू। जयहिन्द। जयविश्व।"

हमने कल्पना की थी कि अब प्रोग्राम शुरू हो जाएगा। पर्दे के पीछे से साज मिलाए जाने की आवाजें आने लगी थीं। लेकिन नहीं। राज्यमंत्रीजी और एक अन्य वी.आई.पी. को कहीं और पहुँचना था लिहाजा आयोजक उनके साथ नृत्यांगना तथा अन्य कलाकारों के फोटो खिंचवाने और अनन्तर उन्हें सादर विदा करने में व्यस्त रहे। इसके बाद प्रचार मंत्री गुड्डी, जो कुछ-कुछ दूरदर्शन की सलमा सुल्तान-सी दिख रही थी और उनकी-सी ही पोशाक पहने और उनका सा ही मेक-अप किए हुए थी, मंच पर आई। उन्होंने सलमा सुल्तान की तरह ही बीच-बीच में मोनालिसा मुस्कान मारते हुए, शब्दों को थोड़ा-सा चबाते हुए, प्रवचन शुरू किया, "वैलकम, स्वागतम, खैरे मकदम! वो आए घर हमारे खुदा की कुदरत, कभी हम उनको, कभी अपने घर को देखते हैं। कैसे-कैसे महानुभाव, कैसी-कैसी हस्तियाँ, टॉप पर्सनेल्टीज, हमारे बीच हैं आज। उनकी तारीफ में कुछ कह सकूँ ऐसे अल्फाज, ऐसे शब्द, कहाँ से लाऊँ कि कहा है—गिरा अनयन नयन बिनु वाणी। आपके आने से रंग आया है इस महफिल में। यू आर द कलर एंड लाइफ आफ दिस इवनिंग। डियर-डियर गेस्टस, मुअजिज मेहमानो, प्यारे अतिथियो! मेरे बहुत ही प्यारे राज्यमंत्रीजी मिनिस्टर आफ स्टेट, जिन्हें अर्जेंट काम से बाम्बे जाना था इसलिए हमारे बीच से उठकर फ्लाइट पकड़ने हवाई अड्डे चले गए हैं, मेरे बहुत ही प्यारे गुरुजी, मेरे बहुत ही प्यारे चेयरमैन साहेब, मेरे बहुत ही डियर एंड डियरेस्ट कल्चरल अटेशीज, मेरे अजीज एडिटर साहब, मेरे लविंग-लाइक-फादर दीनदयालजी, करम किया आपने जो यहाँ आए। कितनी विरान थी, सुनसान थी, तुम से पहले, वादी-ए-शौक ने क्या-क्या न दुआ दी है तुम्हें। बहुत हिचक होती है आप साहेबान के सामने नाचीज-सा कार्यक्रम पेश करते हुए। भरोसा है तो आपकी जर्रानवाजी का। सहारा है तो आप बड़ों की क्षमा का। हमने कोशिश पूरी की है कि फन का एक दिलकश गुलदस्ता आपको सौंपें आज, इन्द्रधनुष के रंगों में रँगा हुआ। कत्थक है, डिस्को है, छत्तीसगढ़ी फोक डांस है, गजल है, भजन है, सभी कुछ है इसमें। फिर भी वही है कि जो तू कबूल कर ले वह सदा कहाँ से लाऊँ। मेहरबान, माई फ्रेंड्स, हमने अपना तन-मन-धन अरपन करके, दिल-दिमाग और साँसों की दौलत लुटाकर तैयार किया है यह गुलदस्ता, कबूल करें कि फिर शौक कर रहा है खरीदार की तलब, अर्जे-मत:-ए-अक्लो-दिलो-जाँ किए हुए। लेडीज एंड जंटलमेन पेश है पहला आइटम, होमेज टू गाडेस आफ आर्ट, सरस्वती प्रेयर—या कूदेन्दु तूषार हार धबला! कुमारी जया और साथियों की आवाज में, म्यूजिक, मनसुख लाल का।"

चलिए कार्यक्रम शुरू हुआ 'या कुन्देन्दु तुषार हार धवला' से। इसके बाद कुमारी सुषमा कुमारी ने 'हे री मैं तो प्रेम दीवानी' पर कत्थक शैली में भाव नृत्य प्रस्तुत किया जिसका परिचय देते हुए संचालिका गुड्डी को वह मिसरा याद आया, 'इश्क ने हमको निकम्मा कर दिया।' गुड्डीजी को हर आइटम के सन्दर्भ में कोई ऐसा शेर या दोहा याद आता रहा जिससे उसका वादरायण सम्बन्ध जोड़ा जा सके। कार्यक्रम और गुड्डीजी के संचालन में अधिक मनोरंजक कौन रहा यह चुनाव करना कठिन है। यों नेताजी और मेरे साथ बैठे गुरुजी की टिप्पणियाँ भी कम रोचक नहीं थीं। वह नाक में एक अन्वेषक अँगुली डाले हुए, एक चप्पल उतारे हुए और एक टाँग दूसरी जाँघ पर डाले हुए, सोफे में धँसे हुए थे। गुरुजी सीनियर नेता हैं लिहाजा जूनियर नेताजी की तरह चहकते-बहकते नहीं। अधिकतर वह नितान्त गम्भीर मुद्रा में आत्मलीन बैठे रहते हैं। ऐसा भी संकेत मिलता है कि समाधि-सी सीधे इस व्यक्ति के नथुने में, कान में, पेट में, कुछ अटका हुआ है जिसकी वजह से सम्प्रति वह उपस्थित व्यक्तियों और समस्याओं की अवहेलना करने को बाध्य हैं।

अटकाव से मुक्ति पाकर गुरुजी 'का?', 'को?', 'कब?', 'काहे?' ऐसी कोई जिज्ञासा करते हैं जिससे प्रकट होता है कि समाधि में भी वह संसार के व्यापार पर एक नजर रखे हुए थे।

"इ के बा?" इस बार भी सहसा गुरुजी ने नाक से अँगुली बाहर निकालकर पूछा। हमसे इसका जवाब देते नहीं बना मगर नेताजी ने कहा, "केकरे बारे बात करत हउवा! इ त तोहार नकटी बा।"

गुरुजी ने अपनी अँगुली सोफे के हत्थे पर पोंछी और कहा, "का बकवाद करत हउए। बुझात बा कि तू रजन-नरैना के संगत में उहे पेड़ा थै लेहले। हम तो उ लइकिया जउन तू लउडस्पीकरुवा में बोलत ओकेरा बदे कहत रहिली, बुझले!"

"अरे उ गुड्डी, राउर चेली बा! बोलो का हुक्कुम बा। भेंट करब?"

"देख, एहर-ओहर मत बतियाओ।"

"अरे तो कउनो हम के बतियावे के हौ, जऊन कुछ बतियाई उ हे बतियाई।" नेताजी ने हँसकर कहा और उठकर गुड्डी को बुला लाए जो कुमारी प्रतिमा कुमारी, मास्टर गुरुदीन अउर सखियों साथियों के नंगा डांस की उद्घोषणा करके मंच से उतरी थीं।

उन्होंने गुड्डी से कहा, "लेट मी इंट्रू-डूस माय गुरुजी, टाप लीडर, पेट्रनाफ आर्ट। ही हैज इंट्रस्ट इन नोइंग यू।"

गुड्डीजी ने हाथ जोड़े। गुणग्राहक को गुणी से उच्चतर सिद्ध किया। गुरुजी ने इस चेली को पास बैठा लिया। फिर उन्होंने पूछा, "क्योंजी यह अपने देस का डांस है?"

"जी हाँ।" गुड्डी ने कहा, "नागालैंड का।"

"इ नचनिया नागालैंड से बुलाए हैं आप लोग?" गुरुजी ने पूछा।

"नहीं ये तो अपने चैप्टर के ही कलाकार हैं।"

"ओ!" गुरुजी ने कहा, "अच्छा। उनका नकल करके नाचता है जी?"

"जी।" गुड्डी ने कहा।

"इसे अच्छा नाच समझता है जी नागालैंडवाला?"

"जी।"

"ओ।" गुरुजी ने कहा, "अच्छा।" और फिर नकछिद्रान्वेषण में लीन हो गए। गुड्डी भी मंच की ओर बढ़ गई।

अगला आइटम डिस्को का था—'आओ ना प्यार करें' इसके सन्दर्भ में गुड्डीजी ने 'भावै मोई जोई, सोई सोई करे प्यारे' पता नहीं किस खुशी में उद्धृत किया। बहरहाल उसी खुशी को अपने चेहरे पर सँजोए हुए वह फिर गुरुजी के निकट आ बैठी। गुड्डीजी के पाँव बराबर धुन की ताल पर थिरक रहे थे। गुरुजी ने गरदन उनकी ओर घुमाई और पूछा, "आप जानती हैं?"

"जी!" गुड्डीजी विस्मित हुईं।

"अरे गुरुजी पूछ रहे हैं आप जा–नती हैं?" नेताजी ने भाषान्तर किया।

"जी क्या?" गुड्डीजी ने मुस्कराकर पूछा।

"यही।" गुरुजी ने मंच की ओर इशारा किया।

"प्यार करना?" नेताजी ने हुचहुचाकर पूछा।

गुरुजी ने जोकर शिष्य को फटकारा और फिर बहुत सलीके से लजाती हुई गुड्डीजी से कहा, "हमारा मतलब रहा आप नाच-गाना जानती हैं जी?"

"थोड़ा-बहुत।" गुड्डीजी ने सूचना दी।

"तो आप काहे नहीं करतीं जी? आपका ज्यादा ब्यूटीफूल होगा ना?" गुरुजी ने कहा।

"शुक्रिया!" गुड्डीजी ने आदाब बजाया, "आप जैसे कद्रदाँ मिलें तो मैं क्या नहीं कर सकती।"

इस सुखद संवाद के बीच गुरुजी सहसा किसी अंतरंग बाधा से उलझ लिये। वह इतना हिले-डुले, उन्होंने इतने पैंतरे बदले कि गुड्डीजी ने यही समझा सोफे में

गुरुजी की काया के लिए गुड्डीजी के कारण पर्याप्त स्थान रह नहीं गया है। वह उठकर फिर मंच की ओर चली गई।

अन्तिम आइटम था 'रासलीला' जिसके सन्दर्भ में बताया गया कि कुमारी सुषमा कुमारी ने यह नृत्य पहले उमा शर्मा से सीखा, अनन्तर छह महीने ब्रज-भूमि में रहकर इसका मर्म पहचाना। गुरुजी ने हमसे पूछा, "यह राधा कृष्ण डांस है ना जी?"

"जी!" हमने कहा।

"डांस अच्छा है ना जी?" उन्होंने जानना चाहा।

"जी।" हमने कहा, "अच्छा है।"

"वहि न हम कौह रहे थे। ऊ जो लाइटवा मार-मारकर उछलता था ऊ डांस से तो हमरा जनते, जे हे ने से, मोर अपीलिंग एंड फार बय-टर ई है। ऊ डांस को क्या न कौहता था जी?"

"डिस्को।" हमने बताया।

"किस को?" गुरुजी ने पूछा।

"डिस्को, डी-आई-एस-सी-ओ।"

"इस्पेलिंगुवा काहे बताते हैं जी। जनते हैं हमरा स्कूल डेज में हम फेंके है इ तुम्हारा डिस्कसुवा। डिस्कस और गोला, दोनू। आइ वाज, जे हे ने से, टाप रैंकिंग, अथलीट ऊ। जमाना में डिस्पाइट, जे हे ने से, स्टिफ कम्प-ई-टीसन।"

"जी!" हमने कहा।

"सुनिएगा!" गुरुजी ने कहा, "उ डिस्कसुवा थ्रोइंग और ई डांस में सम्बन्ध क्या है जी? इधर में क्या फेंकता है ई लोग?"

"दिल!" नेताजी ने कहा और गुरुजी को चेला की यह धृष्टता अखरी नहीं। गुरु-चेला दोनों हँसे। दर्शकों ने गरदन हमारी ओर घुमाई। गुरुजी इस हँसी-खुशी में अपने आन्तरिक उद्वेगों से भी मुक्ति पा गए।

कार्यक्रम के बाद 'स्लाइट रिफ-रेफसमयंट' के अन्तर्गत बंगाली मार्केट से लाई गई मिठाई-नमकीन एस्प्रेसो कॉफी के साथ पेश की गई। बाद में गुरुजी ने गुड्डीजी से पूछा कि आप गड़िया लाई हैं जी? गुड्डीजी ने बताया कि अभी तक मेरे पास गाड़ी नहीं है। साथ ही विश्वास प्रकट किया कि आप जैसे बुजुर्गों की मेहरबानी रही तो गाड़ी भी हो जाएगी। गुरुजी ने गुड्डीजी को सूचित किया कि जब तक गुड्डीजी की अपनी गड़िया नहीं आ जाती तब तक गुरुजी की गड़िया, गुड्डीजी

की भी गड़िया मानी जाए तो भले ही गुड्डीजी का घर विपरीत दिशा में था, गुरुजी ने उन्हें अपनी गाड़ी में बैठा लिया।

हम नेताजी की गड़िया में जा बैठे। नेताजी ने कार्यकर्ताओं से विदाई ली और हमसे आकर कहा, "भगवान की दया से ईवनिंग ससुरी ए-वन रही गुड मनोरंजन समझे ना एंड बयटर भोजन-भजन। अउर सबका मामला फिट। नहीं आप कर दीजिए किरू क्रटस्जम कि घटिया था। हमरा तो यही कहना हय कि संस्था बनाओ, आइडया की खाओ, ब्रेनिज बिगर दयन बफलो योर अक्स-लेंटीज!"

जुग-जुग चालत चाम को

"अरे हमारे सियाबड़ बाबू का तो एइसा हय वह मुसीबत के बखत आते जरूर हैं, बाकी आते यहियै कहिते हैं कि हमारे भरोसे मत रहिना!"

एक सम्बन्धी के यहाँ विवाह-पंडाल में हमने कदम रखा कि नेताजी का उपरोक्त वचन सुनाई पड़ा। अनन्तर उनका और सुननेवालों का ठहाका। हम भी अपनी सामर्थ्य-भर मुस्कुराते हुए अपने लायक भतीजाजी की श्रोता-मंडली में जा शामिल हुए। परिवार का यह कभी का नालायक लड़का जो आज अपने को हमारा लायक भतीजा कहता है, जिस तेजी से सम्पन्न और प्रभावशाली बना है, उससे समस्त स्वजन आतंकित है। नेताजी उनके लिए कभी प्रशंसा, कभी भर्त्सना और सदैव ईर्ष्या के पात्र हैं।

भतीजाजी ने डाइव-सा मारकर पायलागी की और सन्तोष व्यक्त किया, "चलिए कक्का मुस्कुराए तो। वइसे इनका वही हय—मेरी रोनी-रोनी सूरत को किसी की नजर न लगे चस्मे-बद्-दूर!"

नेताजी की उक्ति पर जनता हँसी। हम थोड़ा झेंपे। बात बदलने को पूछा, "यह सियाबर बाबू वाला चक्कर क्या था?"

"वह एइसा हय कि यह अपने गउरी संकर बाबू, सियाबड़ बाबू की मउसी के दाभाद, इधर गर्दिस में हैं। महतारी बीमार है इनकी, खुद सस्पंड हुइ गए हैं। सियाबर बाबू इनके हियाँ आए थे पिछले महीने। सुना सब, किया सिफर। देखिए अब हमने लड़ाई हय टिप्पस इनके रिअंस्टेसन की। माताजी को इनकी अनस्टीट्यूट में अडमिट कराहि दिया हय इस बीच! सियाबर तो ससुर क्रानक केस है हमारे भरोसे मत रहना के। आप वह सुने हो ना, हमारे भरोसे मत रहिना वाला किस्सा?"

हमने कहा, "नहीं।"

नेताजी बोले, "एइसा था कि किसी झील के एक सिरे से कोई डूबता आदमी चिल्लाया 'बचाओ-बचाओ'। दूसरे सिरे से एक ठो मच्छीमार टाइप उठा अउर दउड़ा आया। डूबता आदमी तिनके का सहारा लेकर प्रान-रच्छा में जुटा था। बोला, कूदो अउर बचाओ, अरे देख का रहे हो? दिले नादान टाइप मच्छीमार ने कहा कि तइरना किस ससुरे को आता हय! मैं तो यही कहिने आया था कि हमारे भरोसे मत रहिना!"

नेताजी ने ठहाका लगाकर पास खड़े हमारे भांजे के धौल जमाया। भगत की एस्प्रेसो काफी छलककर सूट पर जा गिरी। नेताजी ने कहा, "वरी नाट, सूट लैग्थ मिल जाई नया फस्स किलास। कल-वल कभी फोन करि के आ जाना, भगत लोग कई सूट लैग्थ देइ गए हैं अउर हम, तुम जानतेहि हो सूट ऊट कमहि पहिनते हैं।"

भांजा मुस्कराया। नेताजी ने उसके एक और धौल जमाया। इस बार प्याला नीचे कालीन पर गिर गया। नेताजी ने हमारे भांजे से कहा, "यार तुम इंटेलेक्टल जुबकों से ससुर काफी का पियाला नहीं सम्हल रहा हय, देस का भविस्य कइसे सम्हालोगे?"

नेताजी हिनहिनाए और इस बार धौल उन्होंने हमारे कन्धे पर जमाया, हम सीधे सामनेवाले सोफे पर जा गिरे। नेताजी ने हमारे नौजवान रिश्तेदारों से कहा, "कक्का बाली पीढ़ी में यहियै बिलच्छन्न गुन हय, गिरती भी हय ससुरी तो ढब से गिरती हय, अउर सीधे कुर्सी पर!"

इस पर जनता हँसी और जनता के अट्टहास से प्रेरित होकर जननायक ने गगनभेदी ठहाका लगाया जिसके प्रताप से उसके पान की पीक की बौछारों से जन-समूह अभिषिक्त हुआ।

नेताजी का यह ठहाका सुनकर और लोग भी इसी ओर खिंच आए। नेताजी इस पारिवारिक समारोह में एकमात्र राजनीतिक वी.आई.पी. थे। लिहाजा अब उन्होंने हमारी बगल में धँसकर विधिवत् दरबार लगाया। जिन सम्बन्धियों ने कोई अर्ज की उनकी अर्जी नेताजी ने इस अन्दाज से और इस आश्वासन के साथ ग्रहण की कि अर्जी लगने में देर हो सकती है, नेताजी के हाथों काम हो जाने में नहीं। जिन सम्बन्धियों ने उन पर व्यंग्य-बाण मारे उनकी ओर देखकर नेताजी मुस्कुराते रहे जैसे यह और कुछ नहीं उन लोगों का आपसी मजाक हो कोई पुराना। जिन सम्बन्धियों ने उन्हें जली-भुनी सुनाई उनका नेताजी ने एक निहायत उखाड़ू 'अहह, आहह, इहह, ईहह, उहह, ऊहह, एहह, ऐहह, ओहह, औहह, अहह, अःहह' से स्वागत किया। यह स्वरमाला नेताजी ने कनपुरिया कवि सम्मेलनों में ईजाद की और आजमाई है। इसके बीच-बीच में वह 'अउर का!', 'झाड़े रहो कलट्टरगंज,

मंडी खुली, बजाजा बन्द', 'मारा जाई कउवा', 'नहीं, यह बहुत सही कहि गए हैं आप, भलेहि खुद न जानते हों का कहि गए हैं।' जैसे कुछ फिकरे आँखें मूँद और मुंडी हिलाकर कहते हैं।

जिन सम्बन्धी दरबारियों ने नेताजी के प्रति आभार प्रदर्शन किया उनके समक्ष नेताजी ने कभी उनके पाँव, कभी अपने कान छूनेवाली विनम्रता दिखाई। बोले, "देखिए कराता-वराता सब ऊ नीली छतरीवाला हय, बाकी एतना जरूर हय कि निमत्त कोई-न-कोई बनता हय। हमारी तो एइसी धारना हय कि वह ससुरी पावरहि क्या जो जरूरतमन्द के काम न आ सके। अरे सबसे जास्ती पावरफुल भगवान हय, आलमायटी सो ऊ भी, साधुजन के परित्रान के लिए जुग-जुग में सम्भौ होने के लिए अयवर रयूडी बइठा रहिता हय। तो अपना तो असूले यह हय कि जहाँ तक बनि सके अपने लोगों की मदद करो। बाकी कउन गाली देता हय, कउन गले लगाता हय इसकी हमको कउनो फिकिर नहीं। अभी आपके रमानाथंड कम्पनी कितना उल-जलूल, आँय-बाँय बोल गए हमसे! हमने कुछ कहा? कुछ नहीं कहा ना? नहीं आपहि लोग बताइए एइसे लोगों से क्या कहा जाय जिनका कोई अस्टंडर्डहि नहीं हय। अरे डमोक्रेसी हय, हम किसी को क्रट-सज्म करने से रोक थोड़ी सकते हैं। लेकिन ससुरा क्रट-सज्म का भी कोई अस्टंडर्ड होता हय कि नहीं? अरे हमने कब कहा हय कि आप हमारी तारफिहि करें! करिए बुराई जमकर मगर सालीनता की एइसी-तइसी तो न फेरिए।"

एक आभारी सम्बन्धी ने नेताजी से गुस्सा थूकने का अनुरोध किया। नेताजी ने चैतन्य-चूर्ण की खुराक उक्त आभारी सम्बन्धी की कृतज्ञ हथेली से उठाई और उसे मुँह में हिला-चबाकर बुदबुदाए, "गुस्सा-उस्सा हों हमारे दुस्मन! अपना तो यहियै असूल हय कि ब्लडप्रयसर नार-मल रखे का चाही।"

नेताजी ने सोफे के पीछे घास पर पीक थूकी और हमारा कन्धा थपथपाया, "उठिए।"

आभारी सम्बन्धी ने हथेली में बची खुराक नेताजी की ओर बढ़ाई और कहा, "थोड़ा और लिया जाय। तुमने थानेदार चाचा की बदली कराई हम तो तुम्हें थैंकहि करेंगे दद्दू।"

"अरे यार थैंक्यू-सारी ससुरी की यहाँ कउनो दरकार नहिन हय समझे। अउर थानेदार की बदली कराय का काम एइसा कउन बड़ा काम हय। छुटभइया भलेहि हों हम अभी मगर तुमसे सही बताते हैं ब्रिज भइया, आज की तारीख में भी इतनी हइसियत रखते हैं कि तुम कहो आई. जी. का तबादला कराय दें!"

फिर नेताजी हमसे मुखातिब हुए, "अरे आप उठ काहे नहीं रहे हैं! अपनी धक्कासाही गाड़ी लाए हैं का?"

"नहीं।"

"यह आपने अच्छा ही किया। नहीं तो धक्का भी इस भतीजा को देना पड़ता। तो चलिए, अब यहाँ क्या काम हय? अडटोरियल पढ़िएगा फेरों पर कि राजनीति ने निकम्मा कर दिया वरना देसवासी थे बहुत ही काम के!"

गाड़ी स्टार्ट करके नेताजी ने कहा, "आज का प्रोग्राम बहुतहि टाइट चल रहा हय। अभी लच्छमी बाई नगर जाना हय गुड्डू को बधाई देने—बिटवा हुआ हय उनका। वहाँ से फिर गुरुजी के पास। वहाँ से डिनर डप्लोमैसी में। सी. यम. संकट में हैं। न हो आप भी चले चलें गुड्डू के यहाँ। वहाँ से गुरुजी के जाते आपको ड्राप कर देंगे।"

"नहीं भई हम अब सीधे घर जाएँगे।"

"वइसे ठीकहि कह रहे हैं। किरू किलास के आयोजनों में जाना कोई अकलमन्दी का काम नहीं हय। खाने को छोले, सुनने को ग्रेड-प्रमोसन की बातें अउर देखने को सामिआना। हम जाते हैं तो इसी मजबूरी में कि कांस्टीटुअंसी में गुडविल राखे के चाही। एट्टी-फाइव अब कउन दूर है!"

"लेकिन जब तुम्हारे सी. एम. संकट में हैं तब तुम्हारा क्या होगा?"

"अब तेरा क्या होगा कालिया!" नेताजी ने हँसकर कहा, "मैं उछलकर तेरे कन्धे पर चढ़ जाऊँगा गब्बर अउर जो उस ऊँचाई से तेरे गुन न गाऊँ तो मेरा नाम बदल देना।"

"मतलब?" हमने पूछा।

"मतलब साफ हय।" नेताजी ने कहा, "सी. एम. को गिराने में जुटे हैं केन्द्री मंत्रीजी। सी. एम. गिर जाएँ तो भी केन्द्रीय मंत्रीजी का कउनो चांस भिड़ेगा नहीं। चांस बनेगा जटाधर बाबू का जो सी. यम. की कबनट में नम्बर नाईन है, जो केन्द्री मंत्रीजी की बिरादरी के हैं, महासचवजी के जिल्ला के हैं और जिनका विधायक दल में एक भी आदमी नहीं हय। अउर तो अउर वह खुदे अपने आदमी नहीं हैं। वह आदमी हैं समझे मेरे अउर अपनी मिहरारू के। वह सी. यम. हुए नहीं कि मैं उनके कन्धे पर चढ़ा। अपना यह हय कक्का कि प्रजंट सी. यम. के सी. यम. बने रहने में भी अपना वेस्टेड इंट्रस्ट हय अउर न बने रहने में भी!"

"बड़ा चौतरफा इंट्रेस्ट है तुम्हारा!" हमने कहा, "लेकिन तुमसे यह किसने कह दिया कि जटाधर बाबू सी. एम. बनेंगे।"

"जमाने के रुख ने कहा हय समझे कक्का अउर कहा हय जोतिसों ने। सनि-मंगल जुत में जटाधर टाइपे मुखमंत्री बनबे करेंगे। न बनें तो कउन हमने ठेका लिया हय जो घाटा हुई जाई। बस अपना तो यह हय कि चइतन्न रहो, अपर-चुनौटी जरा-सी दीखे तो घुज्जाओ। जो जरा चूर्न बनाया जाए अउर खिलाया जाए।"

"हमने पान मसाला, सादी पत्ती और चूना मलकर खुद खाया और लायक भतीजा को खिलाया। इसके बाद जिज्ञासा की कि मुख्यमंत्रीजी संकट में आए क्योंकर?"

नेताजी ने कहा, "आप वह सुने हो कक्का कि कुत्ते ने भगवान से क्या कहा?"

"नहीं।"

"वह एइसा था एक कुत्ते पर किसी बाम्हन ने दे मारा डंडा। कुत्ते ने भगवान की अदालत में अर्जी लगाई। बाम्हन ने भगवान से कहा कि मैं सुबह नहा-धोकर आपके मन्दिर में जा रहा था कि यह कुत्ता मुझ पर झपटा। असुद्ध न हुइ जाऊँ यह सोचकर मैंने डंडा मारकर इसे भगाया। भगवान उस कुत्ता से कहिन कि डंडा मारकर बाम्हन अपराध किया है नो डाउट लेकिन इसको सजा हम क्या दूँ, कइसे दूँ? एक तो इसके पास भी पाइंट था तगड़ा तुम्हें मारने का, दूसरे यह बाम्हन हय। तब कुत्ता कहिन के प्रभो मैं आपको सुझाता हूँ एइसी सजा जो आप इस सेष्ट व्यक्त को देइ सकिते हैं—इसे आप किसी हिन्दीभासी राज का सी. यम. बनाय के भेज दो। मैं सी. यम. रहि चुका हूँ, भगवान आपकी दया से। भच्छा-भच्छ का विचार न करने के कारण स्वान-योन मिली हय मुझको अउर मैं आपसे सही बताता हूँ माई लाड कि हिन्दी भासी राज का मुखमंत्री होना जीते जी नरक देखना हय। अयनीबडी, जे हे ने से, अयनी टाइम प्रिफरिंग टू बी कुत्ता दयन सी. यम. हिन्दी अस्टेट।"

नेताजी हँसे। खुश होकर उन्होंने स्टीयरिंग पर तबला-सा बजाया। हॉर्न बार-बार बजाया।

हमने उन्हें टोका और पूछा, "लेकिन मुख्यमंत्री संकट में क्यों रहते हैं?"

"अरे संकट में कउन भकुवा नहिन रहिता। बात इतनी-सी हय कि हिन्दी भासी राज का मुखमंत्री संकट में रहिता हय अपनी राजधानी में अउर संकट मोचक उसका होता हय सयंटर में। अब एइसा हय कि तार, टयलीफून हो, टलक्स हो, ससुरा अस्टेट का अपना प्लेनहि हो मुखमंत्री की राजधानी से दिल्ली तो दूरहि रहती हय अउर दिल्ली से मुखमंत्री की राजधानी वईसी ही जइसे कानपुर से उन्नाव।"

"अच्छा।" हमने कहा, "मगर यह तो बताओ कि अगर तुम्हारे मुख्यमंत्रीजी प्रधानमंत्रीजी द्वारा प्रताड़ित किए जा रहे हैं तो वह बराबर उनके ही गुण क्यों गा रहे हैं? आज भी प्रेस से उन्होंने यही कहा कि मैं तो प्रधानमंत्रीजी का अनुचर हूँ।"

"आप यह बताइए हमारे सी. यम. को आप सोने का सिक्का समझते हैं कि चमड़े का।"

"मतलब?"

"पहिले सवाल का जवाब दीजिए।"

"भई, तुमसे जो सुनता हूँ उसमें तो सोने के सिक्केवाली कोई बात नहीं।"

"तो फिर सुना जाय—नाम-नरेस-प्रताप प्रबल जग, जुग-जुग चालत चाम को। तो मुखमंत्रीजी नाम भजि रहे हैं कि उसके प्रताप से एकाध जुग अउर भंजा ले चमड़े का सिक्का।"

आज हमरे इयार की सादी हय

"वह एइसा हय" नेताजी ने हमसे फोन पर कहा, "आज हमरे इयार की सादी हय जय-पूर में, आपको साथ चलने का हय। हम पहुँचते हैं आध घंटा में, रयडी रहा जाय।"

"तुम्हारी शादी होती तो बात दूसरी थी, तुम्हारे यार की शादी में हमारा क्या काम?"

"अरे तो हम में, हमारे यार में कउनो फरक थोड़ो हय। आप हिन्दी फिल्मों में यार-दोस्ती का जल्वा देखे हो कि नहीं? धरमिन्दर, अमिताभ इन सोलेवाला चक्कर हय ई, समझे कक्का। दोस्ती जे हे ने से, इम-तिहान लेती हय।"

"तुम दोस्त हो, जाओ। हमारा इस इम्तहान से क्या लेना-देना?"

"अरे हम परा-मिस किए हय अपने इयार के बाप से आधा दर्जन गाड़ी वीआयपी पहुँचवाय देंगे राजाधानि से। आप न चलिहें तो एक सीट खाली जाई ससुर अउर पट-रोल कितना महँगा हय सो आपको बताएँ की जरूरत नहीं। एक अदद धक्कासाही गाड़ी के मालिक आपो हो भगवान की दया से!"

"हम कब से वी.आई.पी. हो गए?"

"मुदर्रिस-मुहर्रिर फयमली में ससुर एकहि अदद तो अडीटर पइदा किया गया किसी जुगत से, वह भी वीआयपी न कहलाई!"

"परिवार के वी.आई.पी. तो तुम हो।"

"अरे तो आप इस वीआयपी के बाप समान हो, कक्का हो! सुन लिया जाय—अगर फयमली के लोग आपके लायक भतीजा को वीआयपी समिझते हैं तो ऊ भी इस जिम्मेदारी से कभी कतराया नहिंन हय। प्रवलजंड रस्पान-सब-लटी दुइनो ग्रहन किए है वीआयपी पद की आपका यह भतीजा। आपकी तरह नखरा-संकोच नहिंन करता। यहियै हय जिसे कहते हैं इंगलिस में जन-रेसन गयप। हम उस पीढ़ी के प्रतनध हैं जिसे लेने-देने, खाने-खिलाने में कउनो संकोच नहिंन होता, आप उसके

जिसे सदाचार-वनम्रता के नाटक सेहि फुरसत नहिन मिलती ससुर। जिसे देखिए वहिए साधु-समाज की अध्यच्छता का उम्मीदवार बना घूमि रहा हय। आप लोग भूलि गए हैं कि गुसाईं तुलसीदास कइसा डफनेसन करि गए हैं वीआयपी का।"

"तुलसीदासजी ने वी.आई.पी. की परिभाषा कहाँ की है?"

"अरे आपको टाइम-नूजवीक से फुरसत मिले तब न जानिएगा कि तुलसीदास की प्रतभा किन-किन प-टरियों पर दउड़ी हय। कहि गए हैं कि वीआयपी बी माउथ वन, ईट डिंक फाराल, डिस्क्रिस्नरी प्रोवाइड ईच नीडेड वियरविदाल।"

"यह कौन-सा दोहा है भतीजा, हम अंग्रेजी जरा कम समझते हैं।"

"लीजिए हम इसी अम्प्रसन में थे अब तक कि आप स्ट्रान इन इंगलिस रहे मदरसे में।"

"वीक।"

"तो सुना जाय ओ-रज-नल में—मुखिया मुखु सो चाहिए, खान-पान कहुँ एक, पालइ-पोषइ सकल अंग, तुलसी सहित विवेक।"

"भतीजा इसका मतलब यह कहाँ है कि राजा को भ्रष्ट होना चाहिए, इसका मतलब तो यह है कि राजा को प्रजा की पालना करनी चाहिए। वह प्रजा का है, प्रजा के लिए है ऐसा मानना चाहिए।"

"लो तो हम कुछ और कहि रहे हैं! पालन-पोसनहि का चक्कर हय। अंटर-पेटसन में अन्तर यहियै हय कि आप समझिते हैं कि भूखे बच्चे को पालने में डालकर झुलइहें, लोरी में अडटोर-यल सुनइहै, पालना हुइ जाइ ससुर! तो रयडी रहा जाय।"

"लेकिन सुनो, बड़ी मुश्किल से तो कल एक छुट्टी का दिन मिल रहा है, बच्चों को कहीं घुमाने के लिए।"

"यह किन्तु-परन्तु-बट-लेकिन रहे दो कक्का। बच्चों का एइसा हय कि जहाँ चालीस वहाँ पउने घप चालीस, ऊ भी चले चलिहें, काकी ओ चली, समझे। गड़िया रहिए किला-महल गुलाबी सहर का सब दिखाया जाइ बालकन के फुरसत से अउर लहरिया-बन्धेज सब सापिंग कराई जाई काकी के जरा पिरेम से। गड़िया सात हुई जाइ टोटल अउर सात के आँकड़ा सुभ रहि, सत्ते पर सत्ता! तो कक्का आपके हाई थिंकिंग नखरा के नजर न लगे, लेकिन भतीजा आय रहा हय अउर आप विद फयमली जय-पूर चलि रहे हैं।"

हमने नहीं कहकर फोन रख दिया। इतने में ही फिर फोन बजा। नेताजी ही थे लेकिन उनका कहना था कि हमें 'बात प्रधानमंत्री से नहीं, ग्रहमंत्री से करनी हय।'

काकी से उनका संवाद हुआ जिसके प्रताप से हम बच्चों को ढूँढ़ने में और श्रीमतीजी सूटकेस भरने में जुट गईं।

हमारी स्थिति यह है कि हम कोशिश यही करते हैं कि कहीं जाने को राजी न हों लेकिन अगर राजी हो जाएँ तो हमें तैयारी में देरी करना खलता है। श्रीमतीजी हमें इंडियन स्टैंडर्ड टाइम का रहस्य कई बार समझा चुकी हैं कि हर काम नियत समय से कम-से-कम आध घंटा देर में शुरू होगा लिहाजा समय से पहुँचनेवाले आधा घंटा मक्खी मारेंगे, लेकिन हम वक्त से तैयार होने के कायल हैं। इसीलिए प्रस्थान की हर बेला हमारे यहाँ झटपट के आग्रह में खटपट की बेला होती आई है। इस बार भी हुई। श्रीमतीजी बच्चों को तैयार कराने, घर के काम निपटाने और अनन्तर स्वयं तैयार होते हुए इस आग्रह पर दृढ़ रहीं कि लायक भतीजा ने आध घंटे में आने को कहा है तो आएगा सवा घंटे में।

ठीक सवा घंटे में नेताजी आए—डी.एल.जेड. गाड़ी में। बच्चे लम्बी-चौड़ी को देखकर प्रसन्न हुए। हमने नेताजी को देर से आने पर लताड़ा। उन्होंने टेलिफोन की ओर बढ़ते हुए कहा, "जरा यह बताया जाय कि सब का फल मीठा अउर जो मजा इन्तजार में उ विसालेयार में नहीं, एइसी कउनो कहावत किसी दूसरी भासा में हय? नहिन हय ना। बस क्यू.ई.डी.। हिन्दुस्तान में रहे का सो तो धीरजहि धारन करना होगा। वहियै कुंजी हय यहाँ स्वस्थ जीवन की। बाकी आप हाई ब्लड प्रयसर के सउकीन हों तो अमरीका में जा बसिए। रीगन ऊगन की सहुबत में रवन्नक रहिए ससुर।"

नेताजी ने धड़ाधड़ कई फोन किए। प्रगट हुआ कि वह अब भी जयपुर के लिए सवारियाँ जुटाने में व्यस्त हैं। उन्हें दिल्ली से ही लोग नहीं ले जाने हैं बल्कि इस बात का भी पता करना है कि अन्य नगरों से जो वी.आई.पी. जाने थे वे रवाना हो चुके हैं कि नहीं, या जयपुर पहुँच चुके हैं कि नहीं? लगभग एक दर्जन कॉल करने के बाद वह चैतन्यचूर्ण लेकर हमारी सेवा में प्रस्तुत हुए और कहने लगे, "आर्गनाइज का काम बहूतहि विकट हय कक्का, हम इसमें आपकी दया से अक्स्पट माने जाते हैं।"

"अच्छा है।" हमने कहा, "आर्गनाइजेशन के सेक्रेटरी बन जाओगे।"

"उसमें कक्का," नेताजी बुदबुदाए और पीक वॉश-वेसिन में थूकने गए। वाक्य पूरा करते हुए वह पुनः प्रकट हुए, "न रस हय ससुर न जस। हमारा अम्बीसन तो सन्ट्रल कय-बनट का हय। देखिए मिलेगा मुकद्दर।"

"तुम्हारा रस-सिद्धान्त हमारी समझ में तो आता नहीं। संगठन-सचिव का काम नीरस क्यों है भला?"

"रस सद्धान्त समझा जाय," नेताजी ने चैतन्यचूर्ण को मुँह में घुमाते हुए कहा, "राजनीत में रस वहीं हैं जहाँ निचोड़ने का पावर मिला हुआ हो। जइसा कि पंजाब में एक मनीस्टर ने पी.ए. से कहा देखो पन्द्रह मिनट बाद एक पा-रटी आएगी उसे पिरेम नाल बइठाना अउर पिरेम नाल हि निचोड़ लेना। समझे?"

"समझ गए।" हमने कहा, "तुम जल्दी अपना वह एक करोड़ रुपया जोड़नेवाला टार्जेट पूरा करो और दिल्ली से दफा हो जाओ।"

"अरे जब निचोड़ने का पावर मिलिहै तभी न टार्जेट फुलफिल हुइहै। आप जइसे बुजुर्गों के भरोसे थोड़ो होगा यह काम। यह तक नहीं कि लायक भतीजा अपना एक करोड़ रुपया इकट्ठा करने का टार्जेट बनाया हय तो चलो एक रुपया हमहि दे दें ओकर।"

"एक रुपया तुम जब चाहो तब ले लो!" हमने कहा।

"जब-उब कुछ नहीं, अभी! समझे कक्का, अउर बाकायदा आटूग्राफ-फोटूग्राफ किया हुआ नोट।"

हमने एक रुपये का नोट जेब से निकालकर नेताजी को दे दिया। उन्होंने फाउंटेनपेन हमें दिया और बोले, "एइसे नहीं, सुभकामना सन्देस अउर हस्ताच्छर सहित!"

हमने उनके अनुरोध की रक्षा की। नेताजी ने नोट को बारी-बारी दोनों आँखों से लगाया और फिर उसे बटुए में रख लिया। कहने लगे, "नहीं अब हमारा टार्जेट पूरा होने में कउनो सन्देह नहि न रहा। अरे जब आप जइसे सूम से एक रुपया झटक लिया बउनी में तो करोड़ जमा होने में देर का रही अब।" नेताजी ने हमारे धौल जमाया, ठहाका लगाया और बटुआ ब्रीफकेस में बन्द किया। ब्रीफकेस में से उन्होंने 'कम्पट चाकलेट' की थैली निकालकर बच्चों को दी और पान-मसाले और तम्बाकू के डिब्बे हमें। उन्होंने काकी को 'ठर्रा' यानी सुरती-चूना भी रख लेने को कहा।

नेताजी उवाच, "सादी-ब्याह में रत-जगे का जो चक्कर चलिता हय उसमें ठर्रा जरूरी हुई जाता हय अउर रईसों के यहाँ एइसी जनता मार्का चीजहि दुर्लभ होती हय। आप वह सुने हो कि नवाब साहेब के यहाँ मसहूर बाईजी गईं अउर लेट नाइट सो के बाद बोलीं, कुछ खाने का मन होता हय। नवाब कहिन अरे आप फरमाइस तो कीजिए यहाँ किस चीज की कमी हय! बाईजी बोलीं, दही-बूरे से पराठे खाऊँगी। बूराहि ससुर नहिन था बाउर्चीखाने में, छुट्टी हुई गई बाउर्ची की!"

श्रीमतीजी ने ठर्रा लाकर नेताजी को दिया और कहा, "ये गन्दी चीजें खाना तुम खुद बन्द करो, अपने कक्का से बन्द करवाओ। मैंने कहीं पढ़ा कि तम्बाकू सेवन करनेवालों में से बीस प्रतिशत कैंसर से मरते हैं।"

"अउर काकी, आप जानिती हो कि जउन अभागे तम्बाकू-सराब कउनो नसे का सेवन नहिन करते उनमें से कितने प्रत-सत मरि जाते हैं? नहीं ना! सुना जाय—सत प्रत-सत!" नेताजी ने कहा और इस बार आसपास कोई न होने के कारण धौल सोफे की पीठ पर जमाया।

नेताजी ने कुछ पत्रिकाएँ और एक उपन्यास उठा लिया कि रास्ते में पढ़ेंगे। नेताजी हमारे यहाँ से पुस्तकें-पत्रिकाएँ ले जाते रहते हैं और लौटाते नहीं। उनका कहना है कि सब सम्हालकर रख छोड़ी है अउर यहियै प्रतीच्छा हय कि कभी कक्का-काकी उन्हें लेने के लिए ही कुटिया पवत्र करें चरन-धूल से। काकी, भतीजा की इस आदत से परेशान हैं। इसलिए उन्होंने टोका, "तुम बाजार से खरीदकर क्यों नहीं पढ़ते? बाजार में मिलती हैं।"

नेताजी बोले, "लेओ, कक्का के रहिते भतीजा बाजारू साहित्त पढ़ी?"

इस बीच बच्चे गाड़ी में बैठ चुके थे। सामान भी रखवाया जा चुका था। अब हम बाहर निकले और श्रीमतीजी का 'अरेवाद' सक्रिय हुआ। इसके अन्तर्गत उन्हें ऐन प्रस्थान-वेला में एक के बाद एक कुछ जरूरी काम याद आते-जाते हैं, तीन-तीन विस्मयबोधक चिन्हों की माँग करती हुई, 'अरे' के साथ। जब श्रीमतीजी गाड़ी तक जाकर फिर घर में घुसने का करतब तीन बार दिखा चुकीं (पहली बार कुछ खाद्य सामग्री फ्रिज में सम्हालने के लिए, दूसरी बार बन्द की जा चुकी अलमारी पर अब तक लटकी चाबी निकाल लाने के लिए, तीसरी बार दही जमा आने के लिए) तब हमने अपनी भुनभुनाहट को झल्लाहट का रूप लेने दिया। गाड़ी मानो चलने के लिए इसी झल्लाहट की प्रतीक्षा कर रही थी।

श्रीमतीजी को शिकायत है कि हमारे इस तरह बिना बात झल्ला उठने के कारण ही वह हमेशा घर से रवाना होते समय कोई एक जरूरी काम भूल जाती हैं जो उन्हें शहर छोड़ चुकने पर याद आता है और तब उनकी 'अरे' विस्मयबोधक चिन्हों के अतिरिक्त और किसी (या किसी के!) काम की नहीं रहती। इस बार भी गुड़गाँव पहुँचने पर उन्हें याद आया कि बिनाई साथ में लाना भूल गई हैं।

"गोविन्द वैडस गीता" का इश्तहार सिर आँखों से लगाए हुए हमारी गाड़ी पाँच-सितारा होटल ताज में पहुँची जहाँ ऐसे ही इश्तहारोंवाली चार गाड़ियाँ और

खड़ी हुई थीं। हमने लायक भतीजाजी से पूछा कि यहाँ आने का क्या मतलब है। उन्होंने बताया, "मीटिन पाइंट यहींयै रखा हय। जरा रस्टूरंट में बइठकर जिसे कहते हैं फार दी रोड नाश्ता-पानी कर लिया जाय।"

श्रीमतीजी बोलीं, "इसकी क्या जरूरत थी। लंच सब लोग कर ही चुके होंगे। मिलने की कोई और जगह भी रखी जा सकती थी।"

"अउर जगह कउन, हनुमानजी का मन्दिर या घंटाघर के सामने। किरू लयवल से ऊपर उठा जाय काकी! वीआयपी पाँच तारा पर-सनाल्टी होता हय।"

लॉबी में कुछ परिचित-अपरिचित सूरतें नेताजी की प्रतीक्षा में बैठी थीं। हमारे एक वरिष्ठ पत्रकार मित्र, जो वक्त के बहुत पाबन्द हैं, घड़ी देखते-दिखाते और नेताजी को लानत भेजते हुए आक्रामक मुद्रा में आगे बढ़े।

नेताजी उनके पाँव छूने के लिए झुके। उन्होंने पाँव पीछे हटा लिया और कहा, "जले पर नमक छिड़कते हैं। सवा घंटा लेट पहुँचे हैं और नाटकबाजी कर रहे हैं। पहले यहाँ बैठाकर अपमान करते हैं फिर पाँव छूकर सम्मान देने का नाटक!"

"अरे आप फाइव-अस्टार की लाबी में बइठना अपमानजनक समझिते हैं इसी से तो आपको हम गिरेट कहिते हैं। चरण रज लेने दिया जाय।" नेताजी झुके और उन्होंने पत्रकारजी के पाँव छुए, "चलते-चलते जूता चमिके। आप घड़ी देखने दिखानेहि में नहीं, चरन-रज का अस्कोपे न छोड़ने के मामले में भी पूरे इंग्रेज हैं महेन्द्रजी। जब से चमरउधा आउट हुआ हय पाल्टकल सीन से तब से हम छुटभय्यों को बहुतहि कस्ट हय।"

"बारह बजने को है। कब हम चलेंगे, कब शादी के लिए जयपुर पहुँचेंगे।" महेन्द्रजी ने कहा।

"अरे तो आप हम पर काहे बरिस रहे हैं! हम तो पत्रकारे बिरादरी की सेवा में थे।" नेताजी ने हमारी ओर इशारा किया, "अब कोई सब आपकी तरह चउंचक पत्रकार थोड़ो। यो कक्का का भी कसूर नहिन हय उतना। बात यह हय कि वर के बाप से इनकी बड़ी पुरानी फ्रयंडसिप हय। सपरिवार बुलवाया गया हय। आप जानो बाल-बच्चों को रयडी करे में टाइम लगिताहि हय।"

इस झूठ से हम चौंके और महेन्द्रजी थोड़ा ठंडा पड़े। उन्होंने हमारा नमस्कार स्वीकार किया और फिर विह्वल चहलकदमी करने लगे।

थोड़ी देर में वह फिर घड़ी देखकर गरजे, "अब किस बात का इन्तजार है। चलते क्यों नहीं।"

"आपहि की चेली का इन्तजार है—सकुन्तलाजी का। पहुँचती होंगी। तब तक बैठा जाय मचान रस्टूरंट में। कुछ ठंडा-वंडा।"

"ठंडा-वंडा कुछ नहीं!" महेन्द्रजी चीखे, "और वह सकुन्तला वह मेरी कोई चेली-वेली नहीं है।"

"आप सेर हैं!" नेताजी ने कहा, "अउर सकुन्तला सवा सेर, आपहि की चेली हो सकिती हय वह, हमारी किसी की नहीं। मचान में बइठा जाय सवा सेरनी के इन्तजार में।"

"वाहियात! बकवास! मचान में बैठिए!" महेन्द्रजी भुनभुनाए।

नेताजी ने कहा, "मचान में आपको सिकायत हो तो कम्प-लेंट—बुक होटल के मनीजर के पास मिली!" फिर गुड्डीजी की ओर घूमकर उन्होंने कहा, "अरे मयडम आप खड़ी देख का रही हैं? सम्मानत अतथियों को नास्ता-पानी करवाइए जाकर! महेन्द्रजी को ठंडा अयप्पलजूस समझीं!"

गुड्डीजी ने, जो दूरदर्शनवाली सलमा सुल्तान का पेपरबैक एडिशन है, अपने मुस्कान भरे इसरार से और इसरार भरी मुस्कान से हम लोगों को लॉबी से मचान रेस्तराँ की ओर खदेड़ा। इस खेदा से महेन्द्रजी बिदके और फिर घड़ी दिखाते हुए बोले, "हम पन्द्रह मिनट से ज्यादा इन्तजार नहीं करेंगे। यहाँ से अभी सियावर बाबू के यहाँ भी जाना होगा। वहाँ टाइम लगेगा। बारात का टाइम छह बजे का है। कब पहुँचेंगे जयपुर?"

नेताजी ने हाथ जोड़ अरज की, "सेवक आपको राइट टाइम पहुँचाएगा जयपुर। सियावर बाबू के यहाँ घुरहू को हम भेजहि चुके हैं हाँका लगाने। अउर थोड़ी देर हो भी जाई तो कउनो चिन्ता का कारन नहीं, दूल्हा, दुलहिन एंड बइंड तीनों आल-रयडी जयपुर में हैं हम कन्फर्म कर चुके हैं फून पर।"

महेन्द्रजी थोड़ा-सा मुस्कुराए। बोले, "तुम्हारी जबान बहुत चलती है जी।"

"गाँव-दिहात में कहिते हैं कि जिसकी जीभ चलती हय, उसके नऊ बीघा खेत में हल चलिता हय।" नेताजी महेन्द्रजी की मुस्कान से प्रेरित होकर हुचहुचाए, "अरे जबान का चलिनाहि तो अस्टेटस का सिम्वल हय ससुर। वीआयपी हइयै ओही जिसे काया के एकहि अंग को कस्ट देना पड़ता हय—जीभ को। बाकी सब घसखुद्दा किलास।"

अब नेताजी महेन्द्रजी को रेस्तराँ में सादर लिवा ले गए। उन्होंने महेन्द्रजी के लिए आइसक्रीम और जूस मँगवाया। कुँवारे महेन्द्रजी इन स्वास्थ्यवर्द्धक पदार्थों

के ही प्रेम में बदनाम हुए हैं। इसके बाद नेताजी ने रेस्तराँ की मयडम से इजाजत लेकर एक ठो फून किया और लौटकर सूचना दी कि सकुन्तला चल पड़ी हैं, पहुँचती होंगी।

आइसक्रीम से कुछ और ठंडे पड़ चुके महेन्द्रजी ने कहा, "मुझे समझ में नहीं आता कि हमारे यहाँ लोग पंक्चुअल क्यों नहीं हो पाते। विदेशों में मैंने देखा हर काम ऑन द डॉट, तीन बजे माने तीन बजे, पाँच बजे माने पाँच बजे।"

"तीन माने पाँचवाला तीन-पाँच इस धइर-धन्न भूमहि में देखा जा सकता हय। वहिन देखने आता हय हिप्पी-टाइप टूरिस्ट। उसको ताजमहल की तलास हय न होटल ताज की, उसे तो यहाँ ऊ घड़ी ढूँढ़नी हय जिसमें पाँच बजे भी तीन बजे रहिते हैं। महेन्द्रजी, दद्दा हमारे, वक्त की पाबन्दी के मामले में पूरे इंग्रेज हैं, मुदा जइसा हम कक्का को बताय चुके हैं इंग्रेजहि जाते-जाते हमें सीख दे गया हय कि टेकिट इजली। नयहरूजी नर्वसाय रहि थे, पटेल परीसान थे मार कि का होई, कइसन होई, तभी माउंट-बटन आए। सारी बात सुनी। सुनकर ए.डी.सी. से कहिन भई चाय-वाय का चक्कर चलाओ थोड़ा नास्ता तिपानी। नयहरूजी कहिन—चाय-वाय कुच्छ नहीं, पहिले प्राबलम पर ध्यान दिया जाय। तब माउंटबटन एक ठो गुलाब की कली मन्तर फूँककर नयहरूजी को दीन। मन्तर था—टेकिट ईजली।"

"किस चंडूखाने से सुनकर आए हैं आप!" महेन्द्रजी ने कहा।

"अरे लेओ इंगरेजी के एक किताब में छपा हय जिसे दू ठो हाई क्लास फयंसी कट जर्नालिस्ट लिखे हैं। किताब का नाम हय—फ्रीडम आफ मिडनाइट।"

"फ्रीडम एट मिडनाइट।" महेन्द्रजी ने कहा, "आफ मिडनाइट नहीं!"

"फ्रीडम तो आफे होती हय।" नेताजी ने संशोधन अस्वीकार किया।

इतने में एक देवीजी आ पहुँचीं जिन्हें देखकर यह लगता था कि कोई कस्बा अपने पर महानगर लीप-पोतकर चला आ रहा है। देवीजी से नेताजी ने कहा, "अरे मयडम आपकी राह देखते-देखते आँखें थक गईं।"

"कोन उल्लू ने देखी मेरी राह?" देवीजी ने चुनौती भरे स्वर में पूछा, "अभी आपको फोन मिलो अर में आगी। मेरे को आपने कोन आलतू-फालतू समझा है जो इधर पैले आ के आपकी राह देखती? कल धोपैर जिब आपसे मिली थी तब तो मने कर दी थी आने की। मेरी तो आज की बड़कल में बुकिंग थी। कल मेरे को इन्दोर जाना था। मैं टिकट भी निकलवा ली थी हवाई जहाज का। पीछे आज

आपने मंत्रीजी से बात की तो उन्होंने कई मुझसे अपने को जेपर जाना चाहिए के। इस करके मे राजी होगी। वरना सकुन्तला कोन आलतू-फालतू के कहने पर कोन आलतू-फालतू सादी में जीमने जाती नहीं।"

नेताजी शकुन्तला देवी की इस प्रताड़ना से सकपकाए। बोले, "आपके लिए क्या मँगवाया जाय।"

"मेरे को जो मँगाना होगा आप ही मँगवा लूँगी साब। में कोई पैली बार नहीं आई हूँ ताज में।" शकुन्तलाजी ने कहा और फिर अपने लिए विस्तृत आर्डर दिया। इसके बाद शकुन्तलाजी ने रेस्तराँ के फोन से कुछ जोरदार फोन अपनी लाउडस्पीकर आवाज में किए। सारा रेस्तराँ उन्हें देखता-सुनता रहा लेकिन वह निस्संकोच फोन पर राजनीतिक-व्यावसायिक सौदा-सुल्फ करती रहीं।

शकुन्तलाजी ने प्राप्त भोग्य सामग्री का सस्वर भक्षण किया। जीभ-ओंठ-जबड़े की अपनी ताल-वाद्य-कचहरी के मध्य उन्होंने एक प्रश्न अलापा, "गुड्डी बाई आप भी जेपर जारी हो साब? ओर कोन भी जारी हें के अपने दोनोई है?"

गुड्डीजी ने कहा, "यह तो हमारे नेताजी ही बेहतर बता सकेंगे। सुनते हैं पिंकी और पप्पी से भी इन्होंने चलने का इसरार किया है।"

"चुड़ेले हैं दोनों! उनकी ही राह देखरा है क्या आपका ये नेताजी?"

"मयडम फार इन्फर्म-एसन आनली पिंकी अउर पप्पी मंत्रीजी के यहाँ पहुँच चुकी हैं। कलावतीजी भी वहीं हैं अउर बहिन सुभदा मार्निंग फ्लाइट से गुरुजी के साथ चली गईं।"

"कलावती बाई ओर सुभदा का तो ठीक है, सीनियर लुगाइयो हैं वे तो पोलटिक्स की, पन ए पिंकी-पप्पी ऐरी-गेरी छोरियों कोन-से पूछकर बुलाईं?"

नेताजी इस धृष्टता से तिलमिलाए होंगे जरूर, मगर जवाब उन्होंने मुस्कराते हुए दिया, "आपहि के ताऊजी से पूछकर। फार इन्फर्म एसन आनली पिंकी-पप्पी इन्वाइट बाई आडर सियावर बाबू।"

सुनकर शकुन्तलाजी खामोश हो गईं। फिर उन्होंने नेपकिन से मुँह-हाथ पोंछा और कहा, "कोन भी घासलेट मेरा ताऊ नई हे, याद राखना हो।"

"अरे हम जानिते हैं कि सकुन्तलाजी का जो ताऊ होगा पट-रोल होगा, घासिलेट नहीं।" नेताजी ने कहा और ठहाका बलन्द किया।

इसके साथ मचान-सभा भंग हुई।

सियाबर बाबू की कोठी में खासी भीड़ थी। कुछ लोग लान में मोढ़े डालकर बैठे हुए थे। कुछ घास पर लेटे हुए थे। कुछ पोर्टिको में बतिया रहे थे। नेताजी ने टिप्पणी की, "डस्पंसरी में अभी तक लाइन लगी हय अरोजों-गरीजों की।"

"अरीज-गरीज यह क्या होता है?" प्राध्यापिका काकी ने पूछा।

"भासा सास्त्र का सिद्धान्त अप्लाइ किया जाय काकी, यवें पीएचडी ले ली हो का! जइसे, जिसे मरज हो उसे मरीज कहिते हैं वइसेहि जिसे अरज करनी हो उसे अरीज अउर जिसे गरज पड़ी हो उसे गरीज कहते हैं।" लायक भतीजा ने समझाया।

फ्लैट में पले हमारे बच्चे मंत्रीजी की कोठी के चारों ओर की खुली जगह, बाग-बगीचे को देखकर उत्साह से दौड़ने-खेलने लगे। श्रीमतीजी ने निश्वास छोड़कर कहा, "दिल्ली में रहने के लिए ऐसी जगह मिलना कितना बड़ा सुख है!"

नेताजी उवाच, "अरे एइसी कोठी में रहिनेहि के लिए तो डमोक्रेसी अउर पाल्टक्स का सारा खेलं चलि रहा हय। आपके लायक भतीजा समेत हर नागरक को संविधान यह अधिकार देता हय कि एइसी कोठी में रहिने की ट्राइ मारे। लियाकत हुइहै रहियै, नहिंन हुइहै तो किरूं क्वाटर, झोंपड़-पट्टी या फुटपाथ जिन्दाबाद!"

"कोठियाँ बहुत कम हैं, फुटपाथ बहुत ज्यादा।" हमने कहा।

"डायलाग!" नेताजी ने हमारे धौल जमाया, "बाकी ई भी समझ लिया जाय कि कोठियाँ कम होने सेहि डमोक्रेसी के खेल में मजा लगिता हय। जइसा ऊ बाजा बजाकर कुर्सी के चारों ओर दउड़ाने का खेल में कुर्सी कम होने से मजा लगता हय। भारत माम कोठी हुइ जाई तो आपका लायक भतीजा बगइर राख मली कन्दरावास करिने लगी ससुर।"

श्रीमतीजी को कभी-कभी समाजवाद के दौरे पड़ जाते हैं। इस समय भी पड़ा बोलीं, "यह बहुत गलत है। जनता खुले में रहने को मजबूर है। अभी मैं पढ़ रही थी जाने कितने बिचारे ओले गिरने से मर गए। जनता के नेता ऐसे गरीब देश में ऐसी ठाठ की कोठियों में रहें। कभी सोचा है सियाबर बाबू ने तुम्हारे कि इतनी सारी जगह में कितने बेघर लोगों को सिर छिपाने की जगह मिल सकती है!"

नेताजी बोले, "बच्चा लोग ताली जरा जोर से!" फिर उन्होंने स्वयं धीमे से विलम्बित लय में तालियाँ बजाईं, "मूँड़ मूढाय करहि नेता, नेता बनता हय। इसी से कोठी में रहिता हय कि ओले न पड़ें।"

"इसमें हँसी की कोई बात नहीं है!" श्रीमतीजी ने तुनककर कहा।

"अरे तो हम भी फुल सीरयसली में बजाए हैं ताली। नहीं आपसे सही बताते हैं काकी, एट्टी फाइव में अपने कम्पेन में आपको लिवा ले चलेंगे। एइसा भीसन भासन काकी करिहैं तो भरचांचर मतदाता चउंचक हो उठी ससुर, चरनजाम्बूक बनिके पूछिहै—आपके लायक भतीजा के चुनाव निसान अउर ठप्पा मारि के सही बिध बतावा जाय हम का, फिर देखित हय कउन माई का लाल आप काकी-भतीजा का दिल्ली की कोठी मा घुसी से रोकि सकत ह। हम करमहीन बा मुदा एक गो ई पुन्न करम करिके अपर चुनउटी कंसटीटूसन हमको दिया हय सो उटलाइज किया दिया जाय सरकार।"

"तुम्हें तो हमेशा मसखरी सूझी रहती है!" श्रीमतीजी ने आपत्ति की।

"फुल सीरयसली में कहे हैं हम तो। बाकी आपको मसखरी पसन्द हो काकी, तो यह पूछें कि आपके घर के आगे जऊन धोबन पिरेस करती हय दूर मदनगीर से आइके, सर्दी-गर्मी-बरसात ऊहाँ खुले में खड़ि होइके, उसको आप अपना दुई बयडरूम फिलाट में कि एक बयडरूम काहे नहीं दे देतीं समाजवादी धरम-खाते में?" नेताजी हिनहिनाए। श्रीमतीजी सकपकाईं।

कुछ सोचकर श्रीमतीजी ने कहा, "नहीं, करने को मैं वह भी कर सकती हूँ। सब मिलकर इस तरह का कोई निर्णय करें तो मुझे मानने में कोई हिचक नहीं होगी। लेकिन सवाल तो यह है कि सरकार क्या कर रही है देश की गरीब जनता के लिए? वह क्यों नहीं सोचती उस धोबन के बारे में?"

"जउन बात आप कही हैं अब, वहीन सियाबर बाबू अउर दूसरा तमाम लीडर देस का कहि चुका हय, कहि रहा हय—सरकार का कर रही हय? सरकार का जवाब ई हय कि पिछले पइंतीस बरस से हम ऊ धोबनहि की समस्या निपटाय रही हूँ, मुदा समस्या हय बिकट। सिम्पल बात यह हय काकी कि इस देस में अयवरी प्राब्लम इज ग्रेटंड कम्प्लिकेट तभी न माउंट-बटन कहि गए टेकिट इजली—बुद्धिमान व्यक्त था माउंट-बटन आक्स्फोड़-क्यमरिज सारा पढ़ा हुआ था उसका। बाकी इतना जरूर हय कि काकी को इस कोठी में अउर धोबन को काकी के फिलाट में घुसे का कोसीस करे का चाही—इसकी नाम हय डमोक्रसी, यहियै हय माडन फलसफा।"

श्रीमती बहस आगे बढ़ाना चाहती थीं कि तभी दो आधुनिकाएँ—एक अधेड़, एक युवती—'हाई' कहती हुईं हमारे नेताजी की ओर बढ़ीं।

नेताजी ने कहा, "हाय! हाय! हाउ आर यू मयडम्स!"

"फाइन, थैंक्यू।" अधेड़ बोली।

"एंड हाउ डू यू डू?" युवती चहकी।

"अपना तो वहीयै हय," नेताजी ने कहा, "अयवरी डे, आई डू दे सेम वे—न सावन सूखे, न भादों हरे। आलवेज हिप-हिप हुरे!"

नेताजी ने ठहाका बलन्द किया और दोनों देवियों के पृष्ठभाग पर धौल जमाया। युवती ने कहा, "डांट बी फ्रेश।"

नेताजी बोले, "सबेरे कायदे से अस्नान नहिंन करि पाए जल्दी में। बाकी अपनी फ्रयसनस में कउनो कमी नहीं।"

युवती बोली, "वही हम कह रहे हैं आप बहुत फ्रेश हैं।"

नेताजी ने कहा, "अच्छा मजाक हय ससुर, अरे हम फ्रयस हैं तो आपको सिकायत क्यों है?"

अधेड़ बोली, "आप अंग्रेजी नहीं जानते? डांट बी फ्रेश का मतलब है लाइन मत मारो, चालू मत होओ, हिमाकत मत करो।"

"इतना सारा मतलब दद्दारे दद्दा! अउर उस दिन आप हमसे पास-फेल-जइसा कुछ कही थीं, उसका का मतलब रहा?"

"हमने कहा था—आर यू मेकिंग ए पास—क्या आप हम पर चालू हो रहे हैं?"

नेताजी ने दोनों हाथ जोड़े और कहा, "हम समझि गए, देर से पर दुरुस्त, नोट किया जाय मयडम्स आपके बारे में हम अस्टेलहि रहिहैं, फेलहि रहिहैं!" फिर नेताजी ने दोनों देवियों का परिचय अपने रस्पेक्टफुल अंकलजी अडीटर साहेब अउर रस्पेक्टफुल आंटीजी लक्चरार साहिबा से करवाया। अधेड़ थी पिंकी और युवती थी पप्पी। नाम के अतिरिक्त कोई जानकारी देना भतीजाजी ने जरूरी नहीं समझा।

इतने में शकुन्तलाजी, जो कोठी के भीतर चली गई थीं, बाहर हम लोगों की ओर आती दिखाई दीं। पिंकीजी ने अंग्रेजी में कहा कि 'मैं इस औरत की सूरत देखना बरदाश्त नहीं कर पाती' और 'पप्पी डार्लिंग' को लेकर लान की ओर चली गई।

शकुन्तलाजी ने हमारे पास पहुँचकर विजयोल्लास से कहा, "भग गी ने चुड़ेलो दोनों मैंने देखताइ। मैं इनकी सारी इंगलिस गिटपिट की ऐसी-तेसी कर देती।"

"ऊ आप जरूर कर दें कबहुँ फुरसत से! अभी ई बताया जाय मंत्रीजी की का खबर हय ताजा?"

"मंत्रीजी तो आरे थे मेरे साथी में, पन वह महेन्द्रजी घासिलेट चिपक गिया बिन से। कुछ न्यूज की बातां करनी हे के।"

"अभी तक देर-देर चिल्ला रहे थे अब खुदहि देर कराय रहे हैं। खबर ससुरी यहाँ मिलनी हय! इस दउर में हयडलाइन दोहि बची हय—पहिली : कल की खबर किसी को नहीं; दूसरी : परम पिता नीली छतरी ताने खड़ा हय अउर छतरी तले सब धन्धे बदस्तूर चलि रहे हैं। दैट आल फार टुनाइट, गुड नाइट। मयडम आप जाइए मंत्रीजी अउर महेन्द्रजी को बाहिर लाइए, आपहि का हुकम टाल नहीं सकते वे!"

"कोन माई का लाल हे जो सकुन्तला बाई कुछ कहे ओर नट जाय करने से?" शकुन्तला बाई ने सगर्व कहा, "में लाई अबार काढ़ के, आप देखना हो!"

हमने लायक भतीजा से जिज्ञासा की कि ये भाँत-भाँत और जात-जात की देवियाँ कौन हैं जो हम लोगों के साथ जयपुर जा रही हैं।

नेताजी उवाच, "रम्भा मेनकांड कम्पनी हय समझे कक्का। अप्सराएँ हैं, आपकी दया से अस्थानिक इन्दर-सभा की।"

"ये तुम्हारी शकुन्तला देवी अप्सरा हैं!" काकी ने मुँह बनाया।

"अप्सरा हर मेल की रखी जाती हय इन्दर-सभा में अउर सकुन्तला, जे हे ने से, मेलहि अप्सरा हय—इंगरेजीवाला मेल!" नेताजी हुचहुचाए।

"ये क्या सचमुच डांस-वांस करती हैं। बुकिंग की बात कर रही थीं।" काकी ने जिज्ञासा की।

भतीजा ने सूचना दी, "ई लोग डांस करती नहीं, डांस करवा सकती हैं वीआयपीज को। इसीलिए सऊदा कराने अउर कमीसन पाने के धन्धे में इनकी भूमका महत्त्वपूर्ण हय।"

तभी सहसा कोठी के बाहर हलचल हुई। कुर्सियों में ऊँघते लोग उठ बैठे और लान में लेटे हुए व्यक्ति खड़े होकर धोती-पायजामों से घास झाड़ने लगे। सियाबर बाबू महेन्द्रजी और शकुन्तलाजी के साथ बाहर आ रहे थे। इसके बाद सियाबर बाबू के हम तक पहुँचने तक जो कुछ हुआ उसे एक नृत्य-नाटिका की संज्ञा दी जा सकती थी। 'अरीज-गरीज' लोग मुँह पर गदोली का शंख लगाए 'हो जी हो' स्टाइल में पुकारते हुए सियाबर बाबू की ओर बढ़ रहे थे और सियाबर बाबू अपने कान पर वैसी ही मुड़ी गदोली लगाए कभी इसकी ओर कभी उसकी ओर झुक रहे थे। अरज-गरज सुनकर वह अपनी मुड़ी गदोली कान से हटाकर मुँह पर लाते और अरीज-गरीज अपनी मुड़ी गदोली मुँह से हटाकर कान पर ले आता और सियाबर बाबू का आश्वासनामृत पाकर खुशी-खुशी थिरकता मंच से चला जाता।

नेताजी बोले, "यह मंडे-मंडेवाला दाँव हय कक्का। मंडे-मंडे जानित हो? वह एइसा हय जो भी एइरा-गइरा फरियादी आए उससे कहो मंडे-मंडे यानी सोमवार को आओ करा देंगे काम। समझदार होगा दुबारा नहीं आएगा। नासमझ हुआ अउर आ पहुँचा तो फिर ध्यान से सुनो अउर वही कहो—मंडे-मंडे इस बार सिर को झटका देइ के। किरू लयवल के लिए यही दाँव रकमंडेड हय। थोड़े ऊँचे अस्तर पर—'जड़ा हमड़े पी.ए. के रिमाइंड कराते रहा जाय' का दाँव काम आता हय। समझे कि नहीं? हम तो पी.ए. से कहि चुके हैं, ई पी, ये लोग भी, अब का बताई कुछ तो ओवर लोड है बड़क से बिचाड़ा, कुछ गफलतो कड़ि जाता हय,—हम खुदे बहुत परीसान बा इन लोग का काड़न। हमड़ा आप जनतेहि हैं कितना अधिक रस-पस्बिलटी प्रयजंट सयट-अप में! आपसे झूठ क्यों कौहेंगे, हम भुला जाते है। तो पी.ये. के फोन से रिमाइंड कराते रहा जाय दू-चाड़ दिन में एक बाड़। काम हो जाई। अब आप कीजिए पी.ये. को फोन। पी.ये. का पी.ये. पूछेगा, आप कउन? आप कहिएगा मैं नेताजी का कक्का। ऊ कही, पी.ये. टूर पर हैं या साहब के पास हैं, या हाउस में हैं, या कोठी पर हैं, या रास्ते में हैं, बहरहाल ऊहाँ नहिंन हैं जहाँ आप फोन किए हैं! अउर न कभी हुइहैं ससुर!"

नेताजी की पहलवान छाप हथेली हमारे कन्धे की ओर झपटी हम उछलकर इस वार से बचे। हमने जानना चाहा कि इससे भी ऊपर के स्तर पर टालने के क्या दाँव होता है? लेकिन लायक भतीजा टालू-पुराण का अगला अध्याय बाँचते कि सियाबर बाबू हमारे नजदीक ही आ पहुँचे। वे लाइन में अब भी लगे 'अरीजो-गरीजो' से माफी माँग रहे थे कि अब उन्हें जहाँगीरी घंटा अस्थायी तौर पर यहाँ से हटाकर जयपुर ले जाना होगा।

लायक भतीजा ने सियाबर बाबू का काकी से परिचय कराया। सियाबर बाबू ने विलम्ब के लिए क्षमा याचना की और कहा, "प्रैजेंट सेट-अप में पी. यम. का हम पड़ै बिसेस अनुग्रह और टस्ट होने से हमड़ा जिम्मेदाड़ी केतना बर गया है सो आप जनालिस्ट लोग जनतेहि हैं।" ऐसा कह चुकने पर भी उन्होंने विस्तार से हमें समझाया कि 'इधर पी. यम. का कउन-कउन अस्पेसल टास्क फोस हम हैड किए, कहाँ-कहाँ टबुल सूट किए बदे गए ड़हे।' इसके बाद उन्होंने समझाया कि 'हमड़ा नेचुड़वा ऐसा है कि जौन भी काम एनट्रस्ट किया जाता है हमें उसको, जे हे ने से, अपना टोटल अटेंसन एंड तुमड़ा फुल डिवोसन देते हैं।' इस मद में सियाबर बाबू ने अपने मंत्रालय द्वारा पिछले डेढ़ महीने में उनके 'हमड़ा अपना पड़-सनल एनसेटिव'

पर किए गए महत्त्वपूर्ण कार्यों का सरकारी विज्ञप्ति मार्का उबाऊ ब्यौरा दिया। उन्होंने बताया, "यही काड़न हमड़ा अस्थिति एइसा है कि दीन में छबीस घंटा होने से भी टाइम हमड़े ऊपड़ का काम देखते कौमे परे।"

हमें इसी से पर्याप्त प्रभावित हो जाना चाहिए था। हम अपनी सामर्थ्य-भर यह जताने की कोशिश कर भी रहे थे कि प्रभावित हो रहे हैं। किन्तु कहीं कोई कसर रह गई होगी तो अब सियाबर बाबू ने, जिनका जिक्र जब-तब प्रदेश के असन्तुष्टों के नेता के रूप में होता रहा है, हमें बताया, "आयम, जे हे ने से, सो बिजी कि हमड़ा पास में पैट्‌टी इंटीग और पालिटिकिंग का टाइमे नहीं। लोग कहता हय सियाबड़ बाबू ऐसा विड़क्त डहेगा अस्टेट पालिटिक्स से तो तुमड़ा फालोइंग नहिन ड़हेगा। अपना लाँग-टम इंटेस्ट गाड कड़े का चाही। मगर फेक्सन और फालोइंग ऊ सबके बदे हमड़ा कोई इच्छा नहीं समझे? एज फाड़ एज इंटेस्ट गाड करे का बात का कन्सन, हमड़ा तो फुल फेद मयडम में और जे हे ने से, आल-माइटी में। सोल्जड़ थे समझे, सोल्जड़ हैं और सोल्जड़ रहे यही प्रेयड़ है भगवान से हमड़ा। समझे ना, हमड़ा ऊ नहीं कि कमांडड़, कमांडड़ इन-चीफ ऊ सब बनने का सपना देख ड़हा है दीन-रात। ऊ कौन लोग देखता है, अटमास-फीयर जे हे ने से विसिएट कड़ता है, आप जनालिस्ट लोग जनतेहि है, हमड़े बताने का जरूरत नहीं बा।"

तभी दो बातें हुईं। पहली यह कि सियाबर बाबू को 'खो-खोक्क' का दौरा पड़ गया। जो हादसा अवाम के साथ सुबह दातुन या ब्रश करते हुए होता है वह सियाबर बाबू के साथ कभी भी हो उठता है। यद्यपि वे धूम्रपान नहीं करते तथापि उन्हें प्रतीति होती है कि नाक-गला-साइनस सब बलगम से भरा पड़ा है। 'ख' और 'क' इन दो व्यंजनों और बारहों स्वरों के समस्त संयोग आजमाकर वह जरा-सा बलगम निकाल ही लेते हैं और थोड़ा दूर जाकर थूक आते हैं। इस समय जब वह बलगम थूकने लान की ओर गए तो दो युवा नेतानुमा प्राणियों ने, जो अभी-अभी एक कार से पहुँचे थे, उन्हें घेर लिया। कनफुसिया कॉन्फ्रेंस शुरू हो गई। इसकी समाप्ति पर उन्होंने एक युवा नेता से कहा, "अबहीं तू गरिया लेइके तरातरी चार नं. के कोठी पड़ जा। बात विचाड़ कड़। तनी दौड़-धूप कड़ दस-बीस आदमी को साउंड कड़े का जड़ूड़त बा। बात बने तब अस्टेशन चल जा औड़ सोनभद्र लइकें पटना जा। खदेरन बाबू से डिस्कस कइके जयपुर सेबुन दू थिड़ी सेबुन पड़ कल हमड़ा के बताव के कहाँ तक काम होके गुंजाइस बा। जेतना जल्दी करब ओतना अच्छा होई। अभी त गाँछे कटहड़ ओठे तेलवाली बात बा।"

इस युवा नेता के रवाना हो जाने पर सियाबर बाबू ने दूसरे युवा नेता से कहा, "तू खड़ा मत हो जी! सुच्चू बाबू से फोन लगा पटना। पूछ कहाँ तक बात बने का उम्मीद बा? जड़ूड़ी हुई त हम पर्सनली सी. यम. से बात करब अभी तुरन्त।"

सियाबर बाबू अब हमारी तरफ लौटे और हम लोग नेताजी के आदेश पर गाड़ी की ओर बढ़े। श्रीमतीजी ने बच्चों को पुकारा। उन्होंने सियाबर बाबू को सूचित किया कि आपकी बड़ी-सी कोठी और साथ लगा बाग-बगीचा देखकर बच्चे बहुत खुश हुए हैं। सियाबर बाबू ने बताया, कोठी छोटी है, हम इससे बड़ी कोठी में मूव कर जाएँगे दू-चार दीन में। 'बालगोपाल को साथ लेकर आया जाय किसी छुट्टी का दीन।' श्रीमतीजी ने कहा कि 'नहीं, कोठी तो यह भी बहुत बड़ी है। दिल्ली में कहाँ मिलती है लोगों को इतनी खुली जगह।'

सियाबर बाबू रुक गए, बोले, "बौहनजी! जे आप मेड़ी बात पूछती हैं तो ईस कोठी के सर्वेंट क्वाटर का एक गो कोठड़िया मेड़ा बदे मीन्स मोड़ दैन ईनफ। जनती हैं ए लाड्ज पाट आफ माइ लाइफ का ऐसा कोठरिया में बिताया हूँ। मेड़ा तो अभी तक यही है कि जमीने पड़ सो जाऊँगा डिस्पाइट, जे हे ने से, डनलपिलो गद्दीवाला डबल बैड होने के। मेरा फिलासफी यहीयै है कि आल्वेज बी प्रीपेयर्ड फार, जे हे ने से, रिवर्सन। कल को फिड़ से नून भाते मिलेगा तो हमको साक नहिंन लगेगा बीकाज आज भी आय मच प्रीफर टू ईट नून-भात डिस्पाइट, जे हे ने से, मूर्ग-मुस्सलम। लेकिन क्या है बौहनजी अपना अस्टेट्स का वजह से, दूसरा सब लोग के लिए करना होता है। यहाँ भी आप देखेंगी हमड़ा आधा से ज्यादा रूम में गैस्ट लोग हैं।"

सियाबर बाबू अब अपनी गाड़ी की ओर बढ़े लेकिन भीतर से युवा नेता आ पहुँचे और उनमें सियाबर बाबू में फुसर-फुसर फिर शुरू हो गई। इस मंत्रणा के बाद सियाबर बाबू स्वयं फोन करने भीतर गए। लौटकर उन्होंने कहा, "मेरा यही मूस्कील है लोग छोड़ता नहीं। लेकिन डिस्पाइट जे हे ने से बिजी शेड्यूल हम किसी को नेगलेक्ट नहिन कर सकते। आयम ए ह्यूमेन बीइंग फस्ट पालटिसियन लेटड़। मेरा ऊ दूसड़ा लोग की तड़ह नहीं जो पालटिसियन होकड़ भुला जाते हैं कि भई तुम भी आदमी हो, दूसरा जो आया है प्राबलम लेकड़ ऊ भी आदमिये है।"

"अरे तभी न आज पटना से लेकर दिल्ली तक वाया मुगलसराय अपने सियाबर बाबू का जयजयकार हुई रहा हय!" नेताजी ने कहा, "अब गड़िया में बइठा जाय सियाबर बाबू, सिक्स-सिक्स थट्टी जयपुर पहुँचे का हय।"

सियाबर बाबू गड़िया में बैठे लेकिन बैठते-बैठते उन्होंने हिदायत दी कि उनकी नई कोठी होकर चला जाय ताकि वह देख लें वहाँ मरम्मत-सुधार ठीक हुआ है कि नहीं।

नई और बड़ी कोठी का, जिसके बरामदे में कुछ नये कमरे निकाले गए थे और पोर्टिको के पास दफ्तर का विस्तार किया जा रहा था, सियाबर बाबू ने चौकीदार देख-रेख में मुआयना किया और ओवरसीयर की गैर-मौजूदगी पर दुख व्यक्त किया। मुआयने के अन्तिम चरण में वह दफ्तर के साथ बने नये बाथरूम में घुसे और उन्होंने दरवाजा बन्द कर लिया। नेताजी ने कहा, "लो हो गई छुट्टी। सियाबर बाबू का एइसा हय कि लघुतम संका में इतना समय लेते हैं जितने में इंडियन एयरलाइन्स दिल्ली से उड़कर लखनऊ लयंड करि जाय।"

महेन्द्रजी बोले, "तुम्हें अतिशयोक्ति की आदत है।"

नेताजी ने कहा, "अतिशयोक्ति नहीं, ई हम भोगा हुआ यथार्थ बोलि रहे हैं ससुर।"

भगवान की दया से सियाबर बाबू तुरन्त ही बाहर निकल आए यह शिकायत करते हुए कि पानी नहीं है। उन्होंने चौकीदार से कहा, "तुम हमें बताया काहे नहीं जी कि पनिया का कनक्सन अभी दिया नहीं है बाथडूम में। और नहिन दिया है तो तुमे सबेड़े में डोजीना एक बाल्टी पानी यहाँ दे दिया कड़ो जी।"

अन्ततः हमने जयपुर का रास्ता पकड़ा। नेताजी आगेवाली सीट में बैठे ऊँघने लगे। हमने उनसे कहा कि आगेवाली सीट पर बैठकर सोना नहीं चाहिए, देखा-देखी चालक को भी झपकी आ जाती है। उन्होंने आश्वस्त किया कि चालक इतना चउंचक हय कि एक बार उसे नींद आ भी जाय तो भी गाड़ी वाया कोटपुतली जयपुर सकुसल पहुँचेगी। ऐसा सर्टिफिकेट देने के बाद उन्होंने चालक को एक धौल भी बख्शा। तदुपरान्त विधिवत सो गए।

कोटपुतली के होटल में मंत्रीजी एंड पार्टी का भव्य स्वागत हुआ। बकौल नेताजी, मनीजर-अनीजर सभी सेवा में प्रस्तुत हो गए। खाने की किसी को भी इच्छा नहीं थी लेकिन व्यंजन परोस दिये गए। सियाबर बाबू टायलेट का मुआयना करने गए जहाँ पानी था। हम लोगों ने चाय पी और श्रद्धानुसार प्लेटों में से कुछ टूँगा-टाँगा।

कोटपुतली से रवाना होते हुए हमारी श्रीमतीजी के मन में दो प्रश्न उठे। पहला यह कि रेस्तरां का बिल अदा किया गया या नहीं? दूसरा यह कि अगर अदा किया गया तो किसके द्वारा और कब? और नहीं किया गया तो यह खर्च किस खाते में डाला जाएगा?

नेताजी बोले, "आम खाया जाय काकी, पेड़ गिनने की कउनो जरूरत नहिन हय। वो किर्रू होते हैं ससुर जिनकी जिनगानी पेड़हि गिनने में गुजरती हय, आम खाने का लम्बरहि नहिन लगता। कर्मठ व्यक्त आम खाता हय, समझी, अउर कोई दिल-नादान टाइप किर्रू गाहक मिलि जाय तो उसके हाथ गुठली बेचकर अडीसनल प्राफिटो पाइ जाता हय।"

नेक सलाह देकर नेताजी ने अपना सिर सीट से टिकाया और कर्मठ व्यक्ति की सुख-निद्रा में लीन हो गए।

कोई घंटे भर बाद श्रीमतीजी ने हमसे जानना चाहा कि जिस लड़के की शादी में हम जयपुर जा रहे हैं उसका बाप कौन है, उसके पास इतना पैसा कहाँ से है कि इतने सारे लोगों का इतना अधिक खर्चा करके उसने दिल्ली से बुलाया है? जब हमने सूचना दी कि इस कीर्तिवान श्रीयुत से हम अपरिचित हैं तब श्रीमतीजी ने घनघोर आश्चर्य व्यक्त किया। उनका कहना था कि फोन पर लायक भतीजाजी उर्फ नेताजी ने उनसे कहा था कि श्रीयुत विशेष अजमेर में कक्का का सहपाठी और मित्र रह चुका है और इस नाते उसका आग्रह है कि 'अडीटर साब विद फयमली मइरिज में आएँ'। यही बात नेताजी ने ताज होटलवाले रस्तोरां में सबके सामने दुहराई थी।

हमने श्रीमतीजी को याद दिलाया कि यह लायक भतीजाजी हमारे, नेताजी भी हैं इसलिए इनके वक्तव्य की सचाई सदा किंचित् सन्दिग्ध मानी जा सकती है। श्रीमतीजी को यह टिप्पणी सन्तुष्ट न कर पाई। उन्होंने जानना चाहा कि जिस देश का नारा 'सत्यमेव जयते' है उसमें मेरा पत्रकार-पति इतना भयंकर असत्य सुनकर चुप कैसे रह गया? हमने नेताजी की नेक सलाह दुहराई कि सारा ध्यान आम्र-भक्षण पर केन्द्रित रखना ही स्वास्थ्य के लिए श्रेयस्कर है। श्रीमतीजी और भी क्रुद्ध हुईं। तब हमने उनसे जिज्ञासा की कि फोन पर लायक भतीजाजी ने उनसे जो कुछ कहा था उसका झूठ-सच उन्होंने तब ही हमसे क्यों नहीं पूछ लिया?

पति-पत्नी की इस नोक-झोंक के मध्य नेताजी जाग उठे। अब श्रीमतीजी उन पर बरसीं।

नेताजी ने शान्तिवाचन किया और फिर बोले, "योर आनर मयडम काकी! लायक भतीजाजी आपका, कउनो फाल्स अस्टेटमयंट नहिन दिया हय। अरे देहि नहीं सकिता। राजनीत में एइसा-वइसा कच्चा झूठ बोली आपका भतीजा तो कव्वे ससुर काटिके न खा जाईं! तनि हमें अक्स्प्लेन किया दिया जाय सचुएसन।"

अब नेताजी ने ब्रीफकेस खोलकर उसमें से हमारे नाम का एक लिफाफा निकालकर दिया। इस सुदर्शन लिफाफे में नितान्त ही भव्य किस्म की, कलात्मक नमूने और छपाईवाली दो निमंत्रण-पत्रिकाएँ रखी थीं। नेताजी उवाच, "इंगरेजीवाला काड कक्का बाँचे, हिन्दीवाला काकी। बाँच लिया? अक्जबिट ए के अध्ययन से पता चलता हय कि धनसुख भाई का बेटा हरसुख अपने बेटे गोविन्द का विवाह सउभाग्ग भाई के बेटे धनरूपमल की बिटिया गीता से करि रहा हय अउर चाहिता हय कि कक्का अउर काकी आइके औसर के सौभा बढ़ाएँ। अक्जबिट बी जो भाखा इंगरेजी में हय, इसी विवाह की सूचना देता हय अउर बताता हय कि उपरोक्त हरसुख उपरोक्त कक्का-काकी के कम्पनी का प्लयजर उपरोक्त औसर पर चाहिता हय। योर आनर कउनो अकलमन्द अपने दुस्मनों को सोभा बढ़ाने के लिए नहिंन बुलाता। कउनो गाँठ का पूरा टाइप अपने दुस्मनों की कम्पनी में प्लय-जर नहिंन पाता। अरे इसी से अस्पष्ट हय कि हरसुख भाई हमरे कक्का को अपना फ्रेंड समिझते हैं। योर आनर सादीब्या के मउके पर इस्ट मित्रोहि को अनवाइट किया जाता हय। हरसुख भाई हमारे कक्का को अन-वाइट करि रहा हय, दी-अर-फोर योर आनर हमरे कक्का हरसुख भाई के आय-दर इस्ट है और मित्र हैं। इस्ट नहिन है इसलिए मित्रहि समझा गया हय। हमें अउर कुछ नहीं कहिना हय।"

नेताजी ने सीट की पीठ पर धौल जमाया और हिनहिनाए। उन्होंने धमकी दी, "अगर कक्का-काकी अब भी कनविंस न हुए हों तो हम कक्का और हरसुख भाई के दोस्ती सिद्ध करने के लिए अभी आध घंटा अऊर आर-गुमंट करि सकिते हैं। कुरुच्छेत्र से लेइकर पालियामयंट तक इसी आरगुमंट-कला के प्रताप से नरो वा कुंजरो वाहि ऊ सत्त रही जो जयिते ससुर!"

हमने नेताजी से प्रार्थना की—केस को क्लोज्ड मानें और फर्दर आर्ग्यूमेंट्स न दें। नेताजी ने पूछा कि क्या अब हम चइन से सो सकते हैं? हमने कहा कि जरूर, मगर पहले यह तो बता दो कि हरसुख भाई और धनरूपमलजी तथा हरसुख सुत और धनरूप सुता बेचते क्या हैं?

नेताजी ने पेड़ गिनने की किर्रू कुटेव पर पुनः खेद व्यक्त किया और फिर कहा, "हरसुख अऊर धनरूप कउन है यह इस पर डिपेन करिता हय कि बतानेवाला कउन हए। बतानेवाला दुस्मन पाटी का होई तो कहिहै दूनो अस्मगलर है, दोस्त पाटी का होई तो कहि दूनो टाप रेकिंग ब्यौपारी है। हरसुख सुत राजनीत में है अऊर धनरूप सुता बिजनिस मनीजमंट सीखि रही हैं। दयट आल फार टुनाइट, गुडनाइट।"

नेताजी सो गए और फिर जयपुर पहुँचने पर ही उठे। आमेर के पास हमें बड़ा-सा तोरण-द्वार मिला जिस पर लिखा था—गोबिन्द वेड्स गीता, द पिंक सिटी ऐक्स्टेंड्स ए बार्म वेलकम टू यू आल। इस द्वार के पास एक स्वागत समिति खड़ी थी जिसका हर सदस्य गोविन्द वेड्स गीता का बिल्ला लगाए था। समिति ने हमें रोका। बताया कि दो घंटे से राह देखी जा रही है।

स्वागत समिति के प्रवक्ता का अभिवादन और गुलदस्ता स्वीकार करने के बाद सियाबर बाबू ने अपनी कार आगे बढ़वा दी क्योंकि वह कहाँ ठहरेंगे यह दिल्ली में ही तय हो चुका था। गिट-पिट अंग्रेजी बोलनेवाली बालाएँ पिंकी और पप्पी उनकी ही गाड़ी में शुरू से बैठी थीं, इसलिए वे भी साथ चली गईं। गुड्डी और शकुन्तलाजी रह गईं। स्वागत समिति के प्रवक्ता का अब निवेदन था कि पहले चलकर निकट एक रेस्तराँ में जलपान कर लिया जाय। यह निवेदन किसी को स्वीकार नहीं हुआ। नेताजी ने प्रवक्ता को एक कोने में ले जाकर यह समझाया कि किस होटल या रेस्ट हाउस में कितने कमरे दिल्लीवालों के लिए रखे गए हैं। इसके हिसाब से उन्होंने कौन कहाँ ठहरेगा यह प्रवक्ताजी को लिखकर दिया। शकुन्तलाजी ने इसका ब्यौरा माँगा और ब्यौरा सुनते ही बरस पड़ीं।

शकुन्तलाजी का विनम्र निवेदन एवं प्रकार था (हमारा मतलब यह है कि हम उसका विनम्र संस्करण ही प्रस्तुत कर पा रहे हैं कि कहीं अश्लीलता-प्रकाशन के अभियोग में धर न लिये जाएँ), "मेरे को कोन आलतू-फालतू समिझ राख्या है आपने जो उस होटल में ठहरा रहे हो जिसमें मूरख पत्रकार लोग ठहराए जा रहे हैं? मैं तो साफ नट गी थी जिब आपने जेपर चालने की कई थी। वो तो पीछे मंत्रीजी ने जोर दियो बहुत ओर में राजी होगी। जिब में मंत्रीजी के केने पर आई हूँ, मंत्री के साथी ठेरूँगी।"

"वहाँ जगह नहीं हय मयडम।"

"अरे जाग्या कोनी तो वा चूड़ेलां जो साथ में भेज दी आपने मंत्रीजी के, बा बाथरूम में सोवोगी के?"

"मयडम वहाँ दो रूम बुक थे। एक में मंत्रीजी हैं, दूसरे में मयडम्स पिंकी-पप्पी। वो मंत्रीजी के साथहि आई थीं। साथहि रेस्ट हाउस चली गईं। इसमें हम क्या करें?"

"मैं आपका साथ आई क्या? में भी मंत्रीजी का खातर आई। नई तो मैंने चार राज्यां के सी. एम. एर तीन सेंटल कबिनेट का मंत्रियों बुला राख्या था। पिंकी-पप्पी केसे चलीगी मंत्रीजी का साथ में? बिन की रजर-वसन थी के? फेर! इंगलिस

बोलती है इससे बड़ी होगी के? आप लोग खुद हिन्दीवाला होके हिन्दीवाली को कोन घासिलेट समझे हो के? फेर! पिंकी-पप्पी जादा बूइटीवाली लागे है के आपने? बूइटी की ही बात हो तो गुड्डी ने भेजते, तुम्हारी पिंकी-पप्पी तो इसके पाँव धोने लायक बी नइ हे।"

"अब क्या बताया जाय मयडम, वो मयडम्स तो चली ही गईं साथ।"

"तो ए मेडम बी चली। मेंने एक गाड़ी दे दो। में अबी हाल लोट री हू दिल्ली। कल मेरी बड़कल की बुकिंग हे। मेरा तो बहुत मजा रहेगा वहाँ। मेरे को के पड़ी जो यहाँ रऊँ आलतू-फालतू अखबारवालों का साथ में। टाइम खोटी करूँ, धन्धो खोटी करूँ। कल बड़कल में डील करा दूँगी तो कमीसन का बीस-तीस मेरा भी हो जावेगा। तुम और तुम्हारा मंत्रीजी अचार बना के खालो पिंकी-पप्पी का।"

"मयडम आप नाहक नाराज हो रही हैं।" नेताजी ने कहा।

"अरे आप कोन होते हो सकुन्तला बाई ने ये केने वाले कि उसे नाराज होने का हक नई है। मैं बहुत सीनियर हूँ इस लाइन में। पाँच साल की थी जिब से पोली-टिक्स में आ गी थी। पुराने नये सिबी लोग जानता है सकुन्तला बाई ने। आप कोन से वी पूछ लो। ना-हक नाराज हो री हो के! ना-हक। अरे में तो आपके रेपट मार दूँ इतना हक है इस लाइन में मुझे। कल के बच्चे हो आप तो मेरे सामने।"

"सत्य वचन माताजी!" नेताजी ने पायलगी के लिए डाइव मारा और फिर स्वागत समिति के प्रवक्ता से मुखातिब हुए, "अरे यह आप लोगों ने क्या फालतू अरिंजमंट किया हय। आप मयडम को ले जाइए फउरन अउर इनके लिए भी वहीं मंत्रीजी के साथ एक रूम करवाइए। हमारा चेहरा न देखिए, इतना दर्सनी नहिंन हय वह। जाइए।"

स्वागत समिति के प्रवक्ता ने शकुन्तला देवी को अपनी गाड़ी में बैठाया। शकुन्तला देवी ने गुड्डीजी को भी साथ घसीट लिया। बोलीं, "तू मेरे साथ रहा कर हो, इन नेताजी-ताजी के चक्कर में तो तू बरबाद हो जागी। कोन घासिलेट होटल फर्म में तूझे कोन बेकार-सी नोकरी दिला देंगे। मेरा साथ रेवेगी तो मालामाल हो जागी।"

देवियों के विदा होने पर हम लोग खासा कोठी की ओर बढ़े जहाँ आलतू-फालतू पत्रकारों के ठहरने का प्रबन्ध था। नेताजी ने माथा ठोककर कहा, "सीटिंग अरिंजमंट में प्रोटकोल का जो पेंच पड़ता हय उससे कहीं भयंकर ससुर यह पेंच हय जो सिली-पिंग अरिंजमंट में पड़ता हय। आपका अच्छा हय विद फयमली आए हैं। नहीं, आपसे सही बताते हैं, अयवरी टाइम दिस हू सिलीप वियर प्राबल्म इज दियर।"

खासा कोठी पर हमारे स्वागत के लिए कुछ सरकारी अधिकारी भी मौजूद थे। हमें आश्चर्य हुआ। नेताजी ने कहा, "आयोजन जनता का हय, सरकार जनता की हय, दी-यरफोर यह आयोजनो सरकारी हय। नहीं, आप इसे जोक काहे समझि रहे हैं। सारा सहर आज इसी सादी में मसगूल हय—जन-जन का आयोजन हय समझे कक्का। अरे देखा नहीं सड़कों पर तोरन-द्वार लगाकर क्या लिखि छोड़ा हय—गोबिन्द वेड्स गीता, द पिंक सिटी अक्स्टेंड्स वार्म वयल-कम टू आल। जिसे कहिते हैं इंगलिस में अयवरबिडी हू। अयनीबडी आज की तारीख में गयस्ट हय गोबिन्द वेड्स गीता में। जब जसस्वी पत्रकार महिमान हुइके आए हैं इस सादी में तब सरकारी प्रचार विभाग उनके स्वागत में अइबे करेगा।"

हम लोग तैयार हुए। तैयार होने के बाद मालूम हुआ कि यद्यपि वर के पिता की नगर में भव्य कोठी है तथापि वे इस शादी के लिए सकुटुम्ब एक पाँचतारा होटल में ठहरे हुए हैं। यह भी कि वधु पक्ष के लोग जो एक अन्य नगर से आए हैं, दूसरे पाँचतारा होटल में जमे हुए हैं। जहाँ तक बारात का प्रश्न है वह न वर पक्ष के घर से चलेगी, न होटल से। उसके प्रस्थान के लिए एक अन्य सार्वजनिक भवन किराए पर लिया गया है जहाँ इस समय बारातियों का वर पक्ष द्वारा रिसेप्शन चल रहा है। शादी उस होटल में नहीं होगी जिसमें वधु पक्ष ठहरा हुआ है। शादी के लिए वधु पक्ष ने बाग-बगीचोंवाली एक भव्यतम हवेली किराए पर ली है और उसे सजवाया है।

हम लोग बारात-प्रस्थान-स्थल पर पहुँचे जहाँ काफी, कोल्ड ड्रिंक और स्नैक्स वाला रिसेप्शन चल रहा था। नियोन रोशनियाँ गोविन्द वेड्स गीता का सन्देश दे रही थीं। कारें इतनी ज्यादा पार्क थीं कि सड़क लगभग बन्द हो चली थी। वर पक्ष के लिए हम लोग अजनबी थे। शहरवालों के लिए भी। नेताजी जोर-जोर से नाम उचारकर हमारा परिचय वर और उसके पिता को दे रहे थे और दोनों ही परम्परागत विधि से यह मान रहे थे कि दिल्ली के महानुभाव कृपा घणी और खम्मा घणीवाली प्रसादाभिमुख मनस्थिति में इस अकिंचन के निकृष्ट आयोजन में पधारे हैं और निश्चय ही भाँति-भाँति के शारीरिक कष्ट और मानसिक यातनाएँ उठा रहे हैं।

इस रिसेप्शन में चलना-फिरना भी कठिन था। कुछ भीड़ के कारण और कुछ इसलिए कि सारे आयोजन की रंगीन फिल्म उतारी जा रही थी और यहाँ-वहाँ तार बिखरे पड़े थे जिनसे पाँव उलझता था।

कुछ लोग काफी-स्नैक्सवाला यह रिसेप्शन छोड़कर इमारत की पिछली तरफ जा रहे थे। हमने नेताजी से जिज्ञासा की तो उन्होंने कान में हमें बताया कि सउकीनों

के लिए उधर 'बार' हय, स्रद्धा हो तो फार दी रोड आचमन कर लिया जाय। हमें श्रद्धा नहीं हुई। लायक भतीजाजी ने काकियों से घबरानेवाले कक्काओं के विषय में कतिपय सैद्धान्तिक बातें कहीं जिन्हें एक अदद कक्का ने भुनभुनाते हुए और एक अदद काकी ने मुस्कराते हुए सुना। थोड़ी देर बाद स्वयं नेताजी अपने मित्र गोविन्द यानी वर महोदय के साथ आचमन हेतु चले गए। घुरहू आदि कुछ अन्य वी.आई.पी. उनके साथ लग लिये।

श्रीमतीजी यही हिसाब लगा-लगाकर समय-भंजन मनोरंजन कर रही थीं कि इस रिसेप्शन में कुल कितने लोग हैं और उन्हें यहाँ बारात के लिए जमा करने पर कितना खर्च आया होगा? इस समाजवादी चिन्तन के अन्तर्गत वह कुछ बुनियादी गणित के सवाल हमारे सामने पेश कर रही थीं। एक मुट्ठी नमकीन काजू का भार क्या होता है? अगर कुछ लोग दो-दो मुट्ठी काजू ले रहे हों और कुछ केवल दो-दो काजू तो प्रति व्यक्ति औसत क्या आ रहा होगा? अगर इस औसत को एक दशमलव तीन पाँच मुट्ठी मान लिया जाय और उपस्थित लोगों की संख्या मोटा-मोटी (ज्यादातर लोग अच्छे स्वास्थ्य के धनी थे) 2345 आँकी जाय तो कुल मिलाकर कितना नमकीन काजू इस रिसेप्शन में लगा है और 90 रु. किलो के हिसाब से उसे खरीदने में कितना खर्च हुआ है?

इस तरह का समाजवादी गणित हमें बहुत दुष्कर प्रतीत होता है। उस समय तो और भी जब हमारे बच्चे दो-दो मुट्ठी, हमारी श्रीमतीजी केवल दो और स्वयं हम एक दशमलव तीन पाँच मुट्ठी नमकीन काजू का सेवन कर रहे हों। लिहाजा हमने श्रीमतीजी को किरू प्रवृत्तियों पर टोका।

तभी वर महोदय के लिए चीख-पुकार मची। यह सही है कि आधुनिकता के इस दौर में बारात का गोधूलि पर पहुँचना गैर-जरूरी माना जाने लगा है, लेकिन अभी इतनी आधुनिकता भी नहीं आई कि बारात आधी रात पहुँचे। फिर बाहर से आईं तथा स्थानिक कई टॉप हस्तियाँ ऐसी थीं जो यहाँ से बारात विदा कराके गाड़ियों में सवार होकर वहाँ बारात के स्वागत के लिए पहुँचना चाहती थीं ताकि उधर भी हाजिरी लगे और बारात के साथ चलने के कष्ट से बचा जा सके।

ये दूल्हा, 'वन फार द रोड' लगाने गया हुआ था। वहाँ से वह अपने मित्र नेताजी द्वारा लाया गया। फिर कुछ ऐसा हुआ जिससे दकियानूसी घुड़चढ़ी की जगह 'कार-चढ़ी' का रिवाज लाने के पक्षधरों को सम्बल मिला। घोड़ी पर चढ़ना एक नाजुक सा करतब है। उसकी पीठ से कुछ झूलता-सा रहता है। इस झूलते-से पर एक

अदद अनिश्चित-सा पाँव रखकर आपको पूरे निश्चय से उछलना होता है। इसके बाद आपकी दो ही स्थितियाँ सम्भव होती हैं—आप घोड़ी की पीठ पर बैठे हो सकते हैं या उसके चरणों में लोटे। यदि आप उछलने में पूरा निश्चय न प्रदर्शित करें तो तीसरी स्थिति बनती है जिसमें आप उस झूलते-से पर स्वयं झूलते रह जा सकते हैं अथवा बार-बार उस पर इस तरह पाँव रखने को बाध्य होते हैं मानो वह मोटरसाइकिल की 'किक' हो। इस क्रम में कभी-कभी घोड़ी-रूपी मोटरसाइकिल 'स्टार्ट' भी हो जाती है।

संक्षेप में यह कि किसी भी दूल्हा से आमतौर पर और मदिरापान किए दूल्हा से खासतौर पर घोड़ी चढ़ने के लिए कहना एक अमानवीय कृत्य है। गोविन्दजी घोड़ी पर चढ़ने के क्रम में उपरोक्त स्थितियों से गुजरे, इस क्रम से पहले स्थिति नं. दो, फिर स्थिति नं. तीन और अन्ततः (कई लोगों की सहायता से) स्थिति नं. एक।

वर के पारिवारिक तथा राजनीतिक माई-बाप आसपास खड़े हुए ताकि भीड़ को धकियाते स्टिल और मूवी-कैमरामैन बारात-प्रस्थान की छवि आँक सकें। बैंड मास्टर ने, जो तीखे नाक-नक्श और कोमल कायावाला एक अधेड़ व्यक्ति था, क्लेरेनेट को शहनाई की शख्सियत बख्शते हुए वर महोदय का झूमते-झामते अभिनन्दन किया, 'तेरी प्यारी-प्यारी सूरत को किसी की नजर न लगे चश्मेबद्दूर' की धुन से। किसी ने दस का नोट दूल्हा-राजा की कलगी के समान्तर रखा और बैंड मास्टर ने वैसे ही झूमते-झामते क्लेरेनेट बजाते उसे ग्रहण किया। नेताजी ने बैंड मास्टर के लम्बे-लम्बे केशों को लक्ष्य करके कहा, "अरे बयंड मास्टर जटाधर बाबू, जरा ऊ बजाया जाय आज हमेरे इयार की सादी हय।"

नेताजी ने बैंड मास्टर को जटाधर बाबू ही नहीं जुल्फिकार मियाँ और जटायु भी कहा। तब उसने उन पर ध्यान दिया।

उसने हाथ जोड़कर कहा, "हुक्कुम! खादिम को रशीद कहते हैं।"

नेताजी ने पचास का एक नोट निकालकर दूल्हा की नाक की सीध में रखा और कहा, "हम आपको प्यार से हिन्दी में जटाधर बाबू अऊर उर्दू में जुल्फिकार मियाँ कहि दें तो हरज का हय?"

बैंड मास्टर सहमत हुए। उन्होंने क्लेरेनेट त्यागकर सेक्साफोन धारण किया और "आज मेरे यार की शादी है" बजाते हुए नोट वसूल पाया।

आखिर बारात बाहर आई। राजनीतिक माई-बाप उर्फ टाप वी.आई.पी. गाड़ियों पर सवार होकर चले गए। वास्तविक माई-बाप और सेकेंड क्लास वी.आई.पी.

बारात के साथ पैदल चले। बारात के आगे-आगे हाथी, घोड़े और ऊँट थे। उसके पीछे पहियेदार मंच पर एक गायक और वाद्यवृन्द, फिर बैंड, फिर घोड़ा, फिर लोग-बाग। सारे रास्ते जगह-जगह 'गोविन्द वेड्स गीता' का उद्घोष करते हुए तोरण-द्वार। बैंड के आगे-आगे रोशनियों में झलमलाता यही सन्देश। रास्ता बारात के कारण जैम। घोड़ी और बैंड के बीच की जगह में बार-बार डांस।

पहियेदार मंच से गायक महोदय ने मंत्रोच्चार किया, "दर-दर-दर-दर-दर दां, दर-दर-दर-दर दां, दां-ऽऽ दर दांऽऽ-दांऽऽ-दर—दांऽऽ, दरन-दरन-दर दां, टेकीला।" बैंड ने भी यह धुन उठा ली।

इस धुन पर कुछ लोग पंचमेल किस्म का डांस करने लगे जिसमें ट्विस्ट, ठुमका, भंगड़ा सभी कुछ था। स्वयं बैंड मास्टर और उनका एक सहायक डिस्को स्टाइल का डांस अपने वाद्य बजाते-बजाते ही कर रहे थे। नेताजी नाच नहीं रहे थे लेकिन धुन की ताल पर नोट से हवा पर वार कर रहे थे। उनका कहना था, "जुल्फिकार मियाँ बहुत सही जा रहे हैं, बाकी कोई जम-ऊम नहिंन रहा हय। वह हमारा सागिर्द कहाँ है मुकुल पांडे, उसे बुलाया जाय, वही जमाएगा रंग।"

नेताजी की चीख-पुकार पर मुकुल पांडे प्रगट हुए। तब तक गायक महोदय, 'दां-दां-दां-दां, दर दां-दां-दां, दर दां, दर-दर-दर-दां, कम सेप्टेम्बर' का मंत्रोच्चार कर चुके थे और वर के कुछ बुजुर्ग रिश्तेदार इस धुन पर ठुमका मार रहे थे और कुछ बच्चे रिश्तेदार ट्विस्ट कर रहे थे।

मुकुल पांडे ने जो ओमार शरीफ की जैसी मूँछें रखे हुए, बड़े गोल नीले शीशोंवाले गोगल, थ्री पीस सूट और नुकीले जूते धारण किए नवयुवक थे, आकर नक्शे का मुआयना किया और फरमाया कि कुछ जमता नहीं है। साथ डांस करनेवाला कोई कायदे का प्राणी है नहीं और बैंड धुनें भी सख्त आउट आफ डेट बजा रहा है। नेताजी ने गुड्डीजी और पप्पीजी को पेश करके कायदे के साथियों की समस्या का समाधान कर दिया और कहा, "हमारे जटाधर बाबू उर्फ जुल्फिकार मियाँ उर्फ जटायु गुनी व्यक्ति हैं, समझे, जइसा फरमाइस करा जायगा वइसा ई बजवा देंगे।"

मुकुल पांडे और बैंडमास्टर में परामर्श हुआ 'पामो ब्लांका', 'लेडी ले', आदि कुछ अजीबोगरीब नाम सुने गए। अन्त में पहियेदार मंच से मंत्रोच्चार हुआ, 'तन-तन-तन-तन, तान-तान, आहा आहा, वेलकम टू द पार्टी।' बैंड ने धुन उठाई। मुकुलजी ने अपने अंग-प्रत्यंग को झटका दिया, पप्पीजी ने केशों को। वह बोलीं, "दैट्स द वे आ-हा-आ-हा, आई लाइक इट आ-हा-आ-हा।" मुकुलजी पप्पीजी के समक्ष थिरकने

लगे और गुड्डीजी को चुटकी बजाते अलग नाचते देख जुल्फिकार अली अपने साज समेत उनके रू-ब-रू ठुमकने लगे। हमने नेताजी से कहा कि तुम भी नाचो भतीजा।

नेताजी बोले, "लोटन कबूतर डांस हय यह कक्का। देवी-देवता, प्रेत-पितर, समझे ना, ऊ सब उतरें सरीर में तभी सम्भौ हय वरना साधारन मनुस्य के बस का हइयै नहीं।"

तभी अधेड़ पिंकीजी आईं और उन्होंने नेताजी को नर्तक-दल में खींच लिया। शायद देवी-देवता नेताजी के पेट में ही उतरे थे क्योंकि कुल मिलाकर उनकी थोड़ी-सी निकली हुई तोंद ही थोड़ा-बहुत थिरक पाई। पिंकीजी बहुत जोश-खरोश से नाचीं और उनसे प्रेरित होकर मुकुलजी वस्तुत: लेट गए। सर्वथा दर्शनीय था उनका नेताजी द्वारा प्रदत्त पचास का नोट दाँतों में दबाकर, शरीर के एक-एक अंग को झटका देते हुए पीछे को झुकना और उन पर उसी झटकाशाही के तहत पिंकीजी का झुकते चले जाना। और अन्तत: उनका पीछे झुकते-झुकते हाथों से जमीन छू लेना, एक कलाबाजी-सी मारना और फिर सृजन की छटपटाहट व्यक्त करते हुए लेट जाना। जाहिर है कि जुल्फिकार भाई बराबर यह ताड़े हुए थे कि नेताजी का नोट कहाँ चल रहा है। यदि नोट लोट लगा रहा था जमीन पर तो उन्हें उसे पाने के लिए स्वयं धराशाई हो जाने से कोई परहेज नहीं था।

नेताजी खुद नचवा दिये गए थे लिहाजा अब उन्होंने बारी-बारी से सबको नचवाने का बीड़ा उठाया। उनका कहना था, "पहले सामन्तसाही में पतुरिया नचाई जाती थी बारात में, डमोक्रसी में खुदहि नाचा जाता हय। जो नहिंन नाचे, सो लोकतंत्र-विरोधी!" नेताजी अब वर के जिन रिश्तेदारों को उनके नाम और वर से उनके रिश्ते की घोषणा करते हुए, घसीट-घसीटकर नचाने ला रहे थे, सब पुरानी पीढ़ी के थे। लिहाजा बैंड ने, 'दर दारा दारादा-दा, दां-दां-दां' दिहाती मंत्र गुंजाया। इस धुन का नाम नेताजी के अनुसार 'तेरी खोपड़ी पे मारूँ चार चाँटे' था। जबरदस्ती मैदान में उतारे गए इन लोगों में से अधिकतर नाचे नहीं, बस नर्तकों से घिरकर खड़े हो जाने से और एकाधा नोट अपने पर न्योछावर करवा लेने से ही सन्तुष्ट हो गए। जो हो 'घरेलू फिल्म' की दृष्टि से इनका नाचने के लिए आना महत्त्वपूर्ण रहा और कैमरामैन ने इनका यह अ-नृत्य भी प्रेमपूर्वक आँका। गैर-रिश्तेदारों में केवल महेन्द्रजी ही नाच करने के प्रस्ताव से नाराज हुए। उनका कहना था कि "मैं इन तमाम बेहूदगियों के खिलाफ हूँ, इसीलिए शादी-बारात में जाता नहीं हूँ, आमतौर से।" नेताजी ने चिर-कुँआरे महेन्द्रजी पर कटाक्ष किया, "दद्दा यह न जाने का सिद्धान्त भी आपने

खास तउर से खास अपनीहि सादी-बारात पर लागू किया हय, बाकी भगवान की दया से आम तउर से दूसरों की सादी-बारात में आप जातेहि रहे हैं।"

सड़क चलते हुए अटके वाहनों में बैठे हुए तथा उझकि झरोखा झाँकते हुए जन-जन का अपने फ्री-स्टाइल नर्तन से मनोरंजन कराते हुए इस बारात ने 'जनवासे' से 'वधुगृह' का दो कदम का फासला सवा घंटे में तय किया।

'रम्भा हो-हो' के साथ एक धूम-धड़ाकेदार नृत्य ऐन वधुगृह के तोरण के सामने हुआ जिसके लिए नेताजी शकुन्तला देवी को भी घसीट लाए जो सियाबर बाबू के साथ कार में पहले ही चली आई थीं। उधर वधु पक्ष के लान में बैठे पुलिस बैंड ने 'बहारों फूल बरसाओ' बजाना शुरू किया।

किराए पर ली गई बाग-बगीचोंवाली यह हवेली बम्बई और कलकत्ता से आमंत्रित कलाकारों द्वारा विवाह के लिए सजाई गई थी। बाहर बिजली के बल्बों से बनी हाथी, घोड़े, मोर आदि की मूर्तियाँ दमक रही थीं। 'गोविन्द वेड्स गीता' तथा 'गोविन्द-गीता विवाह' की सूचना रंग-बिरंगी रोशनियों में विशाल पट्टों पर आ-जा रही थी। यद्यपि हवेली स्वयं पर्याप्त भव्य और कलात्मक थी तथापि उसके विस्तृत लान में खास तरह का शामियाना लगाया गया था। कपड़े का होता हुआ भी यह बहुरंगी संगमरमर का होने का भ्रम पैदा करने में समर्थ था और भीतर से भी यह पच्चीकारीवाली मध्ययुगीन दीवारों का स्मरण करा रहा था। झाड़-फानूस लटके हुए थे, कालीन बिछे हुए थे और फव्वारों, गमलोंवाली बगिया बनी हुई थी। कलकत्ता से आमंत्रित कलाकारों द्वारा निर्मित शामियाने के भीतर बम्बई से बुलाए गए कलाकार ने सैट लगाया था जिसमें जयमाल के लिए पुष्पवाटिका थी, वर-वधु के बैठने के लिए सिंहासन था और गायकों-वादकों के लिए मंच था। सैट का डिजाइन और प्रकाश व्यवस्था ऐसी थी कि लगता था इसमें किसी भड़कीली बम्बइया फिल्म का 'स्वप्न-प्रसंग' शूट किया जाना है।

बगल में एक अन्य शामियाने में सर्वथा दर्शनीय विवाह-वेदी बनाई गई थी और सभी को इसके भी दर्शन कराए जा रहे थे।

'गोविन्द वेड्स गीता' के बिल्ले लगाए और एक-सी पोशाकें पहने लड़के-लड़कियाँ, बरातियों को माला, गुलदस्ते और सेंट की छोटी शीशी से अभिनन्दन कर रहे थे। कुछ देवियाँ 'गोविन्द गीता विवाह स्मारिका' बाँट रही थीं। यह चिकने कागज पर छपा हुआ मोटा-सा पोथा था जो सन्देशों से भरा पड़ा था, जिसमें वधु के ताऊजी समेत कई यशस्वी कवियों की अवसरानुकूल रचनाएँ संगृहीत थीं और

वर-वधु के जीवित पूर्वजों के वास्तविक और मृत पूर्वजों के काल्पनिक स्नेहाशीष और परामर्श संकलित थे। विवाह के सम्बन्ध में देश-विदेश के नये-पुराने साहित्य से उद्धरण दिये गए थे। इसके अतिरिक्त कुछ यशस्वी कवियों द्वारा विशेष रूप से इस अवसर के लिए लिखे हुए गीत भी थे। सूचना दी गई थी कि इन्हें बम्बई के उभरते संगीत निर्देशक से संगीतबद्ध कराया गया है। श्रद्धालु व्यक्ति फ्री कैसेट ले सकते हैं।

मंच पर 'वैराइटी-प्रोग्राम' चल रहा था। सोफोंवाली सबसे सामने की दो कतारों में लोगों को बैठाने-उठाने का वह खेल बदस्तूर चल रहा था जो वी.आई.पी. बहुल अवसरों पर अनिवार्य-सा हो चला है। यहाँ जो कुछ हो रहा था उसे देखते हुए यह स्पष्ट था कि कुछ लोग इतने महत्त्वपूर्ण होते हैं कि उनके यहाँ ब्याह-शादी में इतने महत्त्वपूर्ण व्यक्ति आते हैं कि उनके समक्ष वे स्वयं महत्त्वहीन बन जाते हैं। उनका काम यही रह जाता है कि जब हमारे लायक भतीजा जैसा कोई बिचौलिया उन्हें वी.आई.पी. के सामने परिचय कराने लाए तो वे हाथ जोड़कर खड़े हो जाएँ और कहें आप आए बहार आई।

शामियाने के भीतर पाँच तारा होटल के बैरे काफी, कोल्ड ड्रिंक और नमकीन काजू दिखा रहे थे। नेताजी के अनुसार एक कोने में मधुशाला भी थी। हमारी श्रीमतीजी का समाजवादी गणित अधिकाधिक पेचीदा होता जा रहा था क्योंकि इस बीच वह कहीं से यह सूचना प्राप्त कर लाई थीं कि सगाई पर ही तमाम रिश्तेदारों ने लड़की को जेवर का एक-एक सेट दिया। नेताजी बोले, "कक्का हमें दिल्ली में तनि याद दिलाया जाए, भगतों के दिये कई ठो जेबी-हिसाबकर पड़े हैं जिसे कहिते हैं कल-क्यू-लटर एक काकी को दे दिया जाइगा, बइठी हिसाब करती रहीं फिर मजे में। अउर बाइ द बे आप सामिआने की लागत गलत आंकी है, दिस इज कास्टिंग वन लेक रुपीज आनली। सही सयट पर हि सही सयटिंग हुई सकिती हय काकी, समझी। अच्छा अब जरा दिहाड़ी खड़ी कर लें, सारा दिन खेले में बीत जाइ तो रात नींद न आई। स्त्रम जरूरी हय थोड़ा-बहुत।"

छुटभय्या नेता उर्फ हमारे लायक भतीजा गए और राजस्थान के एक बड़-भय्या नेता के कान में कुछ कहने लगे। लायक भतीजाजी हमें कई बार बता चुके हैं कि देस में जितना भी महत्तपूर्न कार्ज होता हय एइसी 'कान-फ्रेंसहि से होता हय।' हमने देखा कि इस ज्यादातर छुटभय्ये किन्हीं बड़भय्यों से ऐसे ही कान-फ्रेंस में मशगूल थे। यह कह सकना कठिन था कि यहाँ गोविन्द और गीता का विवाह हो रहा है या सत्ताओं में बिचौलियों के माध्यम से सौदे-समझौते हो रहे हैं।

'फिल्म, रेडियो-टी.वी. मंच के नामी कलाकारों द्वारा प्रस्तुत' वेरायटी प्रोग्राम गुड्डीजी के संचालन में मजे से और मजे का चल रहा था। गुड्डीजी आज अपनी उद्घोषणाओं में न सिर्फ शेरो-शायरी और रीतिकालीन दोहे फिट कर रही थीं बल्कि चुटकुले भी। गीता-गोविन्द की जोड़ी को वह बारम्बार आसीस भी दे रही थीं। कुल मिलाकर अनाउंसमेंट बेजोड़ बन रहे थे। यथा, "गीता बनीं, गोविन्द बने, एक दूजे के लिए! गोविन्द सुन रहे हैं गीता का सन्देश। कहती हैं, सभु गोविन्दु है, सभु गोविन्दु है, गोविन्दु बिनु नहि कोई। जिधर देखती हूँ उधर तू ही तू है। लेकिन यह कैसा जुल्म है साहेबान की एक वह गोविन्द जिसमें सारे गोविन्द, सारी कायनात समाई है, वही नदारद है। हुआ यों कि प्रीतम कुछ ज्यादा ही पी गया प्रीतमा के हुस्न की शराब। हनीमून का आलम, उसने विसाल के लिए इल्तजा की। प्रीतमा ने कहा, ऐसा करो तुम बाहर जाकर दस तक की गिनती गिनो इतने मैं, अ-अ-हुँह, गोया तैयार हो जाती हूँ। नशे में डूबे प्रीतम ने पूछा, इस तरह ना, ए-ए-ए-ए-ए, क, दो ा ा ा...प्रीतमा ने हँसकर कहा, 'इस तरह गिनो तो तीन तक ही गिनना।' तो लेडीज एंड जेंटलमैन हुस्न के नशे में प्रीतम की जबान कुछ इतनी लटपटा रही है कि तीन तक ही गिनती पूरी नहीं हो पा रही है। इसीलिए तो प्रीतमा फरमा रही हैं—केसरिया बालम आओ नी, पधारो म्हारे देस, दारू पीयो रंग रमो राता राखो नैण। पेशे खिदमत है मेहरबान ट्रेडिशनल माड आफ राजस्थान इन द गोल्डन वायस आफ लैर बाई।"

जयमाला होने और वर-वधू के साथ फिल्म और फोटो उतारे जाने के साथ ही वजनी वी.आई.पी. खिसकने लगे। बगल के एक अन्य शामिआने में डिनर चल रहा था। उधर से होते हुए ये वी.आई.पी. अपने-अपने घर जा रहे थे। वर-वधू के माँ-बाप वर-वधू को छोड़कर उन्हें भोजन कराने, विदा देने में जुटे थे। यह शादी नेताजी के यार की थी इसलिए नेताजी मोर्चे पर जमे हुए थे और उनके साथ-साथ हम भी। नेताजी अपनी बगल में बैठे सींकिया घुरहू की पीठ को तबला माने हुए थे और मंच के गायकों और नर्तकों की उसी पर संगत कर रहे थे। कुमारी मैना मीरचन्दानी एंड पार्टी के 'मोरया आच्छयो बोलो रे ढलती रात में' तक गनीमत रही क्योंकि इसमें 'रात में, रात में, रात में' इस तीये पर तीन धौल खाकर ही बस हो जाती थी लेकिन जब इस पार्टी ने गायन-नर्तन का एक और कार्यक्रम पेश किया, "जरा-सा टेढ़ो हो जा बालमा, गोरी को पल्लू अटिके।" तो 'जरा-सा हाँ, जरा-सा हो, जरा-सा ऐं' में घूँसे खा-खाकर घुरहू धराशायी हो गए। नेताजी ने कहा, "पुत्र तुम हमरे चरन-जाम्बूक बनिके काहे जीवन बृथा गँवाय रहे हो। यहाँ फोकट में

लतियाए जाओगे, समझे। चरन जाम्बूकी काहि सउक चर्राया हो, तो सियाबर बाबू के चरनों में जाकर गधा लोट लगाओ वत्स।"

घुरहू पतलून झाड़ते हुए और गिरी हुई रूसी टोपी पहनते हुए उठे और सीधे मंच पर पहुँचे। उन्होंने माइक गुड्डीजी से छीन लिया। बोले, "यारो हमका माफ किया जाई, हम नसे में हूँ। लेकिन लेडीजंड लेडाज, बोल हमहि रहे हैं, हमारा नसा नहीं, समझौ? हम आप लोगन को बता देना चाहिते हैं कि आज हम जो भी हैं, जइसे भी हैं, सब सियाबर बाबू की किरिपा से हैं। यह हमारा सउभाग्य हय कि देस के महान सपूत सियाबर बाबू मउजूद हैं यहाँ। मैं चाहिता हूँ कि इस औसर पर वह मुझे आसीर्वाद दें, आई मीन, वर-वधू को आसीर्वाद दें। आई मीन बाद में मुझे भी।"

इतना कहकर घुरहू हाथ में पकड़नेवाला माइक खींचते हुए सियाबर बाबू की ओर बढ़े। माइक के साथ केबल था लेकिन इतना बड़ा नहीं कि माइक सोफों तक ले जाया जा सकता। इस खींच-तान में घुरहू पुनः धराशायी हुए। स्टेज प्रबन्धकों ने किसी तरह उन्हें माइक समेत सियाबर बाबू तक पहुँचाया। वह बोले, "अरे आसिड़वाद ड़े दिया जा चुका हय। अब ऊ दूधो नहाओ, पूतो फलो तो नहिन कहा जाएगा फेमिली प्लानिंग के ई जमाना में। गोविन्द एंड गीता में गाड, जे हे ने से, ब्लेस यू एंड मे यू इन-जाय ए वैरी हैप्पी, जे हे ने से, हार्मोनियस मैरिड लाइफ।"

"हम का भी आसीर्वाद दिया जाय।" घुरहू ने चरण-जाम्बूक बनकर कहा।

"जा तू भी इन-जाय कर।" सियाबर बाबू ने हँसकर कहा।

"सेबुन फिफ्टी ई-बी. डैस सेबुन्टी फाइब डैस इलेवुन हंड्रंड ट्वंटी फाइब में आप बहाल कराय दिये रहे सरकार। ओ माँ जेतना इन-जायमेंट पासिबल हय ई महँगाई का जुग में सो घुरहू करि रहा हय आपकी दया से। बाकी कउनो मजावाली बात नहीं मालिक। थोड़ा मउज-मजा होई सके एइसा आडर किया जाए।"

"दिस मैटर यू डिस्कस एट डेल्ही, बे मौका बात नहीं किया जाता।" सियाबर बाबू ने अपने चरण घुरहू-पास न छुड़ाए।

"सियाबर बाबू आपे हमार मउका! जहाँ राउर होई हम मउकाहि देखी।"

"अच्छा करा दिया जाएगा नाव, जे हे ने से, लीव माई लेग्स।" सियाबर बाबू ने कहा और मुक्ति पाकर डिनर के लिए चल दिये।

घुरहू ने अब माइक पर घोषणा की, "हम आपसे सही बताए थे कि जो भी हैं हम सियाबर बाबू की किरपा से हैं, जो भी हम हुइहैं दिल्ली लउट के सो उन्हीं की किरिपा से। इसमें कउनों संसय नहीं हय हमरा मन में।"

गुड्डीजी ने उनसे माइक लेना चाहा लेकिन घुरहू को एक घोषणा और करनी थी। बोले, "मेरे अजीज, उर्दू के लजीज सायर जनाब खटीक खटीमवी जहाँ भी हों मंच पर तसरीफ लाएँ अउर बर-बधु को आसीर्वाद दें। खटीक खटीमवी रेडियो, टी.बी. फिलिम अउर मुसायरा सबका अन्तर-राष्ट्री ख्यात प्राप्त सायर मंच पर आने की किरिपा करें।"

सूचना मिली कि खटीक भाई जरा गला तर कर रहे हैं। घुरहू ने घोषणा की कि खटीक यहाँ आएँ तो उन्हें नेताजी की किरिपा से तरावट के लिए पूरी बोतल स्काच मिल जाई।

झूमते-झामते खटीक आए। उन्होंने 'तुम जियो हजारों साल' नुमा एक आशीर्वाद दे डाला और माफी चाही कि गला खराब होने के कारण आज कुछ सुना नहीं पाएँगे! लेकिन घुरहू जिद करते रहे। तब उन्होंने 'बदरा में बसे बिजुरिया' ऐसी एक फिल्मी गीतनुमा चीज पेश की, बेसुरी आवाज में।

नेताजी ने कहा, "गला फटा टूब, नजम रिटड टायर, यह कउन सायर पकड़ लाया घुरहू ससुर?"

पछाँह से आए यशस्वी पत्रकार तेलूरामजी कम्बोज बोले, "अजी काहे के सायर! दिन-भर रिक्सा चलावें हैं, साम को अचकन-सी पहन ले हैं पड़ोसी की, और पान खा के अदा-बर्ज अदा बर्ज करने लगे हैं। हो गई सायरी!"

नेताजी ने कम्बोजजी को इस टिप्पणी पर बतौर शाबाशी कई धौल इनायत फरमाए, साथ ही उनके कुर्ते और चेहरे पर अपने अट्टहास के सुर्ख स्मारक पान की पीक से बना दिये। नेताजी ने अपने ही रूमाल से इन्हें पोंछ देने की एक विफल-सी कोशिश भी की।

हमारी श्रीमतीजी को बराबर यह शिकायत हो रही थी कि इस विवाह में वी.आई.पी. चक्कर में दुल्हा-दुल्हन, रीति-रिवाज सब उपेक्षित हुए जा रहे हैं। दुल्हा-दुल्हन फिल्मी सैट जैसे मंच पर बैठे हैं और शादी का मतलब यही रह गया है कि उनकी वी. आई. पीयों के साथ फिल्म उतार ली जाए। जयमाल तक बार-बार कराई गई कि कोई 'टेक' बेहतर आए!

विशिष्ट वी. आई. पीयों के डिनर के लिए चले जाने के बाद यह शिकायत इस अर्थ में आंशिक रूप से दूर हुई कि दूल्हा राजा ने घुरहू-गुड्डीजी सबकी छुट्टी करा दी और रंगमंच स्थानिक बालकों के एक बैंड को सौंप दिया। इन बालकों ने अपने साज बिजली के आलों से फिट किए और संगीत के नाम पर शोर सुनाने लगे। इस

शोर पर वर-वधू के युवा सखा-सखी पृथ्वी को थर्राने के नेक इरादे से थिरकने लगे। वर-वधू स्वयं भी नाचे। नेताजी उवाच, "ये हय, जे हे ने से, प्यार की हथकड़ी!"

"प्यार की हथकड़ी!" हमने आश्चर्य व्यक्त किया।

"डिस्को अस्टेसन ससुर!" नेताजी हुचहुचाए, "आप कइसे अडीटर हैं, हिट-टूनों की कउनो खबर नहिंन रहिती आपको? अरे बयंड बजाय रहा हय 'ये हय प्यार की हथकड़ी' की टून। अब चला जाय, मनोरंजन के बाद भोजन करके प्यार की अडीसनल हथकड़ी डलवा ली जाए।"

डिनर का प्रबन्ध इतना भव्य था कि बकौल श्रीमतीजी 'भोजन देखकर ही भूख मिट जाए।' विविध व्यंजन मेजों पर सजे हुए थे। अतिरिक्त सजावट के लिए बर्फ की बनी मूर्तियाँ थीं, सब्जियों के बने गुलदस्ते और गुड्डे-गुड़िया थे, रंग-बिरंगी रोशनियाँ थीं। नेताजी ने हमें 'फ्रयंडली अडवाइस' दी, "इन ससुरों का नमक जियादा न खाया जाय कक्का, असीडिटी हुई जाई। दूसरे कोने में जउन मेज हय उसमें नऊ प्रकार का देसी अउर तीन प्रकार का बिदेसी मिस्टान प्रोवाइड हय। बाद में आइसक्रीम घाते में हय ससुर। फुल जस्टिस उधरहि के लिए रखा जाए।"

गुरुजी ने, जो निकट ही गुड्डीजी से बात कर रहे थे, हमें बताया, "इन लोग का कचौरी हमरे तरफ के कचौरी से थोरा डिफरेंट है जी। रादर, जे हे ने से, टेस्टी। ट्राइ किया जाए।"

हमारी जबान राजस्थानी कचौड़ियों के बचपन से स्वयं गुणगान करती चली आई है, लिहाजा असीडिटी की चिन्ता किए बगैर हमने दो अपनी प्लेट में ले लीं।

श्रीमतीजी का समाजवाद इस बेहतरीन दावत का जायका बिगाड़ता रहा। मिसाल के लिए वह जानना चाहती थीं कि बारह तरह की मिठाइयाँ परोसने में क्या तुक है? इसके जवाब में नेताजी को दो बातें कहनी पड़ीं। पहली यह कि मिठाई-नमकीन कउन परोस रहा हय ससुर, पइसा परोसा जाता हय, समझीं काकी? दूसरी यह कि दर्जन में हिसाब ठीक रहिता हय और सस्ता पड़ता हय। श्रीमतीजी यह भी जानना चाहती थीं कि लोग इतना भोजन बरबाद क्यों कर रहे हैं? नेताजी का कहना था कि अरे बरबाद कुछ नहीं होता इस देस में, दाने-दाने पे लिखा हय खानेवाले का नाम। इस पर श्रीमतीजी ने जूठन खिलानेवालों के विरुद्ध प्रवचन दिया जिसे सुनकर हमारे लायक भतीजाजी हुचहुचाते रहे और यही दुहराते रहे कि एट्टी-फाइव के इलक्सन कम्पेन के लिए आपका रजर-बसन हम अभी से कराय लेना चाहते हैं भासन-भूसन काकी!

इस पर काकी और बिगड़ी और गरजीं। अब नेताजी ने कहा, "हम समिझते हैं कि आपको राज-वाज सभा में रखवाय दें। नहीं आपसे सही बताते हैं काकी एकाधा दुर्वासा टाइप की हर रूलिंग पाटी को अपनी सयटिंग में जरूरत रहती हय। सबहि चरन-जाम्बूक होने से इमेज बिगड़ता जो हय। कभी किसी मनिस्टर को झटका देना होय, किसी अफसर के हड़काने का जरूरत पड़े खड़ा करा दो पालमेंट में अपनेहि दुर्वासा को। सरू हो जा बेटा धुआँधार, अउर का, हमरा तो इमेजहि बनी, जिसका उखड़ी ससुर उखड़ी।"

श्रीमतीजी को लायक भतीजा का यह हँसी-ठट्‌टा कतई नहीं सुहाया। उनके तेवर देखकर हम अपनी प्लेट का वह घेवर भी खा गए जिसे 'असिडिटी' के भय से हम बरबाद किया चाहते थे। चलिए उनके प्रवचन का कहीं तो कुछ तो असर हुआ।

अगले दिन सुबह नेताजी ने बताया कि दिल्ली से साथ आए लोग, साथ ही लौट नहीं रहे हैं। सबके अलग-अलग प्रोग्राम हैं। सरकारी लोगों की सुविधा के लिए इस विवाह के अगले दिन कुछ सरकारी आयोजन पहले से ही तय कर दिये गए थे जयपुर के आसपास। वे लोग उनमें चले जाएँगे। नेता-बिरादरी में से कुछ अजमेर में एक राजनीतिक-सामाजिक सम्मेलन में हिस्सा लेंगे और पुष्कर में अपने पाप-वाप धो आएँगे। नेताजी जैसे कुछ लोग धन्धे की बात करने के लिए आज जयपुर में ही जमेंगे। अन्त में उन्होंने कहा, "कक्का-काकी एंड बच्चा पाटी के लिए एक डी. एल. वाय तइयार खड़ी हय। थोड़ा घूम-घाम लें सहर अउर फिर जब मूड हो लउट जाएँ। ड्राइवर को कुछ देने की जरूरत नहीं हय, टिप-विप सब कर दिया गया हय।"

ब्रेकफास्ट करके हमने सामान डी.एल.वाई. में रखवाया। देखा उसमें बहुत सारे पैकेट पहले से रखे हैं। नेताजी ने बताया, "अरे कुछ नहीं, मिठाई प्रयजंट उगैरा। चाँदी का एक ठो बर्तन होई, डेकोरेसन पीस हुई। यह है प्यार की हथकड़ी, ग्रहन की जाय। बरातियों के देय का रिवाज हय इस साइड में।"

श्रीमतीजी को संकोच हुआ।

नेताजी बोले, "इसमें कउनो कमिटमेंट का बातहि नहीं हय। अरे कलजुग में तो नमक खाय लेने पर भी गुंजाइस रहिती हय कि आप कहि दें नमकहलाली के माँग काहे करि रहे हो भाई नमक खिला-खिला के ब्लड प्रयसर से हमका हलाल करे कि तोहार साजिस रही। वइसे आपकी आत्मा को जियादा कस्ट देय लगे ई प्रयजंट मिठाई, सड़क पर फेंक दी जाए, जिसके नाम लिखा होई दाना उसको मिल जाई।"

हमारे सबसे छोटे पुत्र ने कहा, "फेंकेंगे क्यों?"

नेताजी बोले, "यंगर जनरेसन चऊंचक हय।"

गाड़ी में बैठने के बाद श्रीमतीजी ने उपहारों को देखा-परखा और समाजवादी गणित नये सिरे से शुरू किया। नेताजी ने चैतन्य-चूर्ण की एक डोज हमें दी 'फार दी रोड' और दूसरी स्वयं फाँककर कहा, "काकी हमसे पूछ लीजिए, कुल मिलाकर दूनो पाटी का पचास-पचास-साठ-साठ खर्च हुई गया हय इस सादी में।"

"पचास हजार कैसे, तुम तो डेकोरेशन के ही एक लाख बता रहे थे।"

"लाखहि अब भी बता रहे हैं काकी। आइन्दा के लिए नोट किया जाए जिसे मूरख करप्सन अउर गियानी गुड जीवन कहिते हैं उसकी इकाई इस महँगाई के जमाने में एक लाख हय। यह भी नोट किया जाय मयडम माय काकी कि पइसा से ज्यादा जरूरी चीज हय अमिज-नयसन। कल्प-नासीलहि पइसा कमाना अउर खर्चना जानिते हैं, बाकी सब किर्रू हैं।"

काकी शायद जवाबी हमला करती लेकिन ड्राइवर ने गाड़ी चला दी।

लास-गेन, डाइन-लिविन, फेम-ब्लेम हिज हैंड!

नेताजी खादी ग्रामोद्योगवालों का एक बड़ा-सा लिफाफा लेकर प्रकट हुए। इसमें कुर्ता-पायजामा-बंडी-टोपी के चार सैट थे। नेताजी ने बाल-सुलभ उत्साह से इनकी नुमाइश-सी लगाई सोफे पर फिर तीन सैट लिफाफे में डाल दिये। चौथे सैट का पायजामा उन्होंने मयडम काकी को इजारबन्द डालने के लिए दिया।

हमने कहा, "लायक भतीजाजी, खैरियत? तुम तो पैंट पर कुर्ता, जाकिट किंवा, सफारी सूट वाली बिरादरी के हो!"

नेताजी उवाच, "ई डिरेस हम डिस्कार करि रहे हैं। प्रयजंट सयटिंग में चलबे न करि कक्का।"

और नेताजी ने वहीं ड्राइंग रूम में खादी का पतलून-जैकेट उतार दिया और बंडी-कुर्ता-पायजामा-टोपी धारण किया।

"तुम तो संजय के सिपाही थे ना एक जमाने में?" हमने पूछा।

"सच्चे सिपाही, मीलाड यूअरानर कक्का।" नेताजी ने स्थिति स्पष्ट की। "सच्चा सिपाही कौन होता है?" हमने जानना चाहा।

"जउन सत्त के मारग से हिलत नाहीं। अउर समझा जाय जरा कूल बिरेन से, सत्त का मारग वहियै होत हय जउन जीत की ओर जाबेहि न करे, ऊहा पइहल पहुँच चुका होय। इफ सत्यमेव जयते, दयन यूअरानर, जयते इज सत्यमेव एंड चलती इज गाड़ी।"

"समझ गए।" हमने कहा।

"आप इंटलेक्टलों का यहीयै बात हमको अच्छा लगता हय, समझते देरी से हैं, मुद्रा समझाने से समझि जाते हैं अउर लिख मारते हैं अडटोरियल।" नेताजी हुचहुचाए।

"मगर लायक भतीजाजी," हमने अपनी मन्दबुद्धि की एक और बानगी पेश की, "तुम खुद कहते हो कि राजनीति में कभी भी कुछ हो सकता है। कहीं कुर्ता पैंट का फैशन फिर लौट आया तो?"

नेताजी ने अपने उतारे हुए कपड़े बहुत प्रेम से तह किए और उन्हें लिफाफे में डालते हुए बोले, “आपकी इंगलिश कक्का यवै हय ससुरी। अरे हम यही कहे कि डिस्कार करि रहे हैं डिरेस, ई तो नहीं कि एकर जगह कउनो बर्तन-उर्तन लेइ ले रहे हैं, फेरीवाली से, काकी अस्टाइल में। लाइक भतीजा ई डिरेस के सम्हाल के रखि कि का जाने नारायन कभी एहिमा अंटरव्यू बदे बुलाई।”

लेक्चरार काकी ने भतीजाजी की भूल सुधारी, “बात नारायण के भेस की है, भक्त के नहीं—का जाने किस भेस में नारायण मिल जाय।”

“अरे तो कोई भगत का डिरेस, नारायन के डिरेस से अलग होइ सकत हय!” नेताजी ने कहा, “गुस्ताखी माफ मयडम काकी, भतीजा को आपहि से हिन्दी सीखनी होती तो लेडी सिरी राम कालिज में अडमीसन न ले लिया होता ससुर। नारायन का भेस के बारे में कलजुग में कउनो कंट्रावरसी हइयै नहीं, नारायन इज आल्वेज अंडर-वियर सत्ता एंड मालमत्ता। सत्ता का जाँघिया अउर मालमत्ता का बनियाइन, दिज इज बुनियादी पोसाक। बाकी ई भगत का डेउटी हय कि पता राखे कि एइसन अन्दर-वियरवाले का ऊपर वियर क्या हय अउर बहियै खुदो पहिने, आपन बाल-बच्चा के पहिनाए।”

नेताजी ने गांधी-टोपी किंचित् बाँकी-तिरछी अपने सिर पर रखी और इस ताजपोशी के बाद हमसे पूछा, “कइसा लागत हय?”

“बढ़िया।” हमने कहा, “भावी प्रधानमंत्रियों की सूची में तुम्हें भी शामिल करना होगा!”

“अरे उतना ऊँचा अपना अम्बीसन नहिन हय। छुटभय्ये हैं भगवान की दया से। पालमंट में हि पहुँच जाई तो सुख की नींद सोइ सकी तोहार भतीजा इयरकंडीसन हाल में।” नेताजी ने ठहाका बलन्द किया। फिर चैतन्य-चूर्ण बनाया, खिलाया-खाया।

“तो तुम पैंट-कुर्ता का फैशन फिर लौटने की सम्भावना देखते हो?”

“अरे हम तो हर बात की सम्भाउना देखित है—किरूं राज तक की। तभी न किरूंवाद के टाप नेता कक्का-काकी के दरबार में हाजरी लगाते रहते हैं।” नेताजी बुदबुदाए।

उन्होंने पीक पर तरह-तरह की पाबन्दियाँ लगाईं और फिर कहा, “राजनीत में कक्का, दुई टाइप का आदमी जरूरी होता हय—सयटिंग जमानेवाला अउर सयटिंग उखाड़...।”

पीक पाबन्दियाँ तोड़ चली थी। नेताजी ने रूमाल से ठोड़ी पोंछी और फिर सामने बरामदे में रखे मनीप्लांट का उद्धार कर आए। इस पर काकी ने उन्हें झिड़की सुनाई। भतीजाजी ने इस ओर ध्यान दिलाया कि अगर एइसे प्लांटहि से मनी पइदा होने लगता तो देस के सारे किरूं करोड़पत न हुइ गए होते! भतीजाजी-काकीजी में सत्तावाद बनाम समाजवाद की बहस चला चाहती थी। इस खतरे को टालने की गरज से हमने कहा, "हाँ, तो तुम कह रहे थे कि राजनीति में आदमी दो तरह के चाहिए।"

"सयटिंग जमानेवाले अउर सयटिंग उखाड़नेवाले!" नेताजी ने हल्की हो चुकी पीक निगलते हुए बात आगे बढ़ाई, "अपोजसन अउर डसडंस की राजनीत को उखाड़नेवालों की जरूरत होती हय। राजनीत की सीख हय कि जब अपोजसन या डसडंस को खुद सत्ता का पत्ता मिले तब वह सयटिंग उखाड़नेवालों को फउरन धत्ता बताइ दे। उनसे साफ कहि दे कि बिरादर जब हम अपोजसन में फिर जइहै तुम्हि का याद करिहै—जेल जाने को! फिलहाल हमका जरा सासन अउर रासन-पानी का चक्कर चलाए दिया जाय प्लीज।"

"इसका मतलब यह हुआ कि सैटिंग उखाड़नेवालों को सत्ता में भागीदारी मिलती ही नहीं।"

"नहीं, मिल भी जाती हय कभी-कभी। क्योंकि राजनीत में कुछ चाँचर सत्ता धारीओ होत हैं। सयटिंग-उखाड़ को सयटिंग में लेकरहि करम फूटता हय उनका। बाकी कउनो चउँचक सत्ताधारी, सयटिंग-उखाड़ से हुक्का-पानी नहिन रखता। यहियै कारन हय कि आपका लायक भतीजा होलटाइमर सयटिंग-जमाऊ हय।"

"भाई, जब तुम पुरानी सैटिंग उखाड़ने में मदद नहीं करोगे तब नई सैटिंग का सत्ताधारी तुम्हें घास क्यों डालेगा?" हमने जिज्ञासा की।

"इसलिए कि हम घोड़े हैं, जमी-जमाई सयटिंग को दउड़ानेवाले घोड़े, सयटिंग के दुलत्ती झाड़नेवाले गदहे नहीं।" नेताजी हिनहिनाए और उन्होंने सोफे की पीठ पर अनेकानेक धूल उड़ाऊ धौल जमाए।

"वाह!" काकी ने आपत्ति की, "क्या सत्ताधारी इतने मूर्ख होते हैं कि सत्ता परिवर्तन के बाद अपने पक्ष में आनेवालों को अपना मानें?"

"आपके भतीजा एइसा चउँचक पाल्टीसन सत्ता-परिवर्तन से ठीक पहिले सेवा में प्रस्तुत हुई जात हय। इसमें स्रेयो जियादा मिलत हय। वह आप सुनी है ऊवरसीयर अउर मजूरवाला किस्सा? वह एइसा हय मजूर लगा हुआ था बड़ा पत्थर तोड़ने में बहुत देर से। ऊवरसीयर आए, दी हथउड़े की चोट, पत्थर टूट गया। बोले, देखा।

मजूर कहा कि अरे साहिब, हम इतने देर से देई चोट देई चोट इ का पोला करि दिये रहे जभी आप तोड़ि सके। ऊवरसीयर कहिन, तुमसे टूटहि नहीं रहा था ससुर, हम तोड़ दिये हैं तो उकालत छाँटि रहे हो। वाट मयटर इज फिन-सिंग टच। अस्टूडंट क्या अजटेसन किया, सम्पून क्रान्त-वान्त क्या हुआ, उसका कउनो महत्त नहीं, वाट मयटर इज बाबू जगजीवन राम लीविंग इन्द्रा।"

"वाट मैटर्ड वाज।" हमने नेताजी की अंग्रेजी सुधारनी चाही।

"जब आप हमारा मतलब समझहि गए तब इज-वाज ई मीन-मेख काहे?" नेताजी ने कहा, "मतलब से मतलब रखना आप लोग कभी सीख सकेंगे इसमें आयम हैविंग, जे कि हे ने से, माय पर्सनल डाउट।"

"आई हैव माई ऑन डाउट्स—ऐसा कहो।" हमने फिर भूल सुधार की धृष्टता की।

"भतीजा बोला नहीं कि ठुनका-कंटाप धरा नहीं। अरे आपो इंगलिस पढ़े हैं इसमें हमने कभी डाउट किया हय, जो आप चालू रहिते हैं धुआँधार। कायदे से पढ़े रहिते तो काकी की तरह लक्चरार होते, कायदे से पढ़े नहीं इसलिए भगवान की दया से पत्रकार हैं। बाकी यह समझा जाय कक्का कि आपके भतीजा समेत जितने गियानी हैं इस देस में, इंगरेजी एइसी ही बोलिहैं, आप दस में से तीन लम्बर देकर खुस होते रहो। लम्बरहि न हैं ससुर, कउनो माल-कउड़ी तो नहीं जो कम मिले का दुख करी गियानी!"

"कुछ ज्ञानी तो हिटलर के भी प्रशंसक हैं।" हमने कहा।

"कुछ काहे, सबहि!" नेताजी ने कहा, "आपो भी प्रसंसक हो। हर आदमी इस देस में यहिन कहि रहा हय कि मुझे फुल पावर दो, मैं सब ठीक कर दूँगा, सबको ठीक करि दूँगा। यहाँ हर गंजा एक ठो पंजा अउर हर झंडा एक ठो डंडा न होनेहि का दुख मनाय रहा हय। डंडा देइ दो हमका, हम आपन झंडा फहराय देब, सुख का राज आटोमयटिक हुई जाई देस में। कि-नान-किरू सबहि न यहियै सोचता हय भारत भूम में।"

"अच्छा तो तुम किसी भी गुट या दल में तब शामिल होते जब उसे सत्ता मिलने ही वाली हो।"

"करेक्ट, लायक भतीजा कभी रास्ते में धोखा नहीं देंगे लेकिन अगर तोहार गाड़ी सत्ता के मंजिल की ओर ना बढ़ी तो ई अस्टपनी भतीजा कूद के दोसर गाड़ी का डिक्की में जा बइठी।"

"हाँ तुम तो स्टेप्नी ही बनोगे, घिसना क्यों चाहोगे!" काकी ने व्यंग्य किया।

"करेक्ट मयडम काकी अउर रास्ता में कोई टायर ध्वाखा दिया तो हमहि काम आएँगे। बाकी जब तक गाड़ी चल रही है तब तक काहे कस्ट दें काया को।"

"तुम अवसरवादी हो।" काकी ने तुनककर कहा।

नेताजी बोले, "जइसा हमारे गुरुजी कहिते हैं—ई जगत में को औसरवादी नहिंन हय? सही औसर का पहचानहि टाप हाइट के गियान का प्रमान हय। राइट अपचुनउटी के पहिचान सकना जरूरी बा। जल्दबाजी ठीक नहीं। अरे आदमी दुइ पइसा के हँडियो ठोक-बजाय के लीयत हय, इहाँ ससुर करोड़न के नफा-नुकसान का सउदा हय। न बहुत जल्दी, न बहुत देर से समझे। ऊ भी नहीं कि चैत के पछताने गेहूँ नाही होत, एइसा सुने के पड़ी फूचर में।"

"अच्छा तो फिलहाल तुम राजू भय्या की जय बोल रहे हो।" हमने कहा।

"जरूर बोलि रहे हैं मुदा एक नजर भगिनी मानेकाओं पर रखे हैं। कूद नहिन रहे डसडंस तीरथ में बाकी किनारे पर खड़े ताड़ै हुए हैं कउन कूद रहा हय अउर मामला कितने गहरे में हय।"

"यह सारा ज्ञान तुमने कहाँ से बटोर लिया?" हमने कहा।

"हम कक्का, कउनो आलतू-फालतू टाइम-नूजवीक टाइप लिटरेचर नहिन पढ़ते आपकी तरह। अपना जो भी गियान हय सब वाया तुलसीदास पहुँचा हय।"

"तुलसीदास ने यह सब कब कहा, कहाँ कहा?" काकी ने टोका।

"सुना जाय।" नेताजी बोले और उन्होंने सस्वर पाठ किया, "तुलसी तीरहू के चलें समय पाइबी थाह। धाइ न जाइ थहाइबी सर सरिता अवगाह।"

अब नेताजी उठ खड़े हुए। बोले, "जरा भवन-भ्रमन पर जाना है। ऊ.पी. में चेंज-ऊंज का चक्कर हय। भीतरवाला बाहर जाएगा, बाहरवाला भीतर आएगा।"

काकी ने कहा, "तुम लोग रात-दिन ऐसी जोड़-तोड़ में रहते हो। देश रसातल में जा रहा है। तुम्हें कभी इसकी भी चिन्ता नहीं होती कि तुम्हारी कितनी बदनामी हो रही है?"

नेताजी ने ब्रीफकेस उठाया, हवा में घुमाया और मुस्कुराकर बोले, "वह एइसा हय कि लास-गेन, डाइन-लिविन फेम-ब्लेम हिज हैंड। अपने हाथ में अपनी मउजहि हैं, इसलिए आपन मउज में रहो, झाड़ै रहो, चालू रहो।"

99.99 परसंट ई डबल निनानबे का फेर बा

हमारे एक बचपन के साथी संकट में थे। संकटमोचक को संकट के समय याद करने की हमारे देश में प्रीतिकर परम्परा है। मित्र ने हमें संकटमोचक माना। हमें उनसे कहना पड़ा कि माफ कीजिए, आपने गलत नम्बर मिलाया है। अजी हम आपका संकट क्या दूर कराएँगे, हम तो स्वयं सदा संकटग्रस्त रहते हैं।

कहा हमने और कहकर दुखी हुए। कितना बुरा है इस तरह लोगों को निराश करना। कितना शर्मनाक है यह सार्वजनिक-स्वीकार कि हम कुछ नहीं करा सकते, कि हम तुम्हें क्या बचाएँगे, हम तो खुद पिटे हुए हैं।

सामनेवाला कह सकता है—हे अधम नर क्या इसीलिए तुझे इस शक्तिपीठ पर बैठाया था कि तू अमूर्त आँसू रोता रहे और किसी का कोई भला न करे? गुड़ देना तो दूर, गुड़ जैसी बात तक न करे? अरे तुझसे भले तो वे नर हैं जो मंडे मंडे यानी अगले सोमवार को आना ऐसा कहकर बात टाल भले देते हों, अशिष्ट 'ना' से आगन्तुक का अपमान नहीं करते।

सवा सत्यानास—सामनेवाला समझ सकता है कि यह 'ना' करनेवाला परले दर्जे का नाटकबाज है कुछ ले-देकर ही 'हाँ' करता है। समझ सकता है और योग्य बेटे के गरीब बाप को सम्बोधित करते हुए किसी बेटी के रईस बाप की तरह कह सकता है—और आप निश्चिन्त रहें लेना-देना अच्छा हो जाएगा।

तो ज्यों ही बालसखा ने हमारे वक्तव्य को महापुरुषों की स्वाभाविक विनम्रता का नमूना ठहराया, हमें सवा सत्यानास का खतरा नजर आया। आध्यात्मिक संकट की इस वेला में हमने भी संकटमोचक का स्मरण किया। दुर्भाग्य से लायक भतीजाजी अर्थात् नेताजी घर पर मिले नहीं।

अब सिलसिला यों चला। बालसखा हमें फोन करें। हम नेताजी को। नेताजी मिलें नहीं। सवा सत्यानास फिर साकार होता दिखाई दिया। इसलिए हमने रात साढ़े

ग्यारह बजे नेताजी को फोन किया। नहीं मिले। अलार्म रखकर सुबह पाँच बजे फोन किया। मिल गए। हमने शिक़ायत की कि भई कहाँ गायब रहते हो? तीन दिन से तुम्हें लगातार फोन कर रहे हैं।

नेताजी ने फोन पर उबासी ली फिर हँसते हुए बोले, "अरे कक्का, हम कउनो आपकी तरह नउकरी-पेसावाले थोड़ो हैं कि ससुर सात घंटा दफ्तर के कुर्सी तोड़ा अउर लउटकर घर के खटिया। पहिली तारीख का अँगूठा टेका अउर लेइ लिया पगार। हम तो मिहनतकस मजूर हैं—पालितारि-अत-समझे। अरे सुकुवा उवे से दुइ घंटा पहिले उठित हय अउर दुइ-चार घरी रात बीते लउटित हय झोंपरिया मा, तब कतो जाइके रोटि-पानी के जुगार होवत हय, चूल्हा जलित हय। बताया जाय आज हमार इयाद कइसे आय गया? मने प्रात: अस्मरनी कक्क़ा ई भतीजा का सबेरे-सबेरे अस्मरन काहे किए? का हुकुम बा हमरे तईं? कहाँ खेत गोड़े के बा? कहाँ मेंढ़ बाँधे के बा?"

हमने कहा, "यह डायलागबाजी छोड़ो और बात सुनो।"

नेताजी बोले, "जब आपकी इंगरजी का हाई किलास फयन्सी कट टाप पोयट कहि गया हय कि ई संसार अस्टेज हय तब डायलाग बिना काम कइसन चली? जिसका डायलाग तगड़ा, उ-सहिका बड़ा नाम हय। कहनेहि की सारी बात हय बाकी करना वहियै हय जो किया जाता हय, अउर होना वहियै हय जउन राम रचि राखा।"

हमने कहा, "तुम बात सुनोगे कि बकबक ही किए जाओगे?"

नेताजी बोले, "अरे जब आप कहिएगाहि नहीं तब हम सुनेंगे कइसे? सुननेहि के लिए तो सुख-सेज छोड़कर आए हैं जबकि सोये हम अभी घंटाहि-भर पहिले थे पालम में एक ठो फोरेन पाटी को सी-आफ करिके। अउर आठ बजे हमें मध प्रदेस भवन पहुँचे का है—ब्रेकफास्ट डप्लोमसी के लिए।"

अब हमने नेताजी को अपने बालसखा की समस्या समझानी चाही। बालसखा के ही शब्दों में यह बताना चाहा कि कैसे उनके प्रति अन्याय हुआ है, क्यों उनकी माँग जायज है।

नेताजी ने एक जोरदार उबासी भरी और कहा, "अरे डिटेल-उटेल छोड़िए मार कन्फूज होता हय माइंड ई सबसे। बस यहियै बता दिये होते कि एक ठो नींबू प्रस्तुत हुआ हय सेवा में कि सिकंजी बना ली जाय।"

हमने बालसखा के तर्क दोहराने की कोशिश की लेकिन नेताजी ने सुनने से इनकार किया और कहा, "जनु-आइन-कु-छनहीं होता ससुर! असार संसार में अगर

कोई दउड़-धूप करिहै काम बनवाने के लिए तो उसका जनु-अइनो असार माना जाई कक्का। आपके दोस्त का काम दुई लोग के डिपाट से होइ सकिता हय—रामअँजोर बाबू के या सियाबर बाबू के। रामअँजोर बाबू रूल रगुलेसन टाइप हय समझे, ऊपर से आदेस होनेहि पर नीबू निचोड़ता हय। बस आचमनी-भर सिकंजी स्वयं ग्रहन करिता हय, सेस सिरीचिरनों में अर्पित करिता हय। सियाबर बाबू सिकंजी का सउकीन हय मुदा मंडे-मंडे करिने का कुटेव हय उसमें। आप एइसा कीजिए अपने दोस्त को संडे सुबह बुला लीजिए। सियाबर बाबू मंडे कही, आदत से लाचार। विटामिन एम के एक डोज दी जाई, एम फार मंडे अगले दिनहि हुइ जाइ काम। जय सियाराम।"

"देखो यह हेराफेरीवाला केस नहीं।" हमने आपत्ति की!

"पाइंट नोट किया जाय यूअरानर—अगर केस हय तो हेराफेरी हुइबै करि ओम्मन! अउर कक्का, हम आपके बालसखा को जानिते हैं। धन्धेवाले आदमी हैं, गाँठ के पूरे हैं, आँख के अन्धे नहीं। संडे बुला लीजिए आँखों-हि-आँखों में इसारा हुइ जाई, किनारा मिल जाई।"

इस वार्तालाप से हमारा दुख बढ़ गया। हमने फैसला किया कि अपने भले बालसखा के इस जेनुइन केस की स्वयं वकालत करेंगे। हमने रामअँजोर बाबू और सियाबर बाबू से समय माँगा। सियाबर बाबू के पी.ए. ने साहब की व्यस्तता का जिक्र किया और हमसे मंडे फोन कर देखने को कहा। रामअँजोर बाबू ने तुरन्त समय दे दिया। हमने बालसखा को यह शुभ सूचना दी और यह देखकर आश्चर्यचकित हुए कि उन्हें रामअँजोर बाबू से मिलने का विशेष उत्साह नहीं है।

रामअँजोर बाबू के दरबार में भीड़-भाड़ देखकर हमें नेताजी की यह टिप्पणी याद आई कि रामअँजोर का पालटिकल बेस-ऊस-कु-छनहीं हय, पूजीसन अलबत्ता सालिड हय मउजूदा सय-टप में। मालूम हुआ कि साहब का शिड्यूल आज आध घंटा लेट चल रहा है क्योंकि सवेरे उन्हें पी. एम. ने बुला लिया था। हमें प्रतीक्षा करने के लिए ड्राइंग रूम में बैठाया गया जो जर्मन कक्कू क्लाक से लेकर जापानी गुड़िया तक, बंगाली मिट्टी के घोड़े से लेकर दाक्षिणात्य नटराज की मूर्ति तक भाँति-भाँति की ऐसी चीजों से सजा हुआ था जो साहब ने अपने राजनीतिक और सरकारी दौरों में जोड़ी थीं या जो उन्हें उपहार अथवा यादगार के तौर पर दी गई थीं। हम कभी भानुमती के पिटारे के योग्य इन चीजों को देखते, कभी उन महानुभावों को जो हमारी तरह ही ससम्मान ड्राइंगरूम में बिठाए गए थे। ये विलायती सूटों से न ढक पाती तोंदवाले तीन अधेड़ व्यक्ति थे जो दबी आवाज में एक-दूसरे को धन्धे

के किस्से सुना रहे थे। और बातों के साथ-साथ ये बुलन्द आवाज के भी धनी थे। इनका दबी आवाज में किया गया वार्तालाप दस-दस मीटर की दूरी तक सुना जा पा रहा था। 'भई तुझे हमने जो ढाई दिये थे किस बात के लिए दिये थे?' 'जब मैंने पौने छह इनवेस्ट किया तब मैं डिस-इंट्रेस्टेड कैसे हो सकता हूँ,' 'मैंने कहा भई सौदेवाली बात कर, ब्लैक में कितने लेगा, व्हाइट में कितने?' जैसे फिकरे इनके कथानकों में प्रयुक्त हो रहे थे। और दोहराए भी जा रहे थे क्योंकि ऐसा कोई वचन आते ही श्रोताओं द्वारा हैऽऽऽ? कहे जाने की परम्परा इनके यहाँ थी। 'हैऽऽऽ' होते ही वक्ता उसी फिकरे को अतिरिक्त आग्रह के साथ दुहराता था और आग्रह में कोई कसर न रह जाए इस विचार से इस बार बहन की गाली भी जड़ देता था। 'कहो कैसी रही' पूछती भवोंवाले ये महानुभाव अपनी-अपनी चतुराई के विषय में स्वयं पर्याप्त आश्वस्त जान पड़ते थे तो भी दूसरे का प्रमाणपत्र ले लेने में कोई हर्ज नहीं समझते थे।

इनमें से एक सज्जन "अबे तो क्या गाँठ के पूरे अकल के कोरे हम ही मिले तुझे!" यह फिकरा दोहराकर गाली जड़ना शुरू कर ही रहे थे कि चुस्ती-फुर्ती की वह चलती-फिरती बानगी पर्दा उठाकर कमरे में प्रविष्ट हुई जिसका नाम रामअँजोर बाबू हैं। उन्होंने धन्धेवालों को नजरअन्दाज किया और इस पत्रकार को गले लगा लिया। उन्होंने पी.ए. से जानना चाहा कि इन लोगों को कुछ चाय-वाय दिये कि नहीं? हमने चाय के लिए मना किया। रामअँजोर बाबू ने कहा कि अरे कुछ ठंढा लाओ ना भइ। हमने ठंढे के लिए भी मना किया। रामअँजोर बाबू ने कहा कि अरे कुछ मीठा लाओ न भई। एक किशोर नौकर बर्फी की प्लेट लेकर आया। रामअँजोर बाबू ने कहा कि अरे कहीं ऐसे दिया जाता है मिठाई? झुककर दो जरा ठीक से नौकर थोड़ा झुका। हमने मिठाई खाई। बालसखा का परिचय दिया, बताया कि इनकी एक समस्या है।

"वह हम जनते हैं। मील चुके हैं ये हम से। हम मना कर दिये थे। जब हमरा रूल परमिट नहीं करता तब हम ओवर-रूल तो नहीं कर सकेंगे ना? वैसे आप तो हमारे फ्रेंड हैं। आपकी बात हम टाल नहीं सकते। जरा इनको कल शाम छह बजे में आप ऑफिस भेज देंगे प्लीज। नहीं हमरा कोई छुट्टी नहीं होता कल भी हम करेंगे ऑफिस। आप बार-बार कहकर हमें सर्मिन्दा मत कीजिए। गुंजाइस पाइंट वन परसेंट भी हुआ तो आइ अस्योर यू नाइंटी नाइन पाइंट नाइन नाइन परसेंट इनका काम हो ही जाएगा। नहीं, सेंट-पर-सेंट तो परमात्मा के अलावा कोई अस्योर करे

नहीं सकता। तो इनको कल भेज जरूर देंगे अउर थोड़ा वेट भी करना पड़ जाए तो ये वेट करेंगे। और कोई सेवा हमरे योग्य?"

रामअँजोर बाबू करबद्ध खड़े हो गए। हमने भी प्रणाम किया और विदा ली।

हमने नेताजी को फोन पर इस प्रगति की सूचना दी। उन्होंने कहा, "एइसा हय जब पालटिक्स में कहा जाता हय कि आप तो हमरे फ्रेंड हैं तब उसका मतलब होता हय कि अगर हम आपको फ्रंडली दाँउ देइ जाय तो बुरा न मानिएगा। नाइंटी नाइन पाइंट नाइन-नाइन परसंट का एइसा हय कि ई डबल निनानबे का फेर बा।"

हमें बात कुछ जमी नहीं। आखिर 99.99 प्रतिशत तो लगभग शत-प्रतिशत होता है। तब लायक भतीजाजी उर्फ नेताजी हमें यह कैसे समझा रहे हैं कि रामअँजोर बाबू ने हमारे बालसखा का काम करवा देने का जो 99.99 प्रतिशत आश्वासन दिया है वह डबल निन्यानबे का फेर है। हमने कहा, "भई, 99.99 प्रतिशत को विज्ञान में शत-प्रतिशत जैसा ही माना जाता है। विज्ञान ही हमें सिखाता है कि भूल-चूक की गुंजाइश छोड़नी चाहिए।"

फोन पर नेताजी की आवाज गूँजी, "बात सायंस की नहीं, सऊदेबाजी की होय रही हय कक्का। सऊदे में नाइंटी नाइन पाइंट नाइन नाइन, डबल निनानबेई का फेर माना जाई। सऊदे में बात साफ करे का चाही—हुई सकित हय के नहीं? दिस वे ससुर के दयट? अरे जब नाइंटी नाइन पाइंट नाइन नाइन तक पहुँचहि चुके हैं आप, तब इसमें पाइंट जीरो वन अउर जोड़े का कितना लीजिएगा सो बता दिया जाय।"

हमने कहा, "जब रामअँजोर बाबू ने आश्वासन दिया है, तब कुछ तो करेंगे।"

नेताजी बोले, "काहे नाही! रामअँजोर बाबू कागज रख लेई आपके फ्रंड का अउर घंटी बजाय के पी.ए. के दे देइ कि फलां सुपर-किरू के मार्क कर दिया जाय फार कमंट्री प्लीज। नीचे छोटा घुघू।"

"घुग्घू?"

"अरे अनी-सिअल संछिप्त हस्ताच्छर! छोटा घुग्घू बड़ा घुग्घू का किसा सुने हो? वह एइसा हय कि जब अपने रेउती रमन बाबू सी. यम. थे उन्होंने छोटा घुग्घू बड़ा घुग्घू का कोड रखा था। जिसका काम करवाना होता था उसमें सी. यम. डिजायरिंग उजायरिंग के नीचे पी. एस. का बड़ा घुग्घू रखा जाता था, जिसका न करवाना हो उसके नीचे छोटा। खैर कोई बात नहीं हम संडे को सलटा देंगे मामला।"

बालसखा रामअँजोर बाबू से दफ्तर में मिले और निराश लौटे। उनका कहना था कि रामअँजोर बाबू ने कागज उसी अफसर को भेज दिये हैं जो केस चौपट किए हुए हैं। हमने बताया कि लायक भतीजाजी उन्हें सियाबर बाबू के पास ले जाने को तैयार हैं। बहुत संकोच के साथ हमने इतना और जोड़ा कि भतीजाजी आपके प्रति हुए अन्याय को नजरअन्दाज करके आपको हेराफेरी करनेवाला ठहरा रहे हैं और मामले का हेराफेरी से निपटारा करने का प्रस्ताव रख रहे हैं। हमें पूरा विश्वास था कि यह सुनकर बालसखा आगबबूला हो जाएँगे। किन्तु नहीं। वह नेताजी से मिलने के लिए उत्साहित हुए। पता और फोन नम्बर ले गए।

रविवार शाम नेताजी हमारे घर आए। बोले, "आपके फ्रंड का काम करवाय दिया फ्रंडली अटमासफीयर में। ढाई में पड़ी प्यार की हथकड़ी।"

"हजार?" हमने पूछा।

"हजार में किरुओं की पगार नापी जाती हय कक्का, जो लाखों में एक है मिहनत के मामले में उनका पारिसम्रिक लाखोंहि में आँका जाता हय। चा-पानी के हमरे भी कुछ बन गए। गिफ्ट-उफ्ट कुछ आपको भी दे जाई बालसखा कि बालेपन के साथी नेहा भूल जइयो ना। इस तरह का निम्बू आइन्दा कभी मिले आपको तो सिकंजी बनाने के लिए हमें दे दिया जाय निस्संकोच।"

सुनकर हमें क्रोध आया। हमने, "तुमने हमें समझ क्या रखा है।" मार्का कई वाक्य कहे।

नेताजी मुस्कराए। बोले, "अरे आप तो एइसे गरज-बरस रहे हैं जइसे हमने आपको गाली दे दी हो। काजल की कोठरी में रिहाइस हय हमारी-आपकी। हमरे जइसे हुसियार लोग जानते हैं कि काजल से द्रस्ट पइनी होत हय। इसीलिए प्रेम से आँखों में आँजते हैं। आप जइसों के भी दिठउना लग जाय तो का बुराई हय उसमें? अस्थत यह हय कक्का कि इस देस का हर किरू-सुपर-किरू अपने को काजल की कोठरी में बइठा अनोखे लाल बताय रहा हय। अउर अनोखे लालो एइसा कि काजल की एक रेख तक ओ के नाहीं लागी। अरे आपको काजल से इतनाहि परहेज था तो इस कोठरी में तसरीफ काहे लाए ससुर? हमाले पर्बत में एको कन्दरा खाली नहिन मिली आपको? आल आकूपाई! फिर? नहीं, हमें तनि समझाया जाय कक्का, आपका यह बालसखा नीबू हय कि नहीं? नीबू नहीं हय तो ससुर एकहि निचोड़ में ढाई गिलास सिकंजो कइसे बन गई? बात हमरी माइंड न की जाय, मगर नीबू की सोहबत में हमरे कक्का मनिस्टरन के कोठी में जाइते रहे तो चपरासी से

लेकर मंत्रीजी तक सबहि यहियै समझेंगे कि संट-पर-संट सिकंजीबाज है। इसी से हम कहें कि कभी एइसा नीबू फिर आय तो भतीजा के पास भेज दिया जाय। कक्का साथ लेकर जइहै तो अम्प्रेसन यहियै बनी कि नीबू निचोड़ गोत के हेराफेरी प्रसाद सास्त्री है।"

"देखो लायक भतीजा!" हमने कहा, "तुम आदत से लाचार नालायकी की बातें कर रहे हो शुद्ध बकवास। हमारा दोस्त एक भला आदमी है। हम...।"

"इस पुन्न भूम भारत में कबीर के बाद कोई बुरा आदमी पइदा हुआ हो तो उसका नाम हमें बता देंगे, प्लीज!" नेताजी ने रामअँजोर बाबू की शैली में हमें टोका, "अन्तम व्यक्त वहीयै था जिसने पब्लकली डक्लेअर किया कि मुझसा बुरा न कोय।"

नेताजी हुचहुचाए। इस उक्ति से वह इतने प्रसन्न हुए कि उन्होंने उठकर एक-एक सोफे की पीठ पर धौल जमाया।

"हम उसको मंत्रीजी के पास ले गए तो इसलिए कि उसकी माँग जायज थी।" हमने नेताजी का हास्यकम्प थमने पर कहा।

"अउर जायज माँग मनवाय के ढाई देइ आया ऊ सऊक से।"

"दे आया होगा। तुम लोगों ने तो सारी व्यवस्था ऐसी बना दी है कि जायज माँग मनवाने के लिए भी नाजायज तरीका अपनाना होता है।"

"ब्यौस्था उत्तम हय! अरे एइसे नहीं तो वइसे, काम बन तो रहा हय अरीज-गरीज का! अच्छा आपका ई दोस्त, भला आदमी, भला रिस्वत-दस्तूरी देने जइसा बुरा काम कर कइसे सका?"

"उसके तमाम काम अटके पड़े थे। उसे जरूरत थी।"

"गा-लिब टाप क्लास फयन्सी कट सायर कहि गया हय—कउन हय जो ससुर हाजतमन्द नहिंन हय! बाबू को बिटिया ब्याहे का हय, मंत्रीजी को चुनाव लड़े का, बिजनिस मयन को दुई का चार बनावे का, अफसर को बेटा विलायत भेजे का। हाजत रोग के दवा एकहि ठो इंवेंट किया हय साइंस—वटामिन एम। लोग-बाग इस वटामिन का डोज दे-दिला रहे हैं तो पुन्नहि का काम कर रहे हैं। अरे कक्का, आपके बालसखा जइसों को हम बुरा कहि सकिते हैं भला! वटामिन दाता हैं ऊ तो।"

"पता नहीं, तुम क्या बकवास करते हो। हमें तो भई वह ईमानदार आदमी मालूम हुआ है हमेशा।" हमने कहा।

"जो भी व्यक्त सऊदेबाजी की दुनिया में पहुँच चुका होगा ईमानदारहि होगा कक्का। हेराफेरी का जितना भी काम हय वचनहि पर चलता हय समझे।

जबान दे अउर करे नहीं तो धन्धे की नींउ हिलि जाय। बेइमानी के काम करिह ऊ मनई सकित हय जो भगवान की दया से ईमानदार हो।" नेताजी को यह उक्ति बहुत ज्यादा पसन्द आई और हम भी इसे सुनकर थोड़ा-सा मुस्करा दिये थे। लिहाजा इस बार लायक भतीजाजी ने सोफे के अतिरिक्त हमारी पीठ पर भी धौल जमाया।

वह बोले, "आपका बालेपन का साथी अउर सियाबर बाबू दुइनों धर्म-कर्म, पूजा-पाठवाला मनई हय। तो आपका दोस्त ब्रीफकेस में गिनकर नोट भरा अउर हाथ जोड़ आँख-मीच कहा—लच्छमीजी सदा सहाय आपके सामने गिनकर भरा हूँ, पूरा ढाई हय। हमरा काम होई जाय। सियाबर बाबू ब्रीफकेस का सक्कल तक नहिन देखा। ऊ तो उनका पी.ए. दुई रख लिया रहा। पी.ए. जानित हो? ऊ पी.ए. जऊन दुई लम्बर का हिसाब रखित हय। सियाबर बाबू को जइसे हि दुई से पता चला कि 'इन कर नोट पुट अप हो गया रहल,' वइसेहि हाथ जोड़ आँख-मीच ऊ धर्मात्मा प्रार्थना किया रहा—आल-माइटी आप जऊन पावर हम में वेस्ट किए का मिहरबानी किया हय उससे हम इस भला आदमी का भला कर सकूँ।"

"पावर वेस्ट—यह अच्छा है।" हमने कहा।

"सम्भौ हय कउनो गलती हो उच्चारन में, बाकी मुहावरा यहियै हय-पावर वेस्ट किया।"

"नहीं, उच्चारण में गलती भी हुई है तो बहुत सही हुई है।" हमने कहा, "सियाबर बाबू में पावर वेस्ट ही हुई है।"

नेताजी ने चैतन्य चूर्ण बनाया, खिलाया-खाया। हमने जानना चाहा कि आज पान मसाला क्यों नहीं मिलाया? वह बुदबुदाए, "इधर कई ठो भला आदमी पान-मसाला बनाय लगा हय।"

"तौ?"

नेताजी ने पीक कैक्टस के गमले में थूकी और लौटकर कहा, "भला आदमी जमुनाजी के मट्टी, सड़ी सुपाड़ी के कटा टुकड़ा, रंग अऊर खुसबू लेकर बइठ जाता हय अउर हाथ जोड़ आँख-मीच कहिता हय आपहि का दिया ई बिसिस्ट पदारथ मिलाय रहा हूँ, प्रभु इस मिक्चर से हमरा बंकबयलंस अऊर खायवाले का हयल्थ सुधरे।"

"स्वास्थ्य सुधरेगा कैसे?"

"अरे मसाला खाना छोड़ देई तो हयल्थ सुधरबे करी।" नेताजी हुचहुचाए।

काकी कुछ नाश्ता बनाकर ले आई थीं। उन्होंने यह वार्तालाप सुना और टिप्पणी की, "देखो, कितनी बेईमानी बढ़ गई है देश में।"

नेताजी ने हलुआ हड़पते हुए कहा, "देस का नाइंटी नाइन पाइंट नाइन-नाइन परसंट मनई नाइंटी नाइन पाइंट नाइन-नाइन परसंट ईमानदार हय, समझीं कि नहीं काकी? पाइंट जीरो वन परसंट के अन्तर्गतहि ऊ अपना अऊर आपन जन के बदै हेराफेरी करत हय। बाकी नाइंटी-नाइन पाइंट नाइन-नाइन ईमानदारी का प्रताप से ऊ ई अस्पष्ट देखि पाता हय कि दूसरा लोग तमाम कउन बेईमानी कर रहा हय अऊर उ खिलाफ में आवाजो उठा पाता हय।"

"सच, तुम लोगों ने तो समाज की हालत ऐसी बना दी है कि किसी का किसी पर विश्वास ही नहीं रह गया है। समझ ही नहीं आता कौन भला है, कौन बुरा। मानो सब चोर हों।"

"पोयट ने कहा हय—चोरों को सभी नजर आते हैं चोर।" नेताजी हुचहुचाए।

"भला आदमी ऐसे समाज में करे तो क्या करे?" काकी का प्रवचन जारी रहा।

"नाइंटी नाइन पाइंट नाइन-नाइन परसंट संन्यास लेय ले चउधरी चरनसिंह का नाम लेइके।" नेताजी ने सुझाव दिया।

हमने गहन निश्वास छोड़कर कहा, "तुमने ठीक कहा भतीजा, काजल की कोठरी है। इसमें रहेंगे तो कालिख पुतेगी ही।"

"अरे, तो इसमें ठंढी आह भरने की का बात हय ससुर। पुतने दो कालिख, समझे। कालिख से रोमांस करें, कालिख में रोमांस करें, राइट? जब एइसा हउसला होई तो कउनो कालिख ससुरी आपका जल्वा दबाय नहीं सकती। दुनिया कही, सुपर मयन हाउ मच आई जे हे ने से, लव यू।"

"विवेकशील, सत्ताधारी के लिए ईमानदारी का कोई रास्ता नहीं।" हमने निश्वास छोड़ने का अभ्यास जारी रखा।

नेताजी उवाच, "विवेकसील को अपना बेईमानी का अस्टंडर्ड ऊँचा रखे का चाही। बाँट के खाया चाही। यहियै रास्ता हय ईमानदार बड़भय्या का। यह नहीं ससुर कि तबादला-तरक्की जइसे मामला में भी कुछ खाय के सोची रहा हय। पाँच-दस हजारों डिरेक्ट सीधा खुदे लेय रहा हय। जनार्दन बाबू विवेकसील सत्ताधारी रहा कि नहीं अपने टाइम का? उनका ईमानदारी के अस्टंडर्ड का किस्सा सुने हो? वह एइसा हय एक मर्तबे में गुरुजी एक ठो आसामी को लेइके जनार्दन बाबू के पास गए। इलक्सन का टाइम रहा। गुरुजी कहा, हमरे फ्रंड आपका इलेक्सन फंड में

कुछ डिरेक्ट देना चाहिते हैं। जनार्दन बाबू पूछे, कितना? गुरुजी कहिन-डेढ़ हय। डेढ़ लाख ऊ जमाना में बड़ी रकम रही। मगर वाह रे जनार्दन बाबू! ब्रीफकेस के मारा एक ठोकर, समझे, अउर साफ कहा, अपना फ्रंड से कह दिया जाय कहीं यतीमखाना में देई आएँ, जनार्दन दस से कम में न घटिया आदमी से मिलता हय, न कउनो सऊदा करिता हय। दस देय का होय तो आज साम में छौह बजा तक में आकर दे जाय, फिर हम कांस्टीटुअंसी निकल जाएँगे।"

"फिर क्या हुआ?" हमने पूछा।

"अरे होना का था। साम तक लाकर दिया दस। गुड़ डालने से मीठा हुआ मामला अऊर बस।"

नेताजी उठे। उन्होंने अँगड़ाई ली। कहा, "बात जियादा, काम कम, आप हम में भी किरू आदत डाल देंगे कक्का। जरा फोन खड़का लें, दो-चार की चिरउरी करें, चार-पाँच को हड़का लें। दिहाड़ी खड़ी करनी हय कि नहीं? पापी पेट का सवाल हय।"

नेताजी फोन पर व्यस्त हो गए।

अरे बनाहिने से तो बनिहै बायोग्राफी

हमारे मोहल्ले में रिहाइशी क्षेत्र के आसपास खाली मैदान पड़े हुए थे जिन्हें हरियालेवाले इलाके की हैसियत बख्शी जानेवाली थी। वन महोत्सव और पंच सूत्री कार्यक्रमों का जोर होने पर इनमें बाकायदा कुछ पौधे लगवा दिये जाते थे जो अनन्तर उपेक्षित सूख जाते थे। आगे चलकर इनमें से एक मैदान में गुरुद्वारा और दूसरे में मन्दिर बना लिया गया। मोहल्ले के आधुनिक और धर्म-निरपेक्ष व्यक्तियों की सूझबूझ के लिए अब तीसरा खाली मैदान, चुनौती बना हुआ था। इसके सदुपयोग के लिए एक समिति बनी जिसने काफ़ी ले-दे के 'शहीद स्मारक' बनाने का फैसला किया। यद्यपि हमारे मोहल्ले का शहीदों से अथवा शहादत से कोई सम्बन्ध नहीं रहा, तथापि यह अनुभव किया गया कि जिस पर बरस में एक ही बार मेला जुड़वाने का विधान हो ऐसा स्मारक बनवाना न केवल प्रेरणाप्रद बल्कि सुविधाजनक भी होगा। मोहल्लेवाले इस पत्रकार को राजनीति जगत से सम्पर्क का साधन मानते हैं और इस बीच बखूबी जान चुके हैं कि इस पत्रकार कक्का का एकमात्र राजनीतिक सम्पर्क-सूत्र लायक भतीजाजी उर्फ नेताजी हैं। तो भले ही नेताजी हमारे मोहल्ले में न रहते हों, संरक्षक मंडल में उन्हें भी स्थान दिया गया। उन्होंने स्पष्ट कह दिया, "फंड-उंड में कुछ दिलवाय का होय, भगतों से, समझे, या एकाधा बी.आई.पी. लाबे का होई फंक्सन में तो हमरी सेवा अब-लबल रही, बाकी अउर कउनो अक्स-पक्टेसन हमसे न रखी जाय।"

मोहल्लेवाले इसी आश्वासन से धन्य हुए और उन्होंने वचन दिया कि नेताजी से और किसी बात की आशा नहीं रखेंगे। किन्तु दुर्भाग्य कि मोहल्ले की 'लोकतंत्रात्मक नागरिक समिति' में जिन लोकतंत्रात्मक नागरिकों को नहीं लिया गया था अथवा विशेष महत्त्व का पद नहीं दिया गया उन्होंने अपने लोकतंत्रात्मक अधिकारों का प्रयोग करते हुए विद्रोह का नारा दिया। इस सिलसिले में उन्होंने स्थानिक सान्ध्य

दैनिकों के 'लोकवाणी' स्तम्भों का जमकर उपयोग किया। उनका कहना था कि मोहल्ले के पार्कों में देवालय अथवा स्मारक क्यों बनाने दिये जा रहे हैं—नागरिकों का आध्यात्मिक स्वास्थ्य इससे सुधरेगा इसमें शंका है और हरियाली न होने से नागरिकों का शारीरिक स्वास्थ्य खराब होगा इस विषय में कोई शंका हो ही नहीं सकती। प्रस्तावित शहीद स्मारक पर किसी भी शहीद का नाम न देने और समिति के वरिष्ठ पदाधिकारियों तथा दानकर्ताओं के नाम अंकित करवाने का प्रस्ताव नितान्त आपत्तिजनक है। एक उभरते वास्तुकार के नक्शे के अनुसार जो स्मारक बनवाया जा रहा है वह इतना अमूर्त और अजीबोगरीब होगा कि उसे देखकर साधारण नागरिक को प्रेरणा नहीं, खुलकर हँसने का अवसर मिलेगा।

विरोधियों ने एक पर्चा भी छपवाया जो मोहल्ले के निवासियों को अपने सवेरे के अखबारों के बीच दबा हुआ मिला। इसमें उपरोक्त शालीन आपत्तियों के अतिरिक्त 'स्मारक' बनवानेवालों की कतिपय ऐसी गतिविधियों का कच्चा चिट्ठा भी था जो उनके अथवा उनके शुभचिन्तकों के लिए प्रात:स्मरणीय हरगिज नहीं हो सकता था। घनघोर संघर्ष छिड़ गया और ऐसा लगा कि 'शहीद स्मारक' बनने से पहले हमारे मोहल्ले में शहादत जरूर हो जाएगी। नेताजी के कहने पर हमने 'मामला सलटाने' की कोशिश की, किन्तु विफल रहे। फिर नेताजी स्वयं आए और उन्होंने चुटकी बजाते मामला सलटा दिया। सबसे पहले उन्होंने 'ऊनि-टी' की महिमा बखानी और जानना चाहा कि जो लोग 'ऊनि-टी' में विस्वास नाहीं करत ओ का सहीदों का अस्मरण का अधिकार कइसे दिया जाइ? इस पर दोनों पक्षों के अनेकानेक प्रवक्ता चीख उठे कि हम तो एकता चाहते हैं, प्रतिपक्ष ही अड़ंगा लगा रहा है। नेताजी ने भगवान बुद्ध की तरह एक हाथ उठाकर शान्ति और अभय का आदेश किया। उन्होंने कहा, "दुइनो ओर से कुल एक आदमी के एक बार बोले का मउका दिया जा सकी, नहीं इसी चिल्ल-पों में रात हुई जाइ। हमरे पास फिफ्टीन मिनट हय कुल, फाइब थट्टी आयम टू बी एट लम्बर वन सफदरजंग। हाँ, आपकी ओर से कउन बोलेगा, जल्दी बोले, टू मिनट में अपनी बात कहे।"

नेताजी ने अपनी इलेक्ट्रानिक घड़ी खोलकर सामने रख ली। उसे देखकर उन्होंने ऐसे आँखें मीच लीं मानो पूरे ध्यान से सुनना चाहते हों कि प्रवक्ता क्या कह रहा है? हमारा अनुमान यह है कि वह झपकी ले रहे थे। कहीं भी झपकी ले लेने में उन्हें महारत हासिल है। दोनों पक्षों के प्रवक्ताओं की बात 'सुनने' के बाद नेताजी ने जमकर जम्हाई लेते हुए कहा, "दैट ऑल?" फिर उन्होंने अँगड़ाई ली। हमसे

चैतन्य चूर्ण बनाने का अनुरोध किया और बोले, "देखिए साहब, अब एइसा हय कि बोथ पाटी को हममें फुल फेद अक्स-प्रस करे का होई। जब आप डस-सन हम परहि छोड़िहै तबहिना हम कोई बाइंडिंग डस-सन कर पाइहैं। न तेरी रही, न मेरी रही, वहियै अस-पिरिट हय जिसमें काम्प्रोमाइजिंग पूजीसन निकल सकिती हय। अगर आप लोग का ऊ चक्कर हो कि नेताजी का उससन सिर-माथे, परनाला वही गिरेगा तो हमरा अडवाइस ई हय कि दुइनो पच्छ अपना-अपना नाला में डाइव मारकर डूब मरो। हमको डूबे का सउक नाही।"

नेता की मसखरी पर जनता हँसी। हँसी सो फँसी। नेताजी 'बाइडिंग डिसिसन' की खोज में बगलवाले कमरे में जा बैठे। उनका कहना था कि समझौते अध्यक्षजी के कक्ष में ही बेहतर हो पाते। वहाँ पहले उन्होंने विरोधियों के प्रवक्ता को बुलाया और उससे फुसफुसाकर बात की। फिर उन्होंने सत्ता-प्रतिष्ठान से ऐसा ही परामर्श किया। अनन्तर दोनों से एक साथ बातचीत की। समझौता सूत्र तैयार हो गया। इसके अनुसार सत्ता-प्रतिष्ठान के प्रवक्ता मल्होत्रा साहब ने समिति का अध्यक्ष पद छोड़ दिया और नेताजी ने व्यस्त होने के बावजूद स्वयं उसकी शोभा बढ़ाने का वचन दिया। अब वह समिति के संरक्षक अध्यक्ष कहलाए, मल्होत्रा कार्यकारी अतिरिक्त अध्यक्ष और विरोधियों के प्रवक्ता शर्माजी, जो पहले मात्र उपसचिव थे, वरिष्ठ उपाध्यक्ष। 'अतिरिक्त', 'संयुक्त' जैसे विशेषणों का उपयोग करके नेताजी ने कुछ और 'डस-डंटों' को 'अडजस्ट' किया। मामला हँसी-खुशी रफा-दफा हुआ। बेकार के सैद्धान्तिक प्रश्न नहीं उठाए गए। नेताजी ने कहा कि कमेटी नई बनी हय इसलिए संगमरमर की पट्टी नया बनवा लिया जाए। अडीसनल जो खर्चा होई हम दिला देब कउनों भगत से।

नेताजी से हमने पूछा कि लोग-बाग छोटी-छोटी बातों के लिए इतना लड़ते क्यों हैं? उन्होंने कहा, "किरू लयवल छोटिन बातों हि के लिए तो लड़ी, बाकी लयवल कउनो होय इन प्रिंसिपल लड़े का बात ठीके बा। बगइर लड़े पावर नहिन मिलता, समझे कक्का, अउर माँगे बइगर मिलती नहीं भीखो। पंचाइत लयवल हों भले सकोरिटी कउंसिल लयवल मुदा लड़े-माँगे का अउर काम्प्रोमाइजिंग का तरीका एकहिसा हय हर कहीं। न यहि बिलार के, नं उहि बिलार के, रोटी बन्दरवे के। फार्मूला फाटी फोर ससुर।"

स्मारक तेजी से बना। उसके उद्घाटन समारोह में क्या कार्यक्रम रखे जाएँ इसे लेकर समिति में नये सिरे से मतभेद प्रकट हुए क्योंकि समिति के पदाधिकारियों

के स्वजनों की प्रतिभाओं का विकास अलग-अलग दिशाओं में हुआ है। एक का 16 वर्षीय लड़का अमिताभ बच्चन और अमजद खाँ की नकलें अच्छी उतार लेता है, दूसरे की बारह वर्षीय पुत्री 'आप जैसा कोई' पर बिलकुल जीनत अमान जैसा डांस कर लेती है और यही नहीं जानत अमान ने इस डांस में 'जौन-सी ड्रेस डाल रखी थी चारु ने अपने लिए बनवाई हुई है।' एक की पत्नी रवीन्द्रगान की विशेषज्ञा है, दूसरे की गजल बहुत 'सोणी' गाती है। सौभाग्य से यह सारा झगड़ा इसलिए तूल नहीं पकड़ सका कि नेताजी ने बताया, "सियाबर बाबू उद्घाटन समारोह के लिए कुल आध घंटा देइ सकीं, समझे। कुल दुइ आइटम रखा जाई। पहिला 'बन्दे मातरम', दूसरा 'सरफरोसी की तमन्ना' कव्वाली अस्टाइल में। आप सभी के कलाकार इनमें पाटसपेट करि लें।"

नियत दिन स्मारक के उद्घाटन का समारोह हुआ। दुर्भाग्य से नियत समय पर नहीं। कुछ दिन से अखबार सियाबर बाबू और सी.एम. की टकराहट के समाचारों से भरे पड़े थे। सी.एम. से पी.एम. ने कुछ नहीं कहा था, बल्कि सी.एम. के सम्बन्ध में प्रश्न किए जाने पर कह दिया था कि अभी हमारा कहीं भी परिवर्तन करने का इरादा नहीं है। इसलिए राजनीतिक मंडी में सियाबर-भाव तेजी से गिरने लगा था। बकौल नेताजी, "सियाबर दुइ देविन के पूजा में लगे हैं। दुइनो देवी केइ? आप जानते नाही कक्का, नेता बिरादरी के दुइन तो देवी है। एक विन्धबासिनी, दूसर सफदरजंगबासिनी। लुटिया बाबा से जोग-जाप करवा रहे हैं। बाबा का एइसा हय कि आप उनका लुटिया भर के देइ दो, समझे कक्का, ऊ मन्तर फुँकिहैं अउर मन्तर फूँके का बाद मा ऊ लुटिया भरी रहे पर भी न डूभे। यहीं से भगत लोग लुटिया बाबा कहत हय उनका।" इन्हीं लुटिया बाबा के किसी अनुष्ठान में बैठे होने के कारण सियाबर बाबू स्मारक उद्घाटन के लिए घंटा-भर विलम्ब से पहुँचे। इस बीच स्मारक समिति के सभी सदस्य 'हल्लो, हल्लो, वन टू थ्री' करके माइक टेस्ट करते रहे, और लोगों से शान्त रहने का अनुरोध करते रहे। 'लउड अस्पीकरुवा' से प्रेरणाप्रद गीत प्रसारित होते रहे—'कर चले हम फिदा जानो तन साथियो', 'मत रो माता लाल तेरे बहुतेरे', 'ऐ मेरे वतन के लोगों जरा आँख में भर लो पानी' आदि।

आखिर सियाबर बाबू को लेकर नेताजी पहुँचे। साथ में गुड्डीजी भी थीं। नेताजी ने मोर्चा सम्हाला और कार्यक्रम शुरू हुआ। पहले वरिष्ठ उपाध्यक्ष शर्माजी ने 'माला-पर्ण' का सिलसिला छिड़वाया। 'हमारी संस्था के फलाँजी अब मंत्री मोदय

के माला-पर्ण करेंगे' इस तरह का वाक्य उन्होंने 23 बार कहा और फिर चौबीसवीं माला उठाकर बोले, 'अब हमारी संस्था के वरिष्ठ उपाधक्शजी मंत्री मोदय को माला-पर्ण करेंगे।' बोले और सियाबर बाबू को माला पहिना आए। मोहल्ले के फोटोग्राफर ने चौबीसवीं फोटो खींची।

इसी के बाद गुड्डीजी ने कहा, "शहीदों की चिताओं पर जुड़ेंगे हर बरस मेले, वतन पर मिटनेवालों का यही बाकी निशाँ होगा। तो भाइयो-बहनो, वह मेला कैसा जिसमें थोड़ा गाना-बजाना न हो। पेशे खिदमत है वैराइटी प्रोग्राम, रंगारंग..."

नेताजी ने आँख से गुड्डीजी को कुछ इशारा किया और उन्होंने लम्बा-चौड़ा अनाउंसमेंट न करके कहा, "सबसे पहले होमेज टू मदरलैंड-बन्दे मातरम।"

'बन्दे-मातरम' के बाद 'सरफरोशी की तमन्ना' का कव्वाली संस्करण। गुड्डीजी दुखी थीं कि समय कम होने के कारण उन्हें लच्छेदार अनाउंसमेंट नहीं करने दिया जा रहा है।

इसके बाद नेताजी ने सियाबर बाबू से दो शब्द कहने का अनुरोध करते हुए स्वयं लगभग एक हजार शब्द कहे। प्रारम्भ में उन्होंने बताया, "छिमा चाहेंगे आप लोग से। इस समय बिसेस कछु बोले के अस्थत में है नहीं हम। बहुत भारी हो गया हय हमरा मन गाना सुनकर।" नेताजी ने इसके बाद रूमाल निकालकर आँखें पोंछीं और अपने भर्राये कंठ को साफ किया। फिर उन्होंने कहा, "कइसा-कइसा सपना रहा उन सहीद लोग का, लेकिन हम लोग को सुआर्थ से फुरसत नहीं कि उनका सपना के अनुरूप देस का बनाय सकी।" नेताजी ने इसके बाद स्वार्थी नेताओं को और भ्रष्ट राजनीति को धुआँधार गालियाँ दीं। इसके बाद रहस्योद्घाटन किया कि "असिल में हम लोग बहुत कमजोर होइ गए हैं भीतर से। तनि सोचा जाय कि कितना हाई क्वालटी का हिम्मत रहा सहीद लोग में। उन सहीद लोग में जिनका अम्बीसनो सिरकटाय का रहा, ई देखे का रहा कि कातिल के बाजू में जोर कितना हय? उन सहीदों का सन्तान हैं हम अउर फिर भी हर चुनउती से, हर प्राब-लम से डरिते हैं। लानत हय। हम एइसा मान बइठे हैं कि ई देस का उद्धारे न हो सकी। डूबता जहाज हय, जो हाथ पड़े सो लूट-खसोटकर भाग खड़े होओ। धिक्कार हय एइसा सोचनेवाले हर नागरिक को। अरे ऊ सहीद लोग तूफान से ई कस्ती को निकालकर जब लाया रहा तब हमसे का कहा रहा? यही न कि इस देस को बच्चो मेरे रखना सम्हाल के। का हम उनका मरते बखत दिया ई आदेस भूल जाई? भाड़ में जाए देस, एइसा कहिते रही?"

नेताजी ने लोकतंत्रात्मक नागरिक समिति की प्रशंसा की कि वह छोटे मतभेदों से ऊपर उठकर नई पीढ़ी के मार्गदर्सन का महत्त्वपूर्ण कार्य कर रही है।

अन्त में नेताजी ने लोगों से जोरदार अपील की कि "नगटव द्रस्टकोन छोड़कर पाज-टव द्रस्टकोन अपनाएँ, अटमासफीअर फ्रंडली रखें अऊर सियाबर बाबू जइसे नेताओं के हाथ मजबूत करें जिनका फयमली में रास्ट्र सेवा अऊर त्याग-कुर्बानी का ट्रेडसन रहा हय अऊर जो सभी तरह के सुआर्थ से ऊपर उठकर दीन-रात देसहि का चिन्ता करिता हय। यहियै सहीदों के प्रत सच्ची श्रद्धांजल होगी।" संरक्षक अध्यक्ष नेताजी के इस भाषण के बाद कार्यकारी अध्यक्ष मल्होत्राजी का भाषण हुआ। उन्होंने बताया, "नेताजी की बातों से नागरिक समती को प्रेरणा प्रापत हुई है। नेताजी की अगुआई में हमने बराबर आगे ही बढ़ते जाना है।" मल्होत्रा साहब ने शहीदों को श्रद्धांजलि अर्पित की और फिर 'मंत्री मोदय' सियाबर बाबू से अनुरोध किया कि 'शहीद समारक' का उद्घाटन करें।

सियाबर बाबू ने एक रस्सी खींची जिससे स्मारक पर से पर्दा हट गया। सीमेंट के चबूतरे पर संगमरमर की एक लाट-सी थी जिसके ऊपरी सिरे पर कृत्रिम उपग्रहनुमा आकार बना हुआ था। तमाम चबूतरे पर मार्बल चिप्स लगे हुए थे। चबूतरे पर संगमरमर के दो पट्ट थे—एक में सियाबर बाबू के कर कमलों द्वारा स्मारक के उद्घाटन की सूचना अंकित थी और दूसरे में स्मारक बनानेवालों के नाम।

हमारी श्रीमतीजी को यह स्मारक नितान्त साधारण प्रतीत हुआ। उन्होंने लायक भतीजाजी से कहा, "वाह ढाई लाख में बस यह बना!"

नेताजी बोले, "तो आप का समझी रहीं काकी, ढाई लाख में ताजमहल बन जाई अउर समिति के पास लोकतंत्र चलाए के बदे कुछ बचा रही!"

हमारे मोहल्ले के शहीद स्मारक का अनावरण कर देने के बाद अब सियाबर बाबू को 'दो शब्द' कहने थे। 'दो शब्द' कहने का अनुरोध उनसे नेताजी और मल्होत्राजी ये अध्यक्षद्वय कर ही चुके थे। फिर भी शर्माजी आदि अन्य पदाधिकारियों ने भी 'मंत्री मोदय' से 'मारग दरसन कराने,' 'मिलबर्त्तनी का लैसन देने,' 'नई जान फूँकने' जैसे अनुरोध संस्था की ओर से किए। नेताजी इन उत्साही कार्यकर्ताओं की वाचालता पर बराबर अंकुश लगाए रहे। उत्साही कार्यकर्ताओं को मात्र इतना समय अपेक्षित था कि फोटोग्राफर उनके माइकधारी भाषण-भूषणावतार की छवि अंकित कर सके—फोटो में मंत्रीजी नेपथ्य में बैठे दिखाई दे रहे हों!

अन्ततः सियाबर बाबू भाषण देने उठे। उन्होंने देवियों अउर सज्जनों को सम्बोधित किया ही था कि उन्हें 'खौक्क' का दौरा पड़ गया। सियाबर बाबू की 'खौक्क' से समसामयिक भारतीय राजनीति के अध्येता सुपरिचित हैं। सिगरेट न पीनेवाले इस नेता को न जाने क्यों यह भ्रान्ति हो जाती है कभी-कभी कि सीने में बलगम भरा पड़ा है। उसे दूर करने के लिए वह घर में रोजाना हाजरी देनेवाले सी.जी.एच.एस. के तरुण डाक्टर को तो कष्ट देते ही हैं, देश-विदेश के प्रमुख चिकित्सकों से भी परामर्श करते रहते हैं। चिकित्सा-विज्ञान की विफलता से दुखी होकर वह बकौल नेताजी 'खखहरा प्लस ककहरा बोलि के बलगम निकाले का टुटका अपनाय चुके हैं।' तो सियाबर बाबू ने देवियों और सज्जनों को 'खक्क-खाक्क खिक्क-खीक्क खुक्क,' ऐसा कोई सन्देश दिया। अनन्तर उन्होंने इधर-उधर देखा।

नेताजी ने कहा, "दूर जाए के कोनो जिरूरत नाही बा रउर। मंचे के पीछे रिलीव कर दिया जाए।"

सियाबर बाबू मंच के पीछे जाकर थूक आए। राजनीति के अध्येताओं के अनुसार सियाबर बाबू इस आदत के कारण मंत्रीमंडल की बैठकों में कष्ट में पड़े हैं। उन्हें यह जानकर अपार सन्तोष मिला है कि चीन के भी कतिपय टाप नेता 'खौक्क'-पन्थी है और उनकी सुविधा के लिए मंत्रणा-कक्षों में पीकदान रखे जाते हैं। सियाबर बाबू ने इससे उत्साहित होकर एक बार प्रस्ताव किया था कि भारत सरकार भी पीकदान रखने की परम्परा अपनाए, खासकर यह देखते हुए कि पान-तम्बाकू का सेवन करनेवालों की संख्या बहुत बड़ी है देश में। किन्तु साहबियत और अंग्रेजियत को यह प्रस्ताव स्वीकार नहीं हुआ। राजनीति के अध्येयता यह भी बताते हैं कि राज्य-स्तर की राजनीति में सियाबर बाबू और सी.एम. के. वैर का एक प्रमुख कारण यह भी है कि सी.एम. को सियाबर बाबू का फेफड़ों की खराबी की आम नुमाइश लगाना घृणित मालूम होता है और सियाबर बाबू को सी.एम. का हाजमे की खराबी जग-जाहिर करते रहना कुत्सित प्रतीत होता है।

सियाबर बाबू ने देवियों और सज्जनों को दो बार मात्र 'खखहरे-ककहरे' से सम्बोधित किया। आखिर साफ सीने और गले से उन्होंने अपनी बात कही, "बहुत देड़ी हो चुका है। अभी तुड़न्ते हमें अपना मिनिस्टड़ी का मिटिंग अटैंड करे का है। उसका बाद में हम बाई कार जाएँगे आपका चंडीगढ़। थोरा प्राब्लम है ऊहाँ हड़ियाना का कंडिडेट कालिस्ट का बारा में। मयडम एइसा डलिकेट मीसन हमर कोहि देती है मोस्टली। चंडीगढ़ से कल दोपहर हमरी वापसी है, काड़न मिनिस्टरी

में, जे हे ने से, हम शिड्यूल किए हैं फोड़ थट्टी में ए वैड़ी एम्पाड़टेंट मिटिंग विद हमड़े सेक्डेटेडीज। टूमाड़ो नाइटे में हम फ्लाइ कड़ रहे हैं जी-नेवा ऊ. एन. बड़ी का एक मीटींग के लिए। हमड़े पास में भगवान के दया से कोनो चीज का कमी नहीं है, एक तुभाड़ा टाइम को छोड़ कड़। आम एम, जे हे ने से, आल्वेज आपका, हाड़ पड़स्ड फाड़ टाईम! आज भी हमको पाँच गो टाप प्ड़ायड़ोडिटी इंगेजमेंट रहा। हम इधड़, फड़कली में, आज आ सकते थे नहीं। लेकिन सहीद लोग के बारा में कोई काम हो हम ना कड़ नहीं पाते। कभी आप बनाड़सी दास चतुड़वेदीजी से पूछिएगा, ऊ बताएँगे हमड़ा केतना जे हे ने से, एन्थूजिएज्म फाड़ सहीद लोग।"

शहीदों को श्रद्धांजलि अर्पित करते हुए सियाबर बाबू ने कहा, "अरे ऊहियै ना इंस्पायड़ किया है हमको जवानी का दीन में। भगत सींथ, आपका चन्द शेखड़ आ-जाद, बीसमील, असफाकुल्ला, ई सब हम यंगमैन का हीरो रहा दैन। फाटी टू में जब हम दूसरे मड़तबा में जेल गए हैं, अंगड़ेज जे हे ने से, बहुत टाड़चड़ किए हमको टू री-वील हमड़ा साथी लोग का ह्वेयड़-अबाउट समझा कि नहीं। जब ई सब टाड़चड़ चलता था तब हमड़े आँखों के सामने में, कांटीनूअसली में सहीद लोगों का ई-मेज रहता था। हम कह दिये दैट भले ही मड़ जाएँगे, बट इस्क्वील नहिंन करेंगे। कम वाट मे, समझा कि नहीं, ई डिफायंस का इस्पीड़िट बिफोड़, जे हे ने से, द मायट आफ दी बिड़टिस अम्पायर, ई हम लोग को दिया ऊ सहीद लोगे। ईफ तुमड़ा पास में इम्पीड़ियलस्टिक तमंचा, दैन हमड़ा पास में भी नेसनेलिस्टिक सरफरोसी तमन्ना, समझा कि नहीं, एंड दीस तमन्ना शैल, जे हे ने से, प्ड़ीवैल ओवड़ दैट तमंचा। हमड़ा तमन्ना से अंग्रेज का तमंचा हार जाएगा, इसमें कोनो डाउट रहा नहीं आजादी का सिपाही का मन में। ई जो कंफी-डेंस इंस्पायड़ किए है सहीद लोग यूथ का माइंड में आजादी का लराई का जमाना में, ऊ आज हम मीस कड़ते हैं। हम उन लोग को भुला गए हैं। उनका डीफायंट इस्पीड़िट को, समझा कि नहीं, डू और डाय को, कड़ो या मड़ो को भी भुला गए हैं। सब सुविधा चाहता है, सब बिसेस अधिकाड़ माँगता है, स्त्रम के लिए कोई तैयाड़ नहीं, कड़तव्य का किसी को चिन्ता नहीं। ऊ डू और डाय इस्पीड़िटे को जब पा-जीटीव पड़ेम आफ मायंड में, समझा कि नहीं, ड़चनात्मक प्लेन में अप्लाय किया जायगा तबे देस का, सब देसवासी का उद्घाड़ होगा! किसी का पास में कोनो जादू का छरी नहीं है जो एतना वास्ट नेसन का, जे हे ने से, विड़ाट समस्या हल कड़ दे।"

सियाबर बाबू ने 'अस्माड़क' बनाने और 'बलिदान का इस्पीडिट फिर जगाने' के लिए 'लोकतंत्रात्मक नागरिक समिति' का साधुवाद किया। उन्होंने नेताजी के इस अनुरोध का उल्लेख किया कि सियाबर बाबू के हाथ मजबूत किए जाएँ और स्वाधीनता के लिए उनके परिवार की कुर्बानियाँ याद रखी जाएँ। इन सन्दर्भ में मंत्री महोदय की विनम्रता मुखर हुई, "आजादी का लराई में हमड़े फेमी-ली का, जे हे ने से, तुच्छ जोगदान ऐसा नहीं कि इयाद किया जाय। हमड़े बाबा फ्रीडम फाइटड़ रहे। कीसान लोग का एजिटेसन में जेल हुआ उनको। पिताजी असहजोग में दू मड़तबा अरेस्ट हुए। हमड़ा फाटी टू से हड़ आन्दोलन में जे हे ने से, एसोसियेसन ड़हा। जेल कितनी दफा गए, ई हम आफहैंड बताइए नहीं सकेंगे। गिनती कड़ना होगा, समझा कि नहीं। जो हमड़ा मालीस कड़ता है कल्लू, कभी उससे पूछिएगा कि हमड़ा वडी में बिड़टिस इम्पीडियलिज्म के चोट का केतना निसान! अपना बराई अपना मुँह से कड़ना, ऊ सब में आय डू नाट बिलीव। हम जनते हैं कि हम तुच्छ, हमड़ा औड़ हमड़े फेमिली का जोगदानो तुच्छ। मामूली सिपाही हम अभी आपका अध्यच्छजी कहे कि सियाबड़ बाबू का हाथ मजबूत किया जाए। नानसेंस बात बोले। सियाबड़ का अपना हाथ हइयै नहीं। सियाबड़ का दील, दीमाग, हाथ, पाँऊ, समझा कि नहीं, अयवड़ी थिंग, जे हे ने से, मयडमे का हय। इसलिए मयडमे का हाथ मजबूत किया जाय।"

सियाबर बाबू ने अनन्तर मयडम के परिवार की कुर्बानियों की चर्चा की और इस संयोग की ओर ध्यान दिलाया कि उनके अपने परिवार की कहानी मयडम के परिवार की कहानी के समान्तर चलती रही है। भाषण के अन्त में उन्होंने लोगों को 'नेगेटिव थिंकिंग' और 'सिनिसिज्म' से मुक्त होकर पुनर्निर्माण के अभियान से युक्त होकर शहीदों के प्रति सच्ची श्रद्धांजलि अर्पित करने की सलाह दी।

समारोह के बाद नेताजी मोहल्ले के कार्यकर्ताओं से घिरे रहे। बाद में उन्होंने कहा, "आपहि के लिए ग्राउंड तइयार करि रहे थे कक्का। इसारा करें तो यहीं से अगली मर्तबा आपको या काकी जो मेट्रोपालिटन काउंसिल के लिए लड़ा दें। इलेक्सन फंड की माल-कउड़ी से चा-पानी के लिए लायक भतीजा को भी कुछ मिल जाई!"

हमारा दिमाग सियाबर बाबू के इस दावे से उलझा हुआ था कि उनका और उनके परिवार का स्वाधीनता संग्राम में 'तुच्छ' गोया 'विशिष्ट' योगदान रहा है। नेताजी से हमने सदा यही सुना था कि सियाबर बाबू आजादी मिलने के कई बरस

बाद राजनीति में आए और पहले प्रतिपक्ष के दलों में रहे। हमने नेताजी का ध्यान इस विरोधाभास की ओर दिलाया।

नेताजी उवाच, "अरे कक्का, बनाहिने से तो बनिहै बायोग्राफी। हम जो आपको बता रहे ऊ सत्त रहा, सियाबर बाबू जो कहे ओ हू सत्त रहा। हम जो बताए ऊ भगवान का दिया पिराइवेट बायोग्राफी, सियाबर बाबू जो बताए ऊ बनते-बनते बना अफीसियल बायोग्राफी। सियाबर बाबू के बाबा के जेल हुई रही हेराफेरी से जमीन हड़पने का आरोप मा, दिस इज पिराइवेट बायोग्राफी, अफीसियल में यहीयै हेराफेरी किसान आन्दोलन में सुमार होइ गइ। सियाबर के पूज्ज पिताजी रासन का लट्ठा-मलेसिया बिलैक मा बेचे का कारन बड़े घर की सइर करि आए। ब्रिटिस कहा रासन में बेचो, ऊ बिलैक में बेचे, ई असहजोग हुआ। सियाबर बाबू कितनी दफा जेल गए आफहैंड बता नहीं सकते वइसेहि जइसे हम आफहैंड ई नहीं बता सकते कि कऊन कऊन दफा के तहत उनके कब-कब का सजाए बामसक्कत मिली रही! बाकी ई समझा जाय कि नर्सों का हास्टल के बाहिर हुई पिटाई से लगा होय कि ब्रिटिस के कोड़े से, चोट का निसान एकहि-सा होत हय ससुर।"

"इतना बड़ा झूठ कैसे बोल जाते हैं लोग!" काकी ने टिप्पणी की।

लायक भतीजाजी बोले, "काकी, अस्थत यह हय कि बायोग्राफी बनाई न जाई तो भारतवासी की कहानी यहियै रही—पइदा हुआ, अपनी स्रद्धा सक्ति भर चन्द कुकरम किया अऊर मर गया। मेकिंग दी बायोग्राफी बहुतहि जरूरी होइ गया हय, खासकर उसके लिए जिसे सितारों ने कुछ बनवाय दिया हो! नहीं तो जइसे हमरी सकुन्तलाजी को वइसेहि देस के हर सट-जन को यहियै लगी कि हर कहीं घासलेट राज करि रहा हय, हर साख पे उल्लू बइठा हय! मार सनि-सज्म फइली देस में।"

"वह तो फैल ही रहा है।" हमने टिप्पणी की।

"वह एइसा हय कक्का कि डमोक्रसी में इधर आप अपना अफसियल बायोग्राफी बनाने में जुटते हैं, उधर दुस्मन पाटी आपका पिराइवेट बायोग्राफी अऊर भी बिगाड़ने में। फर्ज किया कोउ हमरे जइसा एफ. ए. फेल भगवान की दया से लेखक-उखक होइ गया। अफीसियल बायोग्राफी बनाए के खातिर ऊ कहीं से होमियोपइथी का सट्टफकेट का जोगाड़ कर लिया। अब उसका चमचा 'डाक्टर साहब' की सदा लगाई, समझे, अउर लेखक डी. लिट. अस्माइल मारी। उधर दुस्मन पाटी ई प्रूव करी कि सरहु एफ. ए. फेलहि नहीं हय, मेट्रिको में हेराफेरी से पास हुए रहे! दू मर्तबा नकल करिते पकड़े गए। इसका जवाब में लेखक को बायोग्राफी बनाए पर

अउर जोर दिये का पड़ी—आपका साहित्त देस-विदेस की प्रमुख भासाओं में अनुदत हुआ हय ससुर, देस-विदेस में सम्मानत-पुरस्क्रत, समझे, हर महतपूर्न आन्दोलन के अगुआ।"

"लेखक ऐसा नहीं करते।" हमने आपत्ति की, "ये हरकतें राजनीतिज्ञों की है।" "उनके किताब के पल्यप पर जो छपता हय, राजनीतवाले आइके लिख जाते हैं का?" नेताजी हुचहुचाए और चैतन्य-चूर्ण बनाने और खाने-खिलाने में जुट गए। उनकी तरफ से यह प्रकरण समाप्त हो चुका था।

किन्तु काकी नहीं मानी, "बायोग्राफी कुछ करके बनती है।"

भतीजाजी बुदबुदाए, "अरे जिन्होंने कुछ किया उन्हें भी जमाने के लिए बनानेवालों को बायोग्राफी बनानी पड़ती हय। मर्जादा पुरुसोत्तम के..."

नेताजी की पीक टपकने को थी। काकी ने उन्हें आदेश दिया कि इसे गुस्लखाने में फ्लश कर आओ। वाशबेसिन में नहीं थूकना क्योंकि तुम्हारी सुपारियों की कृपा से वह अटक जाता है। नेताजी पीक थूक आए और वाशबेसिन में अटकाव के लिए चैतन्य-चूर्ण के अन्य बल्कि अन्यतम प्रेमी कक्का को दोषी ठहराने का यत्न करने लगे।

हमने बात बदलने के लिए कहा, "मर्यादा पुरुषोत्तम का उल्लेख कर रहे थे ना तुम।"

"हाँ। वह एइसा हय कि उनका भी बायोग्राफी तबहि बना जब गोसाईं तुलसीदास ने बनाया। बाल्मीक रिसी सीताजी के बायोग्राफी बनाए का चक्कर में रामचन्द्रजी की सयटिंग थोड़ी गड़बड़ करि गए थे।"

"तुम पता नहीं कहाँ की बात कहाँ जोड़ते रहते हो।" रामभक्त काकी ने झिड़की सुनाई, "किसी के जीवन चरित की व्याख्या अलग-अलग तरह से की जा सकती है लेकिन इसका मतलब यह तो नहीं कि आदमी खुद अपने बारे में झूठ बोले! कभी तुम नेताओं ने अपनी शक्ल आईने में देखी है? कहाँ भगवान श्री रामचन्द्र, कहाँ तुम। मनमानी हरकतें करते हो, मनमाने सिद्धान्त गढ़ते हो, दूसरों को लूटते हो, अपने स्वार्थ और घमंड में तुम लोक-परलोक सब बिसरा बैठे हो, झूठ बोलते हो और दाँत निपोरते हो। बनते हो ऐसे जैसे सन्त हो, सर्वगुण सम्पन्न हो। बकवास।"

लायक भतीजाजी काकी के क्रोध से कम्पान वचन मुस्कराते हुए सुनते रहे। फिर उन्होंने करबद्ध निवेदन किया, "मयडम काकी, अगर हम एइसा करिते हैं तो ठीकहि करिते हैं, अकार्डिंग टू तुलसीदास।"

"तुलसीदास ने कभी ऐसी सलाह नहीं दी!" काकी गरजीं।

"यहीयै दी मयडम काकी। सेम टू सेम। सुना जाय—मारग सोइ जा कहँ जोइ भावा, पंडित सोइ जो गाल बजावा। मिथ्यारम्भ दम्भरत जोई ता कहँ सन्त कहहिं सब कोई। सोइ सयान जो परधनहारी, जो कर दम्भ सो बड़ आचारी। जो कह झूठ मसखरी जाना, कलिजुग सोइ गुनवन्त बखाना।"

"ये उन्होंने कलियुगी ढोंगियों के लक्षण गिनाए हैं।" काकी ने कहा। नेताजी उठे। फोन की ओर बढ़े और बोले, "नहीं, अब हम समझ गए। काकी इस अम्प्रेसन में है कि सतजुग चलि रहा हय।" छत-भेदी ठहाका लगाते हुए उन्होंने नम्बर डायल किया।